城市化进程中的邻避危机与治理研究

吴涛◎著

格致出版社 上海人民出版社

前　言

邻避危机是城市化进程中较易出现的公共危机与治理难题。一定程度上说，它是衔接不畅、配套缺失、历史遗留以及急功近利、补偿标准等多重因素引发的公共政策和法律法规的副产品，具体表现为反建垃圾处理厂、火葬场、变电站等。这些设施被认为有可能对周围环境、居民健康造成威胁，以至于所在社区的民众不愿与其毗邻。

城市化进程中的邻避危机与治理研究，需要深入分析邻避问题的状况、类型和问题，并提供积极有效的对策建议。这一领域的研究也要求我们整合理论和实践中已有分析视角的长处，以实现多学科视角下城市化进程中的邻避危机及治理研究，包括经济学和政治学研究、传播学和公共管理学研究等多学科视角，以及理论研究与实践案例研究的结合。

笔者初步进行了城市化进程中的邻避危机与治理的研究，深感这一问题在实践中，还面临较为复杂的自然环境、社会心理、社会经济等因素，与区域经济发展水平、居民受教育水平和民意表达机制、公共话语空间等多重因素密切相关。为此，在对策研究中，有必要在公共治理的战略思维下组合运用经济补偿、公民参与、危机公关、政策营销、心理引导等多重手段，在邻避项目的设置前、建设中、建成后形成全过程的危机对策链条，将邻避问题的风险评估、源头治理与危机防控、危机善后结合起来。

在这一领域的研究过程中，笔者认为，在我国，城市化进程中邻避危机的发生往往主要有着两个重要根源：一方面，一些地方缺乏科学、长远的总体规划，或有规划也不严格执行，没有充分考虑各种城市设施的功能关系，没有特别顾及相关设施对居民生活的负面影响；另一方面，一些居民不通过法律和其他合法渠道反映意见，往往抱有“大闹大解决、不闹不解决”的错误想法。此外，由于部分人的科学素养不高，加上信息不透明、谣言蛊惑，使得邻避危机的解决陷入困境。

由此可见，在此情形下，提升相关各方的主体精神，是一个重大的现实课题。政府包办一切，不让居民参与显然是不对的，但无政府主义式参与也不利于问题的解决。以往“一统就死，一放就乱”的困境表明，无论是政府还是居民，都缺乏现代共治精神。这是解决邻避危机的深层次“集体无意识”，必须予以重视。

根据对这一领域的初步研究，笔者认为可以尝试解决城市化进程中邻避危机的主要途径是，通过科学的规划和配套建设，尽可能减少公共设施对居民的负面影响。对可能损害市民的敏感工程，可以在公开信息、深化沟通的基础上，通过适当降低房价或税收的途径加以解决。

从长远来看，城市化进程中的邻避危机与治理难题是城市化、现代化的产物。邻避设施本身是人类通过科技和工业进步不断追求美好生活的矛盾体，这一矛盾体的解决需要通过进一步的现代化，即科技进步和城市治理的法治化、民主化及市场化来加以缓解与克服。

就我国城市化进程中的邻避危机而言，它们往往是公共政策的副产品，又常因法律法规的协调性、统筹性欠缺或缺位而难以及时平复，加之复杂的政府公信力和社会心理等因素，极易成为城市化健康持续发展的隐患。为此，有必要坚持“以民主促民生”的理念，持续推进国家治理体系和治理能力现代化，强化公共部门的公信力。

值得指出的是，城市化进程中的邻避危机与治理研究也要重视心理引导，以信息透明、实时监测、现身说法等手段来化解民众害怕、抵触的心理。作为城市化进程中的邻避危机与治理研究的初步探索，笔者认为一是将危机处置、舆情引导与源头治理、风险评估相结合，有效引导社会组织与民众的有序参与；二是将新型群众工作方式方法的创新探索与法治思维、协商民主的实践运用相结合，坚持人民主体地位，虚心向人民学习、倾听人民呼声、汲取人民智慧，着力解决好人民群众最关心、最直接、最现实的利益问题；三是将专家的专业知识与民众的权利制约相结合，将公共价值、公共精神的引导与公民教育的路径探索结合起来，真正实现基层有活力、管理出实效、群众得实惠，探寻中国特色的邻避问题解决之策。

吴 涛

目　录

第一章

为什么要研究城市化进程中的邻避危机与治理？

邻避危机［国外学者一般称为“Not In My Backyard”（不要在我家后院），也有简写为“NIMBY”，因英文缩写的音译和其具体的含义，国内学者通常翻译为邻避现象或邻避危机］是当前国内外城市化进程中极易出现的新型公共危机，其可以溯源于公共政策、法律法规、领导决策、政绩考核等由于衔接不畅、配套缺失、历史遗留、急功近利、补偿标准等多重因素而引发的公共政策和法律法规的副产品，邻避危机本身也是城市化进程的衍生物。具体表现为由反建垃圾处理厂、火葬场、变电站等邻避设施而引发，这些邻避设施既服务于广大地区民众，又可能对所在地生活环境、居民健康造成威胁，以至于所在地社区民众普遍采取嫌恶或排斥的态度，不愿与其毗邻，拒绝在他们居住地附近设置此类设施，这便产生邻避危机。邻避设施本身是科技改变生活的产物，是城市进步和生活发展的具体表现，邻避危机的载体具有独特的负外部性，其成本由设施所在地的居民负担，收益由更大范围的抽象集体共享，极易引起当地民众抗争，引发公共危机或群体性事件。十九大报告提出，中国特色社会主义进入新时代，中国社会主要矛盾已经转化为人民日益增长的美好生活需要和不平衡不充分的发展之间的矛盾。报告提出要增强驾驭风险本领，健全各方面风险防控机制善于处理各种复杂矛盾，勇于战胜前进道路上的各种艰难险阻，牢牢把握工作主动权。因此，从全球视野下对城市化进程中的邻避危机进行研究具有重要的理论和应用价值。

综观学术界近年来关于邻避问题的研究，已有文献遵循和形成了两个主要的研究范式。

研究范式Ⅰ：在经济学的框架内讨论邻避危机，尤其是从市场机制的角度讨论相关对策。有学者从经济学角度认为应以市场化方式解决邻避危机的环境补偿方案。① 也有学者从垃圾处理等邻避问题的产业化、市场化视角出发，讨论了基于利益补偿机制的多个主体的利益—协调以规避邻避危机。② 还有学者认为，破解邻避危机的基本思路是消除处理地居民和全社会在边际收益、边际成本上的差异，建立和完善环境补偿机制。③

基于这一研究范式的文献为我们分析和解决全球视野下城市化进程中的邻避危机提供了一个有解释力的分析框架，但其不足之处是，实践中通过补偿等市场机制往往只能暂时缓解邻避危机，并不能彻底解决危机，影响了研究结果在邻避危机对策上的参考价值。

研究范式Ⅱ：在公共管理学尤其是公共政策分析和公共危机管理的逻辑框架内，从扩大公民参与的视角来分析邻避危机并探讨制度解决机制。有学者通过案例式研究方法进行深度研究。④ 也有学者认为，在政治分析的视野下，在邻避型公共设施建立过程中，充分利用风险沟通等风险治理手段来建立居民们对决策过程的信任，是有效消解邻避现象的重要手段。⑤ 还有学者认为，产生邻避危机的主要原因在于公共政策的价值属性上公共性偏离、政策过程方面公民参与不足、政策合法性方面合法性不够。⑥

基于这一研究范式的文献，将邻避危机纳入公共政策分析和公共危机管理的大视野中，注重构建解决邻避危机的政治协商机制和扩大公民参与，具有重要的学术价值，但其不足之处是，大多缺乏对实践中邻避问题的相关政策分析和邻避危机案例的深入细致研究。

本书拟在学术界已有研究成果的基础上，在城市化快速推进的全球视野背景下，考察邻避危机的状况、类型和问题，为维护社会和谐与稳定、促进城市化的健康发展和保障公民权利提供对策建议。在研究中力图整合学术界已有研究范式的长处，经济学研究与政治学研究相结合，传播学与公共管理学研究等多学科研究视角相结合，以实现多学科视角下的邻避危机及对策研究。具体方法如下。

一是分析国外经验。通过国际经验中的城市化历史进程的逻辑分析和邻避危机典型案例分析，归纳分析其阶段性特征及相关因素，总结对现阶段城市化进程中邻避危机的借鉴价值。

二是归纳当前现状。关于邻避危机的大量出现必须进行深入的分类和归纳分析，从现行的行政体制、危机管理机制、公共政策、法律法规中提炼、总结和归纳，描绘和刻画全球视野下城市化进程中邻避危机所处的特定时空环境，总结和归纳城市化快速发展特征及其对邻避危机的影响和要求，从当前典型案例分析归纳全球视野下城市化进程中邻避危机的类型及阶段性特征。

三是典型案例分析。通过实践中全球视野下的邻避危机案例的失败与成功经验研究，把握现阶段邻避危机的最新发展状况及相关影响因素，引入社会心理和利益分析视角。从公共政策的公共性出发，以民主促民生，以邻避危机的事前预防、事中应对和事后总结构建邻避危机管理体系，找到坚持民主协商、维护社会稳定和合法合情合理应对邻避危机“三位一体”的机制和途径。

四是对策探究与优化组合。通过邻避危机的对策探究，根据邻避危机中的具体问题，比较经济、政治、法律、社会等多重手段的组合式运用与全球视野下处理邻避危机的经验得失，根据邻避危机的成因、类型和难点，提出对策建议。

本书拟立足于全球视野下城市化进程对邻避危机的影响和要求，对实践中的邻避危机进行归纳和解析，并提出对策建议。具体包括：一是描述和分析现阶段城市化进程中邻避危机的特点、模式和态势，对实践中邻避危机的起因、发展、爆发、应对进行归纳，在此基础上，评估全球视野下城市化进程中邻避危机的基本状况。二是研究现行公共政策过程、危机管理机制、邻避项目所在当地经济、社会、文化特征对邻避危机的影响和关系，探讨邻避危机极易“一触即发”以及发展扩大的症结。三是着眼于维护社会稳定，扩大公共政策制定中的公民参与和保障公民权益，针对邻避危机极易“一触即发”和发展扩大的问题，借鉴全球视野下城市化进程中处理邻避危机的经验教训，提出城市化进程中应对邻避危机的对策建议。

在实践中，邻避危机有较为复杂的自然环境、社会心理、社会经济等因素，其发展过程与该区域的经济发展水平、居民受教育水平以及民意表达机制、公共话语空间等多重因素密切相关。应对邻避危机必须因地制宜，从本区域的实际情况出发，提升危机处理的针对性和实效性。邻避危机的“一触即发”与发展扩大的症结根源于城市化快速发展下的危机应对机制尚不适应维护社会稳定、保障公共政策的公共性和尊重公民合法权益的要求。处理邻避危机必须将经济、政治、法律、社会等多重手段相结合，通过扩大公共政策制定中的公民参与，通畅民意表达机制，完善民主协商机制，加强利益兼顾机制，构建理性互动机制来合法合情合理解决。

在城市政府的实践中，城市政府往往在GDP挂帅的冲动下，缺乏科学长远的城市总体规划，或有规划也不严格执行，不考虑各种城市设施彼此的功能关系，不顾及这些设施对居民生活的负面影响，不公开相关信息，是导致中国城市邻避危机的重要根源。另一方面，一些城市居民顾及自身的一些所谓的环境危机，不通过法律和其他合法的渠道反映自己的意志，采取“大闹大解决，不闹不解决”等错误做法，加重了邻避危机。此外，由于部分居民的科学知识不足，对一些并不构成危机的环境过于惊恐，再加上信息不透明，使得邻避危机的解决陷入困境。如何通过邻避危机的解决，提升城市居民的公民和公关意识，提升全体城市的主体精神，是一个重大难题。政府包办一切，不让居民广泛参与固然不对，但是无政府主义所谓参与，也不利于公民意识的提升，以往“一统就死，一放就乱”的困境表明，无论是政府还是居民，都缺乏现代城市公民精神，这是解决中国城市邻避危机深层的“集体无意识”，是现阶段化解城市邻避危机的中国特色。

解决邻避危机的主要途径，是尽可能减少环境对居民的负面影响，把可能危害居民的设备设施建在远离居民密集区。对可能损害周围居民的环境设施，在公开信息的前提下，可以主要通过适当降低房价和相关税收的途径解决。至于政府及其领导人的处理邻避危机的技术、技巧，绝不是主要的。西方政府及学者的一些研究可能过于政客化、技术化。

邻避危机是城市化、城市现代化的产物，邻避设施本身就是人类通过科技和工业进步不断追求美好生活的矛盾体，而这一矛盾体的解决也需要通过社会的进一步现代化，即科技进步和城市治理的法治化、民主化以及市场化的进程来缓解和克服这个矛盾。在实践中，邻避危机有较为复杂的自然环境、社会心理、社会经济等因素，其发展过程与该区域的经济发展水平、居民受教育水平以及民意表达机制、公共话语空间等多重因素密切相关。从全球视野来看，城市化进程中的邻避危机往往是公共政策的副产品，又常常因法律法规的协调性、统筹性欠缺或缺位而难以补偿平复，再加以复杂的政府公信力与社会心理等因素，极易成为城市化健康持续发展的“火药桶”，在城市化的进程中，必须以民主促民生，推进国家治理体系和治理能力现代化，将危机处置与源头治理、风险评估与新型群众工作方式方法的创新探索、法治思维、协商民主的实践运用相结合，将公共价值、公共精神的引导与公民教育的路径探索结合起来，探寻邻避危机问题对策及解决之道。

注释：

① 李晓晖：《城市邻避性公共设施建设的困境与对策探讨》，《规划师》2009 年第 12 期。
② 张向和、彭绪亚：《垃圾处理设施的邻避特征及其社会冲突的解决机制》，《求实》2010 年第 2 期。
③ 金通：《垃圾处理产业中的邻避现象探析》，《当代财经》2007 年第 5 期。
④ 何艳玲：《“邻避冲突”及其解决：基于一次城市集体抗争的分析》，《公共管理研究》2006 年第 4 期。可参见罗宪志：《邻避现象的民主协商治理路径探析》，南京大学硕士论文，2011 年；以及梁新：《邻避冲突治理模式转换研究》，南京大学硕士论文，2014 年。
⑤ 陶鹏、童星：《邻避型群体性事件及其治理》，《南京社会科学》2010 年第 8 期。
⑥ 乔艳洁等：《从公共政策角度探析邻避效应》，《郑州航空工业管理学院学报》2007 年第 1 期。

第二章

国内外城市化历史的逻辑进程：理论与实践

从城市历史进程的学术史来考察，城市在中国古代称为市，在中国古代的秦、汉两朝时早已有，但作为地方行政单位的市，则是中国近现代的产物。秦汉时，中国有些城镇已经达到相当规模。随着商品经济的发展，城镇中不仅出现了商品交易市场，还出现了国家设置的管理市场的官署，这种官署的长官称为市令，其职责只是市场交易管理，不涉及其他事物。因此，市在中国古代，是指某种定期在城镇区域中的进行商业活动的集结地点。在人类的历史上，战争的需要就产生了城，交易的需求就产生了市。城市的本质是经济发展到一定历史阶段的产物。城市是社会经济活动聚集的结果，其中既包括因经济的发展而导致的人口集中，也包括资金和技术的集中。而城市化的发展随着文明的进步与时间的变化，在人口组成、社会结构、人际关系、社会价值、社会规范与社会制度上都发生着急剧变化。城市会依赖这些周围地区人口和经济因素的聚集，以及对周边地区的辐射和扩展。而这种城市化进程中，城市与周边地区这种相互作用，将导致城市区域圈的形成，甚至出现城市发展演进的更高级阶段——城市群。由此可见，城市本身是历史的产物，也是人类发展的产物，研究邻避危机这一城市问题离不开对于国内外城市化历史逻辑的探讨，本章拟在探讨全球视野下的城市化与城市治理的危机的基础上，就城市化进程与城市问题的学术反思进行探讨，进而分析和研究中国城市化的历史进程与现实挑战。

一、全球视野下的城市化与城市治理的危机

（一）全球化背景下的城市化

2018 年全球人口突破 74 亿，已经有超过一半的人口定居于城市之中。① 人口超过 100 万的城市数目也从 1900 年的 10 个增加到 2000 年的 440 个；除此之外，在 1960 年拥有 1 000 万人口的城市有 3 个，但至 2011 年，这样的国际都市（cosmopolis）已经有 32 个。② 城市人口增加的速度也大幅提升，从 100 万增加到 800 万所需要的时间已大大缩短，过去英国伦敦花了 130 年，而现在韩国首尔却只花了 25 年。③ 研究者认为，在城市作为全球经济发展的重要节点的功能未消失前，城市将会继续吸引人类用脚投票，人类的历史未来很大程度上将是城市的发展史。

从城市的进一步发展来看，城市作为人口、物资、资金、信息等多种生产要素高度聚集的现代社会空间单元，在城市世界化、经济全球化、信息网络化的背景下，其政治、经济、意识形态都处于不断的变化之中，都市发展呈现日趋加重的复杂性格局。随着城市人口的增加，犯罪、贫穷、贫富差距等问题即伴随而来，遂成为全球城市的普遍性问题。城市政府通常为了有效解决这些问题，以提高市民生活水平和促进经济持续发展，必须面临增加服务的提供和满足基础设施需求。因此，在全球化的形势下，强化城市治理能力与施政效能，结合各方资源，以强化城市发展的竞争力，应为当前各城市发展重点。

随着全球化的发展过程及其带来的各项影响，产业的国际分工、文化的跨国交流，快速且具穿透力的全球流动空间，冲击并动摇着以固定空间领域为基础的传统国家机关治理形态。全球化现象可说是以市场机能连接的世界性资本主义体系的快速发展，并已侵蚀以国家为基本单位的竞争性国际体系

的运作形态。2007 年 6 月联合国人口基金会（United Nations Population Fund，简称 UNFPA）发布《世界人口状况报告》指出，2008 年世界各国的城市人口将首度超越乡村人口，达到全球人口的 50%；到 2030 年，全球城市人口有望更进一步突破 50 亿，达到当时全球人口的 60%。④这意味着 21 世纪将是城市的世纪。由此可见，城市化是指随着社会经济科技的发展，农村从事第一产业的人口向城市第二、第三产业聚集和转移，从而使城市人口比重加大，城市数量增加、规模扩大、质量提高并最终达到城乡一体化的目标的城市文明不断向农村扩散的社会发展过程。简言之，城市化就是人类为了满足自身发展需要而不断迁入、拓展、优化城市并最终达到城乡一体化目标的历史过程。由此可见，这一城市化的定义包含四个方面的含义：第一，社会经济、科技的发展，是城市化的真正动力；第二，农村人口向城市的聚集和转移，是城市化的核心内容；第三，城市化是一个“质”“量”并行的和谐进程；第四，城市化的最终目标是实现城乡一体化。

进一步而言，全球视野下的城市化进程主要体现在两个方面。第一，是一个国家的人口聚集的过程，也就是人口从农村转移到城市的过程；第二，是指一个国家的劳动力从第一产业（农业）向第二产业（工业）及第三产业（信息服务业）转移的过程。

（二）城市治理理论与城市治理的危机

1. 从治理理论到城市治理

治理（governance）一词，其原意是指统治活动、控制手段、管理方法。治理理论的学术分析经历了统治（government）、治理（governance）、善政（good government）、善治（good governance）的分析与过程⑤，并倡导更少的统治，更多的治理（less government，more governance）。

治理强调公共事务并非由政府所独揽，公共管理要从统治走向治理，从善政走向善治。权力也不再是个人的行为，需要兼顾民众参与，同时也重视政府与私部门的协调，通过多元互动及竞争性的集体行动所进行。治理更加强调互动与协调、他律与自律。由上述可知，治理的意义似乎在为整体社会提供一个发展的方向。有学者提出了治理所必须完成的下列工作：（1）目标的设定（goal setting），治理是为社会订下集体目标，并将资源合理分配到目标上。（2）领导（steering），治理就是指执行与指导能力的创造，目的在于促进问题的解决、和政策发展的结合，特别是针对公共组织、非营利组织，以及私部门所进行的行动。（3）凝聚（coherence），由于许多机构与众多公共政策方案、选项同时存在，因此，应该通过机制构建来凝聚政府中的各项计划。⑥治理主要可区分为两个层次的含义：首先，是强调治理就是建立发展中法律框架和培养能力。其中包括实现法治，改进政府管理，提高政府效率等；其次，是支持和培养公民社会的发展，自愿性组织、非政府组织、各种社团都是要发展的对象。

由此可见，通过治理将发展出侦测与评估治理系统行动的机制，治理工作的核心价值仍是制度的建构，治理是从制度的焦点与制度的变迁发展出来的。治理同时也关系到更有策略性的控制与管理，并关系到决策的方向和行动主体的任务和角色。治理事实上是一种自我管理的网络，凝聚着许多参与者的共同行动者系统，在此系统中特别讲究互动、协调的机能，并在互动中调整分际形成一个建构的、自主的自治网络，公民与政府共同分担管理责任，以期发挥治理的功能。其不仅是决定决策方向的重要过程，还决定由谁来决策、决策主体应具备的能力。所以城市治理可以视城市长期稳定协调发展和维持城市良好运作为目标，以人、财、物、信息等各种资源为对象，对城市运行系统做出的综合性协调、规划、控制和建设的活动。

治理领域通常可以分为三种层次：（1）全球范围的治理。处理各级政府包括中央的、地方的管辖范围以外的国际性事务。（2）国家层次的治理。此类也包括国家内部的治理。在这一层面上又可以分为以下几个层次：中央的、省或州的、城市的、地方的。在城市或地方层次，治理指政府及其他行动主体在市民社会中的组织是如何在公共事务中扮演重要的作用，尤其是影响和参与决策行为。（3）企业单位层次治理，即公司治理，包括了公司内外相关组织或机构的各种行为，这些行为主体通常涉及相当多组织，因而行动的决策往往是来自多个行为主体。企业单位可能是私人所有，也可能是国家所有，例如，学校、医院、国营企业。这里的治理更倾向关注各种不同行为主体的角色定位、在高层管理中这些行为主体间的关系、股东之间的权益等。

由此可见，全球化时代下，从执政的层面而言国家已不能像以往那样全面性支持城市发展，城市的发展更多是地方的责任，而这正是城市治理兴起的重要前提。城市治理除考虑不同区域的不同自然条件外，更应考虑居民的意见，着重于协调城市行为者、利害关系人的意见，并唤醒市民关心自己生活的城市问题。以此可见，城市治理的几项重要特质，包括：（1）高度的公民参与；（2）具有强烈的城市代表性；（3）建设公共企业家精神（public entrepreneurship）；（4）降低敌对政治性，转而形成共识性的政治；（5）营造社群差异化（community differentiation）；（6）强调课责（accountability）以扩展个人在自我治理的能力，通过公民参与方式建立具有共识的代表性决策，以降低无谓的对抗。⑦通过赋权授能（empowerment）的机制，城市治理的主要目的就是协调、强化城市功能，保证城市发展计划的实施，让民众参与规划，一方面政府可响应与满足当地居民期望，另一方面也可落实地方的民主参与，形成当地观点，最终，促进当地政治、经济、社会发展以及城市与人类的生活发展。

城市治理就是为了不断适应社会经济发展的需求，不断促进政治、经济、社会三者之间保持相对均衡、相对和谐、相互制衡的动态平衡过程。而城市治理包含以下几个基本内涵。

（1）城市治理是一种新的现代价值理念或公共意识的重塑与再造过程。城市治理实际上就是强调和重新定位社会公共利益的核心地位，政府公共政策的制定、执行都要充分保障社会共同利益，保证最大程度地增进公众利益，促进社会平等和社会民主。

（2）城市治理将城市政府、企业、社会三者的职能体系重新厘定和重组。城市治理实际上就是强调强政府、强企业、强社会的三强主体，并重新对三者职能进行梳理、界定和重组，特别是对各自的治理边界和责任作出动态性的调整与规定，以便提高解决社会问题的效率和满意度。

（3）城市治理是都市社会善治体制的重构与运作。在经济全球化、市场化和信息化的背景下，建立健全城市灵活性、规范性、合作性的社会善治体制机制，是城市社会治理的重要内容，也就是说，城市社会治理就是通过寻求城市政府、社会与市场三者之间的合作和互动，建立一种调动各种力量和资源达到善治的社会体制和运作机制。

（4）城市治理是促进城市政治、经济、社会、文化系统保持动态平衡的过程。由于经济发展水平、政治民主意识、对外开放程度、社会自治程度等因素的差异，城市社会治理的水平也会存在显著差异。只有实现各类权力关系的合理配置和良性运行，才能实现都市社会的善治。

2. 城市治理的危机与议题

从学界的研究来看，近年来，在全球化的冲击与影响下，城市政府治理模式逐渐受到重视。为使国家与地方皆能可持续发展，使地方建设也能接轨全球，达成全球本土化（glocalization）⑧，城市治理模式的各项议题实在不容忽视，城市治理的危机也开始引起学界的广泛关注。在国外，城市治理危机的研究伴随着西欧、美国发达国家的大都市与城市群的广泛出现和发展，城市治理危机已经成为广泛关注的问题。

有学者由英国地方治理模式变迁的历史系络，以政策学习与经验移植，通过制度设计的观点，对中央与地方关系的影响展开城市治理的讨论，随着近年来地方治理议题、跨域治理、伙伴关系、公私协力等议题兴起，城市治理议题逐渐成为城市化学界研究领域的新兴热点。⑨

从国外文献的研究来看，主要来自城市化发展的发达国家，而当前对城市治理危机的研究已经由最初的概念性讨论逐渐转入实证研究中，特别是随着联合国相关机构和组织的研究项目的进行，治理危机的实证研究和实践也在世界各国展开。由于治理概念的不确定性和广泛性，因此对于治理危机的具体研究内容和范围也有相当差异，但主要研究仍可集中于以下四大危机议题。

其一是城市治理和地方政府政治改变危机议题，其核心是探讨政府权力的合理和分配问题。其二是社会参与与城市治理危机议题，但参与性会在不同的时间与空间而产生差异。其三是城市治理结构的影响因素和机制危机议题，主要说明良好的城市治理结构对城市和区域发展将产生推进的动力，而治理结构不仅包含政府这个重要行为者，私部门、市场、城市公民都将成为城市治理中重要的行为者。但治理结构也非一体适用于各个城市中，在不同的时间与空间条件下，所产生的治理结构会有所不同，其所产生的影响也会有所不同。其四是城市治理与城市规划危机议题。政府作为治理结构中的重要行为者，也需要通过城市规划来调整与其他行为者之间的关系，从而实现善治。

上述四大危机议题可以从城市化的角度进一步深入分析。

（1）城市治理和地方政府政治改变议题。其核心探讨政府权力的合理和分配问题。有学者认为传统上由政府所提供的公共服务，改由很多其他的私部门参与，并与城市政府共同负责，城市治理的兴起在一定程度上反映着人们必须要寻找社会资源，并减少公共部门所消耗的资源和经费，政府官员也逐渐采用企业家的立场进行治理。[10]还有学者则认为城市政府与跨国资本进行谈判，以及城市政府所创造适应经济全球化的能力，将决定城市的形象以及城市在国际体系中的定位。[11]全球化、区域化将深深影响城市的发展政策，城市与城市间的竞争关系使城市治理的成败成为城市是否能提供完善的公共服务政策以及促进城市经济发展的关键。

总之，在全球化的时代下，城市运作的经济环境发生了明显的变化，城市治理的研究已经不再局限于以单一城市论单一城市，而是将城市放在一个开放的政治、经济、社会、文化环境的背景下进行研究。

（2）社会参与与城市治理模式议题。社会参与是城市治理的一个重要特征或者形式表现，在国外这方面的实证研究往往最具有代表性与实践参考性。研究者根据参与行为者、计划、目标、手段，对西欧繁杂的城市治理模式进行了分类，归纳出了管理模式、社团模式、支持增长模式、福利模式四种城市治理模式，并对每一种城市治理模式的特征进行了阐述。有认为同一个国家背景下的不同城市，或同一城市的不同部门，会采用不同的城市治理模式，甚至在不同时间段，同一城市也会采用不同的管治模式。此类研究中，有学者探讨了城市治理影响下的国家与民众的民主参与模式，分析了市民与城市治理之间的各种重要联系与利益关系，认为两者的结合将对城市发展产生巨大动力，强调了市民与城市治理的重要作用。⑫也有学者以住房政策分析了社区参与在特定议题下的地位，并指出中央政府、州政府、城市政府等政治行为者的不同作用。尽管以社区参与为先导的城市治理成为城市发展的主要趋势和目标，但更高一层次的政治行为者的政策仍会凌驾于地方本地的需求之上，中央与地方的垂直关系仍然会存在，并不会因城市治理的发展而有所改变。⑬

此类研究，主要提醒社会参与对城市治理具有重要意义，但参与性会因不同的时间与空间而产生差异。此外，此类研究还提醒，城市治理并非意味着社会参与程度越大越好，在不同的城市治理过程中治理的结构会有所不同，因而各行为者参与程度有会有所不同。

(3) 城市治理结构问题。该问题以城市治理议程、公共管理活动所产生的重大影响与争议为研究背景，阐述当前政治行政中资本的影响，从中发现新自由主义模式的治理结构正致力于建构新的社会环境，在这种环境中，资本、政治都起了巨大作用。研究指出，带有政治性的资本将会影响治理的结构，所以在讨论城市治理时要更详尽地了解资本及其运作方式。还有学者探讨了地方政治、城市阶级、市场等各种因素对结构的影响，同时也探讨了地方政治的非增长性发展以及城市的治理结构。⑭由此可见，城市被地方政权所控制，因此，私部门想启动新的城市开发进入城市治理议程中有极大的复杂性和不确定性。

此类研究，主要说明良好的城市治理结构对城市和区域发展将产生推进的动力，而治理结构不仅包含政府这个重要行为者，私部门、市场、民众都将会成为城市治理中重要的行为者，而治理结构也非一体适用于各个城市中，在不同的时间与空间条件下，所产生的治理结构也会有所不同，而治理结构所产生的影响也会有所不同。

(4) 城市治理与城市规划议题。有学者探讨了城市地区如何应付日益复杂的社会变迁过程，通过分析城市空间规划与治理结构是如何管理和支持城市的发展进程，以及分析所涉及的各种压力，包括社会正义、经济竞争力、城市形态等，指出多核心城市群结构不断增长的复杂性和超过城市行政界线的社会网络将使城市治理变得日益复杂。特别是以个案研究方式，分析规划体系是如何利用治理调整和整合区域治理的目标，以复兴低市场需求和前景低迷的地区。政府作为治理结构中的重要行为者，也正需要通过城市规划来调整与其他行为者之间的关系，从而实现善治。

二、城市化进程与城市问题的学术反思

从前文国际视野下城市化的发展历程来看，随着人类文明的发展，城市在历史发展的过程中一直扮演着相当重要的角色。但在不同的时期，名称也有所不同。原始时代称为部落或者聚落（settlement）；封建时代，城市有护城河保护，四周有城郭称为城市（city）；工业革命之后的新城市，称为都市（urban）；在 1945 年之后，产生了许多人口超过 100 万的城市，称为都会（metropolis）；在 21 世纪的今日更产生了许多人口超过 1 000 万的超大都会区，称为国际都市（cosmopolis）。[15]

追溯学界的研究，西方哲人亚里士多德曾说，城市是人们为了崇高的目标所聚居的地方。[16]而在现代工业社会，城市扮演的是承载区域政治、经济、社会和文化发展的重要角色，随着经济的繁荣、文化的进步，政治地位也会提高。在经济全球化下，新式交通运输工具、通讯科技以及网际网络的快速发展使城市与城市间彼此的交互连接更紧密，更使过去受限于地理因素的城市通过交流，规模更为显著地成长，扩展为一个区域。而在区域经济一体化的发展下，资本、信息、资源、技术等逐渐形成一个相互依赖、相互作用的网络，城市便是支撑这个网络的节点。大中型城市更是社会经济活动的动力中枢。因此，城市体制也可以说是一个国家运用政治权威对城市的经济社会资源进行组织动员、管理控制时运用权力的模式。它既包括中央政府对城市总体上的宏观管理体制，也包括单个城市内部的微观管理制度。

从城市化进程与城市问题的学术反思来看，城市治理（urban governance）、地方治理（local governance）、全球城市（global city）、全球治理（global governance）等新概念的逐渐兴起，代表地方、城市、国家的认知与定位都要有所转变。而在国际经验中，在城市化发展的过程中，大型城市通常扮演国家社会、经济、政治、文化发展的支柱和核心。大型城市更必须兼顾提升国际竞争力以及强化资源互补整合的功能目标，并逐步发展成具有国际竞争力的大型城市。但要达到前述发展的功能目标，则有赖于大型城市找到发展方向与着力点，构建出合理的治理协力规划与城市治理能力，通过城市治理的理念与策略，国际化的城市才得以构建。进一步而言，城市化进程与城市问题的学术反思在构建上可以追寻两条脉络：一条是从城市自身的定位、功能和规划出发；另一条是从公共部门，特别是政府城市化和城市发展中的公共服务出发，笔者就此做如下梳理和分析。

（一）基于城市自身定位、功能和规划的学术反思

基于城市自身定位、功能和规划的学术反思溯源于城市化进程中的奥斯曼传统。哈维（Harvey）在《巴黎，现代性之都》（*Paris，Capital of Modernity*）一书中，详尽地描绘了1848年至1870年两次革命之间的巴黎。1848年前后的巴黎，处于高度分裂的第二共和时期。政治上唯一的共同敌人是皇权，除此之外，中产阶级与劳工阶级，保守主义者、社会主义者与共产主义者之间并无任何共同的基础，彼此的斗争白热化。在经济上，面对英国工业革命的大跃进，法国重商主义于焉抬头，并且以巴黎为运作的中心。工业化与贸易的需求使得国家必须压抑农业部门，迫使农村的劳动力解放。加上1846年至1847年间的歉收，使得农村人口快速涌入巴黎。这样的经济问题再次加深社会的紧绷，并且造成严重的政治问题。[17]

从农村涌入巴黎的人口无法取得生存的保障，生活在肮脏恶劣的环境中，传染病与犯罪横行，过去的社会连带（如教区、同乡等）崩解，他们很自然地成为社会主义者与共产主义者动员的基础。但是提高工资、增加慈善救济，乃至成立合作社等方式都无法全面性地缓解这样的冲突，甚至这些措施本身就与正兴起的经济体系格格不入。革命的阴影笼罩着巴黎。这就是路易·拿

破仑面对的问题。不仅如此，在政治上他也腹背受敌：中产阶级与其说支持他，不如说是不愿保守派和社会主义者占上风；保守派质疑他的出身和立场；社会主义者更是视他为仇敌。于是当奥斯曼男爵被任命为巴黎市长时，没人知道奥斯曼后来进行的一连串行动将会带来如此深远的改变。

实际上，奥斯曼的一连串作为建立在让空间可见。他拉直街道，以凯旋门为核心建立辐射状的大道，并以辐射状的大道为准，重新建筑各区的道路；他建立建筑法规，拆除旧建筑，并要求新建筑必须符合政府制定的规则；他在这些街道下设置下水道，在街道上设置煤气灯；他整并马车公司，建立由政府控制的公共运输系统。奥斯曼的资源动员主要有三项：（1）政府的正常税收；（2）游走在灰色地带，由政府制定的规费；（3）银行家的贷款。奥斯曼实际操作时并没有制度化的使用方式，而视进行建设时的情形而定。[18] 于是，整体而言，这是一个相当巧妙、建立在三项资源来源的模糊地带：有时他用税收支应，有时他要求资本家投资；当资本家裹足不前时，他用规费作担保，引诱资本家投入资本。换句话说，是以人治，并且是得到政治领袖与政商集团支持为基础的强人领导。奥斯曼理想的结果是建设的收入能够偿还贷款，让巴黎的建设由快速扩张的工业部门资本全部支应。虽然最后他还是失败了，留下了巨额债务后被免职，但当他离开时，巴黎已不是1848年的巴黎，而呈现出截然不同的风貌：现代性之都，一路风光至20世纪。

进一步而言，1848年至1870年间的巴黎，具体而微地呈现出整个现代城市的矛盾起源：无论是经济上、社会上与政治上。经济的变革促使社会结构转变，而经济的激烈变动大幅增加了经济的不安全感，于是当社会结构也因快速工业化解体时，经济的不安全感无法通过社会连带消解，于是加深了社会问题的裂痕，成为政治不稳定的原因。但如此严峻的全面性分歧，最后是通过改造空间的形式克服。事实上，奥斯曼带给后世的并非只是林荫大道，而是在改造巴黎的同时，借着科学理性，宣示了政府的位置。这样的科学理性代表的是规律与受控制，是进步，是卫生，是未来。当富丽堂皇的建设呈现出崭新面貌的同时，奥斯曼赢得了中产阶级的信任。于是在意识形态上，贫民不再值得同情，需要被有钱人救济，反而是肮脏、阻碍进步的绊脚石；

保守的贵族则是落后、迂腐、反动的。他在重新构建空间的同时，重新构建了社群与意识形态，并巧妙地将资本与政府结合为一，成为带领科学、进步的角色。奥斯曼的传统——科学理性、国家资本、中产阶级（市民阶级）——在后世城市规划与城市治理中，尤其是在东亚的城市发展中，一直如影随形。

埃比尼泽·霍华德（Ebenezer Howard）的花园城市则从分散、合作的城市结构进行了新的探索。霍华德的《明日的花园城市》（*Garden Cities of Tomorrow*）有重要的时代意义。后世将霍华德视为城市与区域规划的鼻祖，他所提倡的花园城市概念，日后被我们以另一种熟悉的词汇称呼，也就是新市镇造镇。花园城市基本上是对既有的城市问题的反动。但很有趣的是，霍华德基本上所想象的并不是一座城市，而是一种乌托邦式的小城镇。他认为应当在距离城市不远的乡村，以信托合作的方式兴建自给自足的花园城市。这样的花园城市土地使用的密度不高，正中间为中央公园与公共空间，依次向外为商业区、住宅区、工厂仓库与农地。贯穿花园城市的是绿化带（Green Belt）与交错的街道。住宅的正面是背对街道面向绿地。运输干线则被安排在城市外围，仅作为必要性运输之用。⑲

由此可见，霍华德想象中的花园城市，整体的土地使用是低密度的，但就住宅单元的密度与过去的土地使用来说却是高的。一个花园城市的人口密度不超过 3 万人，城市的规模应当受到城市当局的严格控管。当花园城市成长到他计划容量的规模时，就应当停止开发，以避免破坏规划容量导致混乱。霍华德认为当花园城市达到规模上限时，人口会逐渐向外疏散与邻近城市逐渐融合，形成一个辽阔并且多核心的城市组成形态。霍华德的反城市思维通过帕特里克·格迪斯爵士（Sir Patrick Geddes）宣扬后，造就了宏观全面的区域计划制度，成为现代城市分区使用（zoning）的基础。在英国，这样的概念被诠释成区域规划，认为花园城市的概念是为了平衡城市人口过度集中的问题，一个适当的区域应该存在经过审慎计划的花园城市，将大城市分散出去。而构筑城市的基本单位为邻里单元（neighborhood unit），由邻里单元组合成为使用分区或街廓（blocks）。道路作为不同分区的边界，将不同功能的分区有秩序的排列。当这样的思维在 20 世纪 20 年代传播到美国时，被美国的专业人士大力拥戴。这些被后人称为分散主义者（decentrists）的专业人士，搭上汽车产业发展的顺风车，开始了美国住宅的郊区化。早在1910年，以小学为核心，向外延伸1/4的学区，就是由克拉伦斯·培里（Clarence Perry）提出，在20世纪20年代成为纽约区域计划的基础。[20]当霍华德的思维在1920年同样被培里应用在美国时，他更提出超大街廓围绕公园的住宅区设计，囊底式道路在住宅的背面，一方面让住宅面对公园，另一方面则隔绝人车之间的冲突。进一步而言，乌托邦式的城市规划，最后却创造了城市的组织单元与制度。霍华德的思想，事实上为现代城市打下了构造基础：从此城市成为一个个独立的单元，可随专业规划者的意念在图纸上任意摆置组合，仿佛机器一般，每个零件归位，无论谁来操作，机器都能运作顺畅。

从学术史的演进来看，霍华德的反城市思想，无论在英国、欧陆或是美国都有众多变形。但其中最怪异和讽刺的莫过于勒·柯布西耶（Le Corbusier）的光辉城市计划（Radiant City）与弗兰克·劳埃德·赖特（Frank Lloyd Wright）的无垠城市计划（Boardacre City）。霍华德的花园城市有个致命的问题：单位土地使用率极低。这意味着随着人口增加，住宅需求上升，很快地，花园城市就必须面对失去绿地的危机。因此柯布西耶认为随着人口集中，城市将失去以往的流动性：实体的运输与抽象的交换也会更为拥挤。[21]柯布西耶提出的解决办法是将单位使用密度提高到极高（摩天大楼与集合住宅），但在不同的极高密度单位之间要保留充分的开放空间（绿地或广场），以维持生活质量。简单来说，就是如果整个城市的人口都能够集中到数栋摩天大楼，在整体人口不变的情况下，原先被低密度建筑盘踞的空间就能够释放出来。

实际上，柯布西耶的另一个激进构想，就是认为要加速城市的运输功能，必须仰赖专用路权、单向并且少交叉的运输系统。这样的运输系统并非只是街道，还包含铁路与我们现在所称的高架快速道路、高速公路等。这些运输系统立体交错于住宅和开放空间之间。一条道路上，汽车只向一个方向前进。没有交叉即不需等待减速，直到到达目的地时再离开快速道路，进入囊底式的区域道路。因此，道路也借着提高单位使用密度（即多层高架）增加效率（即快速流动），并且避免人车之间的冲突。[22]柯布西耶并非一个严肃的理论家，他所提出的想法往往以随笔和日记形式记录。事实上他的构想依赖的大多不是理论论述，而是直觉。但他的想法深深影响了日后现代主义的走向。现在我们所习以为常的高架快速道路、摩天大楼、集合住宅与商业区的再造，鼻祖皆可推回柯布西耶的概念。

但在我们惊讶于柯布西耶的理想蓝图时，更应该注意背后的意识形态。如果说奥斯曼的传统宣示了科学理性与国家机器的合作以达成控制的目的，霍华德则是建立在英国的政治脉络中，对国家机器介入人民生活表达不信任，于是限缩国家角色；而柯布西耶则是激烈地要将国家除去，以专业者取代国家。在柯布西耶的马赛公寓一案中，就认为专业者能通过理性的计算，一方面提供居住者充分的空间，另一方面又能够快速大量兴建高质量的住宅，并且避免偏袒与歧视。马赛公寓一案将建筑标准化与模块化，将建筑当成由一个个独立模块（单元）组合而成的结果。换句话说，这样的形式只考虑满足一个人美好的居住需求需要多少资源，而不考虑任何其他的因素（肤色、族群、社会地位等）。[23]光辉城市更是这种思维的极致展现：抹除任何非科学的视角，以全然的科学理性规划城市。

事实上，如此纯然的科学理性，希望达到的是通过空间规划的理性，促成社会的平等与统一（不仅仅是政治上的与经济上的，而是整个社会的）。但讽刺的却是要达成这样的目的，必须仰赖大量专业的规划者，在掌握充分的资源与权力下，进行纯然理性的计算。这意味着将个人对空间的参与权利让渡给规划者界定，丧失发言的权利。如果大规模建设的发动者是资本家，则掌握发言权的是房地产开发商；但如果大规模建设的发动者无可避免地有国家机器参与其中，那柯布西耶的理想，最后掌握发言权的，就是由专业规划者汇集而成的官僚。

在城市化的进程中，第二次世界大战后，如何将遭逢巨大毁灭的欧洲复兴，成为西欧与美国的主要课题；而美国则是在战后婴儿潮以及快速的经济发展下，面临人口爆炸增长的压力。新市镇、郊区化与城市更新成为普遍的名词。大量的公共建设需要大量的专业人士，专业科系不断在大学中设立与复制，培养出的人才进入各相关领域：从政府到公司，从学院到实务。大量专业复制的结果，直接促使量化、科学的规划思维成为主流思潮。

现代主义的规划思想将城市划分为不同功能单元，由规划单位依据人口数量与计划目标组合的主流思想，与战后对住宅与商业空间的庞大需求不谋而合，工业部门大量制造标准化的产品更使得主流规划思想有稳固的实践基础。在此潮流下，新市镇重划，郊区房地产、公路、快速道路与公共事业建筑的兴建大量使用标准规格的工业产品，如钢筋混凝土、电力系统、输水管线等。

这样的思潮创造了一组标准化的生产线：规划单位设定土地利用面积、相关硬件建设（道路、水电）容量与不同使用单元的配置；房地产开发商与营建商标准化建筑内容的一切资源（每人应得到多少空间，各式机能单元的规格、容量等），以及标准化计划所需的一切资源（工时、材料等）。这样的生产线如同机器一般，追求效率的极大化。这造成了大量高同构型的建筑与区域出现在城市中。

但柯布西耶和赖特梦想的乌托邦并未就此实现。大量的廉价住宅计划并未如预期的那样让城市更美好，反而创造了更多贫民窟。为了消灭贫民窟，公共部门制定了更多计划改造重建贫民窟。但越是如此，城市贫陋地的面积就越大，甚至改造贫民窟的计划本身就是在当地创造下一个的贫民窟。经历过 20 世纪 50 年代快速发展后，无论在美国主要城市，或是在欧陆（尤其是法国），20 世纪 60 年代几乎所有的公共住宅都沦为了贫民窟。[24]

贫民窟对城市的影响不只是美观问题，更重要的是象征城市政府治理的失效：低所得居民最后往往仅能从事非正式部门工作，一方面使犯罪率节节高升，另一方面则造成社会福利与教育体系问题。最后引发的是市民间的矛盾冲突：中产阶级认为城市已经衰败，是危险的，反对政府资源持续挹注；而低所得市民则在缺乏商业体系（如银行）支持的情况下，对居住地区仅能仰赖政府的救济。现代主义希望消灭的不平等，反而让城市更加不平等。

简·雅各布斯（Jane Jacobs）对现代城市提出了根本的质疑。在《美国大城市的死与生》（*The Death and Life of Great American Cities*）一书中，简·雅各布斯认为城市多样性是城市活力的来源，混杂的使用目的、小街廓让城市居民自然地发展社会连带。这样的社会连带并非封闭性的，例如家族、族群关系，而是一种开放的邻里关系，是建筑在对空间使用的诠释互动下所创造的一种边界开放的社会关系。换句话说，是城市居民创造了城市，城市居民对空间的解释和参与，赋予城市多重性格，也就是多样性。而这样的多重性格给予不同的城市居民认同感，而创造出属于城市的社群。㉕他进一步认为，摧毁城市的恰恰就是试图创造理性秩序的现代性。在城市机能分工愈发细腻的情况下，城市分区的同构型越来越高。高同构型的分区便于规划，也便于管理，但却显得很无聊，也不利于对空间不同的诠释出现；大街廓的设计让土地利用得以密集完整，但却不便于行走，也显得冷漠。于是城市居民远离人行道，疏离其所属的空间而将自我关在家门内。㉖

于是城市成为理性但无聊的产物，是规划单位与政府的城市，而不是市民的城市。当市民将目光从窗外转为室内，街道的管理就不再出现守望相助，只剩公共部门来维持。当公共部门能力不及时，犯罪、破坏就由此产生。而政府对于高犯罪率之地，不断用各种计划，例如绿地、照明等，试图让罪恶无所遁形，但效果恰巧适得其反，创造了更多无人之地；中心商业区白天密集使用，但当工作者下班回到郊区时，中心商业区形同死城。为了应付白日密集人潮而设计的广场，在夜晚成为无人闻问之地。这样的分区设计，使得街廓与分区间产生真空，市民不会驻足，让这些空间成为政府的事；而政府试图扫除贫民窟的计划，变成创造更多高同构型的住宅与商业区，引进更多陌生人进入，却无法让社群间连带产生，于是更加强无人之地的循环。

从上述的观点来看，人行道是对城市空间诠释的起源，也是邻里关系的根本。雅各布斯整本著作的核心起源就是城市市民离开了人行道，使得公共空间失去市民的关注，以致在市民的疏离与公共部门职能不足的情况下，让街道、公园、广场等沦为犯罪的空间。简·雅各布斯认为我们应该用生态学的概念重新理解城市，应该鼓励老旧小区自我改造，缩小街廓，让城市居民重新回到街道行走驻足，并且鼓励小型商业与工业组织发展。政府不应该用更大规模的重建计划摧毁失败的区域，而是找回区域内的活力，鼓励区域市民自发参与城市，让城市成为市民的城市。

很明显地，这种培力（empowerment）的作法，是对官僚的集体反动。更精确地说，是试图全面性扭转城市经济的积累，以及对掌控这种机制的结构官僚（无论是否为规划官僚）—政客—土地开发商—银行资本的全面性质疑。并且在召唤新的城市想象的同时，城市政治于焉也必须有所转变。20 世纪 80 年代，美国几个主要城市衰败幅度受到整体不景气影响，扩大速度越来越快，也对城市造成越来越严重的危机。而里根主义让联邦资金抽离美国城市，使得美国主要城市必须自己面对城市问题。这些因素都促使政治与管理的思考方向有了转变，逐渐引入草根团体与小区组织。事实上，学界对于上述问题的争论，即讨论城市政权的可能性，就是对以上种种问题的呼应。[27]

（二）基于城市化进程的公共部门变革与转型

基于城市化进程的公共部门变革与转型溯源于公共管理变革中的从新公共管理走向新公共服务。新公共管理（new public management），最初是受到在 20 世纪七八十年代期间兴起的新右派（New Right）思潮所影响。以经济学家哈耶克（F. A. Hayek）和弗里德曼（Milton Friedman）为代表的新右派阵营信奉自由主义，抨击凯恩斯经济理论过分强调政府干预经济活动，甚至垄断公共及社会服务，酿成社会资源在福利制度中浪费，由于内容、形式、手段等的不适当，国家所提供的公共品的质量和效率都无法满足社会的要求，并且影响了社会经济的正常运行。因此，新右派提倡自由企业、竞争、私有产权及小政府的理念。而这样新右派的浪潮，也受到里根、撒切尔夫人等世界级的领导人纷纷提倡。因此，国家逐渐由小市场对大国家的形态，走向大市场对小而能国家的形态，并认为分权、解除管制、委托等是解决公共管理机制僵化的指导原则。

新公共管理运动的最主要特征就是市场逻辑被导入公共服务组织中来运作，即实行公共服务的市场化。意在学习企业之效率管理手段，以最低的运作成本，为民众提供更丰富、更有效率的公共服务。政府进行新公共管理时必须仿效企业搞好内部管理，必须借重管理的力量严格控制财务和管理绩效，在外部则将政府的公共服务提供商与生产者的角色分开，打破公司界线，把过去由政府所直接提供生产的公共服务通过治理的方式鼓励非政府机构、半政府机构共同承担。

新公共管理的基本理念就是要达到公共部门管理上的自由化与市场化，而胡德（Hood）认为新公共管理有以下几项特质：（1）公共部门实施专业化管理，让公共管理者自己管理并承担责任。（2）要设定明确的目标，设定绩效测量标准并严格进行绩效考核。（3）打破公共部门本位主义，对行政部门进行拆分与重组，拔除部门与部门间的藩篱。（4）在公共部门中引入竞争机制，降低管理成本，提高公共服务质量。（5）强调对资源的有效利用与开发。（6）与私有部门进行合作。政府采取委托案方式，政府作为委托人，向可以提供服务的组织（公营或私营）签订契约。[28]

新公共管理认为政府之所以没有像人们所期待的那样有效运作，表现不令人满意，并不是政府中工作人员的问题，而是在于他们所处的体制。因此，要从根本上提高政府的工作效率，就必须改革政府的不良体制。登哈特夫妇（Denhardt & Denhardt）首先提出新公共服务概念，认为公共服务不仅是政府的职能，更是现代政府最需要实践与执行的理念。登哈特夫妇认为新公共服务提供了一个既可以替代传统的公共管理模式，又可以替代目前占主导地位的管理主义的公共管理模式，它是一种建立在对公共部门的理论探索和实践创新基础之上的模式。[29]

在城市化的进程中，从新公共管理走向新公共服务说明了政府提供公共服务的行为不只是一种行政行为，还是政治行为，不仅仅要强调效率和经济，还要关注民主、参与这些社会政治价值。因此，要完善公共服务，不仅要改革服务的目标、手段、方法这些技术层面的内容，更要进行制度层面的创新，为公共权力的有效行使提供制度支持，为技术层面的创新提供制度保障，从而实现公共服务改革的全面性、系统性和可持续性。进一步而言，20 世纪 80 年代后发展出顾客导向与结果导向的新公共管理运动（New Public Management，NPM），引进契约外包、民营化等制度，企图提高服务的质量与效能；而在 2000 年由登哈特夫妇所提出的新公共服务（New Public Service，NPS）[30]，强调服务、信任合作、多重课责以及共享等理念，以社会资本的累积，建立人与人彼此间的互信感，进而产生以公民为主的政策与治理理念，让彼此产生长期信赖合作的机制。

新公共服务强调公共服务的社会和民主导向，主张用民主和社会的标准来衡量公共服务质量。而当中最核心的两个主题为：（1）提升政府公共服务的尊严与价值。（2）重视公民、公民权以及公共利益等价值内涵及实践。政府行政人员除了提供公共部门服务给社会大众之外，更应运用公民对话与公民参与等方式，强化公民精神。登哈特夫妇进一步探讨了新公共服务的来源或者方法论的基础。他们认为，新公共服务理论的思想来源和概念基础主要包括四个方面的内容[31]：一是民主的公民资格理论。依人民利益而非利己主义，人民应该关心广泛的公众利益主动参与，为他人承担责任，又称公民精神（public spirit）。二是小区与公民社会的理论（或模型）。民众因高度信任使联系网络存在时，公共行政者通过既存的社会资本，建立更坚强的网络，开创辩论与对话、教育民众关心民主政治事物。这可以通过建立社会团体与厚植社会资本达成。三是组织人本主义和新公共行政。组织的人本主义强调公共部门应创建一个更人性化的组织，并建立开放、信任与诚实的网络模式，亦即辩证的组织，及所谓协和模式（consociated model）。四是后现代公共行政。由此可见以批判性方式获取知识、以论述（discourse）为中心思想，公共问题通过讨论，远比所谓的客观观察或理性分析更可能被解决。

另一方面，新公共服务理论认为新公共服务有七大重要的理念[32]：（1）服务公民，而非顾客。公共利益是就共同利益进行对话的结果，而不是个人自身利益的聚集。因此，公职人员不是要仅仅关注顾客的需求，而是要着重关注公民并且在公民之间建立信任和合作的关系。公职人员应该服务的是公民，强调的是建立公民之间的信任与合作关系，他必须设法培养关切公共利益的公民道德与民主精神，而不是去满足以自我利益为基础的顾客需求。公共服务为公民精神的延伸，其最终目标是提升公民服务质量。（2）追求公共利益。公共行政官员必须促进建立一种集体的、共同的公共利益观念。公职人员必须献身于集体的、分享的公共利益概念，其目标并不是寻找以个人选择为基础的、快速的解决方案，而是创造分享性的利益与责任（shared interest and responsibility）。这个目标不是要找到由个人选择驱动的快速解决问题的方案。更确切地说，新公共服务是要创立共同的利益和共同的责任。（3）重视公民权胜过重视企业家精神。新公共管理鼓励公仆的行为与思考必须像企业家，这容易窄化其所追求的目标，亦即追求生产力的极大化、顾客满意、接受风险、利用任何可以运用的机会等。新公共服务认为公务员并非企业家，政府亦非企业，政府是由公民所拥有，公民不是顾客。致力于为社会做出有益贡献的公职人员和公民要比具有企业家精神的管理者能够更好地促进公共利益，因为后一种管理者的行为似乎表明公共资金就是他们自己的财产。（4）策略思维，民主行动。政府必须设法强化公民责任感，支持足以凝聚小区意识的NPO与团体参与小区事务。政府是打造有效的与负责的公民行动之根基。政府的存在就是为满足所有公民的需求，如此就能营造一个服务公民与培养公民精神的环境。而公民必须相信政府是可以接近的、公开的、响应性的，满足公共需要的政策和项目可以通过集体努力和合作过程得到最有效并且最负责地实施。（5）课责多元化。新公共管理的课责性强调以市场驱动为导向，要向顾客负责，课责内涵则是个人利益的累积等于公共利益，满足个人需求就等于尽到公共利益的实现责任，而且课责标准是可以用明确的绩效指标加以衡量的。新公共服务的课责性则是多元面向的，亦即公职人员应该关注的不仅仅是市场，他们还应该关注法令和宪法、小区价值观、政治规范、职业标准以及公民利益。这些多元标准使得公职人员必须以非常复杂的方式向不同的利害关系人负责。（6）服务而非领航。新公共管理认为政府角色是有限制的、有选择性的，应该要掌握的是攸关社会发展的核心职能。对于公职人员来说，越来越重要的是要利用基于价值的共同领导来帮助公民明确表达和满足他们的共同利益需求。新公共服务认为政府的职责是建立一个对话与沟通平台，让所有利害关系人都能在此平台上发言，通过不断的协商与妥协，达成解决公共问题的方向与方式，而不是试图控制或掌握社会新的发展方向。（7）重视人民，而非只重视生产力。效率至上和重视生产率的理念，都忽视了人的主体性地位。新公共管理主张政府通过流程再造、绩效衡量，以提高生产力，因而其在乎的是行政生产力，亦未重视公仆与公民价值。[33]新公共服务则认为要对组织中个体成员的价值和利益给予足够的关注，造就负责任的、投入的并且有公民意识的雇员或公民。[34]公共组织与其所参与的公共网络必须以尊重所有人的合作过程与分享领导来运作，从长期观点而言，也才会成功。

由此可见，新公共服务途径为现阶段公共部门在管理与执行上首要强调的精神，通过非政府组织与民间企业、私人等机制，运用多层次的治理模式，通力合作来共同满足并实现各自的愿望，使公共部门在运作上能够更加确实服务所谓的公民。治理概念下的公共服务，已经无法再由单一行为者所提供，政府、市场、社会的合作将会越来越紧密，而公共服务也必须由三者所协调提供。

结合城市化的相关研究，可以从城市化进程与城市问题作出学术反思，即新公共管理是建立在个人利益最大化的经济观念上的。新公共服务则是建立在公共利益的观念之上的，是建立在公职人员为公民服务并确实全心全意地为他们服务之上的。在城市化的进程中，新公共服务主要体现在于：（1）新公共服务呼吁维护公共利益，当公民能够根据公共利益去行动时，这种观念与建立在个人自利基础上的新公共管理理论有相当程度上的差异。（2）新公共服务强调尊重公民权利。新公共服务认为，政府与公民之间是不同于企业与顾客之间的关系的。公民是具有公共事务的知识的，对于公共事务有归属感，有整体的关切，并视公共事务为一种与自身的命运休戚与共的社群道德契约。新公共服务相信公共组织如果能在尊重公民的基础上通过合作和分享的过程来运行，就一定能获得成功。（3）新公共服务重新定位政府的角色。政府不再是处于控制地位的掌舵者，而只是非常重要的参与者之一。有更多的行为者直接参与到政策的制定和实施之中。（4）新公共服务认为公职人员应该意识到，公共政策和公共资源并不属于他们自己，作为负责任的参与者，而不是企业家，他们是公共资源的管家、公民权和民主对话的促进者、小区参与的催化剂，甚至未来将扮演协调、调解甚至裁决的角色。

三、 中国城市化的历史进程与现实挑战

（一）中国城市化的历史进程

现代城市制度对于中国来说，是一种舶来品，20 世纪初被引入中国后，成为普遍流行的一种城市型行政区划建制和政府管理体制，其间也经过了一个曲折、复杂的演变过程。中国的现代城市制度真正溯源乃民国建立之初，北洋政府于 1921 年所公布的《市自治制》和《市自治实施细则》，明确规定市是自治团体，是法人；在当时，市可以分为特别市和普通市，特别市与普通市之议决机关均为市自治会，由市居民选举产生。[35]从此，有了自治市的建制，自治市制度才得到快速发展。

1928 年国民革命军北伐成功后，南京国民政府于 1928 年 7 月公布了《特别市组织法》和《市组织法》，分别规定特别市和普通市的组织形式。该两法施行了两年后，于 1930 年 5 月被新的《市组织法》所代替。新的《市组织法》将市分为行政院辖市与省辖市两种。院辖市的条件是：（1）首都；（2）人口在百万以上者；（3）在政治上经济上有特殊情形者。但虽符合上述一、二两条件，而为省政府所在地者，应为省辖市。[36]

新中国自 1949 年至改革开放前夕的 1978 年过程中，先是历经 1949 年到 1957 年农村人口向城市迁移与工业化迅速发展，导致城市化加速的阶段。1958 年后颁布《中华人民共和国户口登记条例》。户籍制度也将农村人口和城市人口分为性质不同的农业人口和非农业人口。农业人口可获得较优渥的社会福利。加上“文化大革命”运动中著名的知青下乡运动，出现大量的城市人口反而向农村流动现象。因此，在 1958 年至 1978 年间形成了中国特有的反城市化现象。

1. 溯源：现代中国城市的形成

现代城市通过工业化的兴起以及西方列强的殖民，带动新城市迅速建立。有学者认为中国由于长期处于封建社会，在小农经济的支配下，商品经济发

展不够充分，政治上实行不利于商品经济发展的压制政策，因而严重阻碍了资本主义与中国城市发展。[37]而中国现代城市的出现，主要是由于西方资本主义强势入侵。有别于西方工业化推动城市化，中国城市是由城市化后推动工业化的模式。所以其实中国城市的形成与演进也经过了一段曲折、复杂的演变过程。总体而言，当代中国城市初步的形成和发展，主要有以下几种类型。

（1）传统的政治军事中心城市。

此类型的城市，原本就是所在区域的政治、经济、文化中心，基本上属于消费型的城市，并作为军事重镇和行政中心。这种城市，多属内陆城市，比较封闭，城市格局保存古老风貌，工业较不发达，基本为轻工业或消费性的产业。例如：北京、西安、成都、济南、太原。

（2）开港通商兴起的工商业城市。

此类型的城市，主要在沿海或沿江地带，由于清末不平等条约辟为商港。这些地方水路交通便利，城市格局开放。新兴轻工业多密集于这些城市，商业贸易发达密集于这些城市，商业贸易较发达。随着开港通商和洋务运动的开展，上海、天津成为殖民主义者的贸易转口基地。此类城市，例如：上海、武汉、广州、福州、天津、青岛、香港、澳门。

（3）铁路发展而新兴的内陆城市。

交通是联结城市的血管与经脉。交通结构对区域城市化有制约或推动作用，交通结构和与之适应的运输方式，决定着城市化的方向和进程。以轮船为主要的海上交通发展，造就了上述第二类的沿海城市。而铁路的出现则使近代城市化向内地纵深发展。20世纪初华北、东北的近代交通网初步形成，铁路开始带给中国新变化。此类城市，例如：哈尔滨、长春、沈阳、大连、郑州。

（4）新兴的工矿城市。

一些地区，因为有丰富的矿产资源，随着资源的开发，形成了资源型的城市。这些城市因为拥有某种丰富矿产而发展起来。城市在官僚资本和民间资本的控制下，发展了单一的生产型城市，城市格局较简单，综合服务设施比较缺乏。此类城市，例如：唐山、大同、玉门、鞍山。

2. 发展：现代中国城市化进程的分析

1949 年中华人民共和国成立后，中国城市进入了新的发展进程，城市也展开了新的发展形式。1958 年的“大跃进”运动与 1966 年的“文化大革命”，甚至使城市出现了反城市化的现象。直到 1979 年改革开放后，才渐渐又回到发展常轨。1992 年社会主义市场经济体制建立以来，中国的城市进入前所未有的高速发展阶段。1949 年最初只有 132 个城市，2008 年中国城市增长为 655 个，短短 60 年达到了五倍的增长。回顾中国从 1949 年开始直至今日，大致经历了以下四个发展阶段。

（1）单核心城市发展阶段（1949 年—1957 年）。

此阶段是中国农村人口向城市迁移与工业化迅速发展的阶段，1949 年，中国城市仅 132 个，城市人口 5 765 多万，仅占全国总人口的 9%，城市化程度为 10.64%。[38]但从 1953 年起至 1957 年，中国开始执行首个五年计划，城市建设因而全面发展，大量农村人口进入城市就业、定居，导致城市化加速。

1956 年 5 月，国务院发布《关于加强新工业区和新工业城市建设工作几个问题的决定》，再次明确提出控制城市的规模，并指出，根据工业不宜过分集中的情况，城市发展的规模也不宜过大。今后新建城市的规模，一般可以控制在几万至几十万人口的范围内。就这一阶段而言，中国城市主要表现为单核心向外蔓延发展，分散的城市间规模等级差别较小，大多数城市沿区域交通干线分布，也有少数分布于远离交通沿线的地区。

随着中央做出工业建设必须向内地倾斜的计划，交通干线沿线城市化进程加剧，大量农村人口迁入城市，形成了新一批的新兴生产城市。此时期，城市发展具有着重在内陆空间、中小型规模城市与重工业发展的特征，并造成城市（核心）和农业地带（边缘区）竞争加剧，有一个较好区位条件、基础设施发达、交通便利、生产能力强的城市随着资本主义工商业和手工业的社会主义改造，确立了国有经济的领导地位，城市也由民国时期的消费城市转变成生产城市。

这期间城市政府的机构配置比较精简，政府设置的职能部门，一般在 10 到 20 个之间。据统计，1949 年和 1957 年比较，中国总人口数由 54 167

万增加至 64 653 万，增加 19.36%。其中城市人口数由 5 765 万人增加至 9 949 万，增加了 72.58%，城市人口占全国总人口数的百分比由 10.64%上升为 15.39%。[39]

（2）反城市化城市发展阶段（1958 年—1978 年）。

1958 年中国颁布《中华人民共和国户口登记条例》。条例的出台规定国家机关依法收集、确认、登记有关公民年龄、身份、地址等公民人口基本信息的法律制度，是国家对人民实施有效管理的手段。户籍制度也将农村人口和城市人口分为性质不同的农业人口和非农业人口。此时期为了控制城市人口发展和限制城乡间的移民，主要采取了三种作法：其一，户口登记制度；其二，中央政府限制城市劳力的供应量；其三，生活必需品采配给制度。这一时期，城市和农村之间进行了严格的区分，从而给农村人口向城市的聚集以及城市对农村的拉动产生了严重的阻碍。1963 年 6 月，中国开始进行大规模精简职工和城镇人口的工作，城镇人口占总人口的比例，由 1960 年的 19.75%降低为 1963 年底的 16.84%。[40] 1964 年，中共中央北京工作会议，提出了一、二、三线的战略布局和建设大三线的方针，其中强调国家重要企业和国防尖端项目的建设要分散、靠山、隐蔽，随后中央又将其改为分散、靠山、进洞，这些举措，导引了内陆城市之成长，即许多在内陆地区而非沿海港口的城市，成为城市化快速成长之中心。

1961 年至 1965 年，由于此前三年困难时期，农业大幅减产，无力供养庞大的城市人口，国家实施了压缩城市人口、充实农业的政策。1961 年至 1963 年出现大量的城市人口反而向农村流动现象，人数高达 2 000 万人。[41] 1966 年到 1971 年，三线建设虽进入高峰，但不仅不建设城市，反而要求新的工厂建设要消除工厂的特征，实行厂社（人民公社）结合，且城市要向农村看齐，在消灭城乡差别的政策指示下，致使城市企业大范围停产。为了解决城镇人口的就业问题，1968 年起开始实施知青下乡到农村插队落户运动和干部下放运动。这些措施都使城镇人口占总人口比重连续下降。三线建设的方针，客观上大大降低了经济建设效益，也滞缓了城镇人口的增长和城市建设的发展，因而在 1958 年至 1978 年间形成了中国特有的反城市化现象。

知青下乡客观上对农村社会的发展和进步产生了作用，但是从城市发展角度而言，此时期，城市人口并没有因对农村人口的吸纳现象而增加。城市的经济功能也无法与农村有效交流和沟通，城市和农村间被一刀切，无法实现彼此的交流和互动。这一时期城市政府机构的主要特点是，随着计划经济体制的建立，行政管理部门越来越多，越来越集中。到1965年时，一般城市政府下设机构有20到50个部门。[42]

（3）沿海地区改革开放城市快速发展阶段（1979年—1991年）。

1978年召开的十一届三中全会作出了把工作重点转移到社会主义现代化建设上来的重大战略决策。解散了人民公社，并引进市场经济机制，推动私营经济，扩大国际对中国的投资，改革开放给各个领域带来了活力。随着经济发展战略的转轨，把效率目标放在第一优先地位，实施区域经济优先发展战略，以东部沿海地区为重点。

在乡镇部分，家庭联产承包制使农业生产率大幅提高，农业剩余增加，农业生产和促成较为高阶的技术来减少成本和劳力，导致了过剩的劳动人口，并迫使他们去城市中找工作。加上户口登记制度逐渐地松动，使得有更多的乡村劳力人口取代城市的劳力工作，加快了大量城市流动人口的产生。另一方面，原先在“文化大革命”时期插队落户的知青也逐渐地回到了城市，促使了改革开放后城市人口加速的提升。

20世纪80年代中期以后以乡镇企业为代表的农村工业化推动了具有中国特色的小城镇发展。城市中吸纳农业劳动力的能力增强，同时允许农民进城打工削弱了上一个时代的城乡隔离政策的效果。小城镇的蓬勃兴起是这一时期城市发展的重要特色，随着农村改革的深化和商品经济的发展，乡镇企业蓬勃发展，促进了小城镇的迅速崛起。到1982年，中央提出大城市应被理解为国家经济增长网络的关键节点，在邓小平领导下，城市迅速作为重要的繁荣中心，并产生了城市中心向周边辐射的趋势。此时期，许多原属于农村的县也升格为市的地位，中国突然加速城市化，并创造了大量的市。大量的农村居民迅速成为城市居民，城市化程度从1979年的18.96%上升至1991年的26.94%。[43]

在 1979 年至 1991 年这段期间，配合对外开放政策的执行，城市成为体验经济成长和国家投资建设的重要空间节点，特别是沿海各省份的城市，中国采取了优先支持区位和条件较好的沿海地区经济发展的东倾政策。中国的投资重点的东移，对广东、福建两省实行特殊政策、灵活措施，率先在沿海地区开辟经济特区、开放港口城市、经济开放区和保税区。在开辟深圳、珠海等经济特区后，又将沿海 14 个城市设置为开放城市，使沿海地区城市化有实质性的成长。在经济和政策环境的吸引下，内陆地区的商业精英与科技人才也纷纷前往特区及沿海开放城市寻求发展机会。

此时期，各地城市政府全面恢复了“文化大革命”运动前的机构设置。后来，又随着以经济建设为中心的工作需要而不断地增设各种经济管理机构。市政府机构的配置更达到了新中国成立以来机构设置的最高峰，一般市级政府拥有的机构多达 50 到 70 个。㊹为此，国务院在 1982 年进行了一次城市政府机构改革，试图精简机构，提高管理效率。

（4）大城市与城市群形成城市发展阶段（1992 年至今）。

1992 年，邓小平南方谈话更加速了中国改革开放的脚步。1992 年，中共十四大明确提出中国经济体制的改革目标是建立社会主义市场经济体制。1993 年，全国人大修改宪法，把发展社会主义市场正式载入宪法中，并于中共中央十四届三中全会制定并通过《中共中央关于建立社会主义市场经济体制若干问题决定》，使中国市场化的改革在法律及政策上得到强力保障。随着市场经济的发展，沿海城市持续快速发展，而大量的农村剩余劳动力则开始涌向大城市，外出打工现象造成中国人口快速迁移与流动，也促使中国城市化程度大大提高。

在城市圈的区域空间上，存在如下演化发展过程：一般城市—都市圈—城市密集区—城市群—大都市圈—都市连绵区—都市带。研究者认为从上述资料显示，中国城市发展在 1949 年—1957 年时期，呈现一般城市、散点分布、独自发展的现象；在改革开放初期的 1979 年—1991 年间，部分城市演进成都市圈，大量新城市的产生导致区域城市密度增大，形成城市密集区。而 1992 年至今，都市经济圈的兴起也已经成为区域经济的主要形式和参与国际竞争的主导力量。城市发展进入大都市化和都市圈经济的出现，在中国的江南沿海经济发达地区也已初露端倪。

2005年，《十一五规划建议》正式公布，首度提出了城市群的概念，并指出，有条件的区域，以城市和大城市为龙头，通过统筹规划，形成要素集聚能力强、就业多、人口分布合理的新城市群。其中，长江三角洲、珠江三角洲、京津冀更形成了三大城市群，汇集了中国超过30%的国内生产总值和高达70%多的外国投资，已经成为中国经济社会发展的巨大增长极。[45]此时期，随着城市密集区社会经济联系的不断强化，产生了具有领导作用的中心城市，并带动周边城市一起形成城市群。

由此可见，中国城市发展的进程是通过两条途径来实现：首先，增加城市数目，通过城市群体发展，加快城市化进程；第二，扩大城市人口数量和用地规模，通过城市规模的扩张来推进城市化进程。

（二）中国城市化进程中的现实挑战

中国自1978年展开经济改革开放以后，城市的发展也呈现出空前的剧烈变革。在改革开放至今的40年间，中国初步完成了从传统农业文明的乡村社会向现代工业文明的城市社会的转型。有统计表明，到2010年末，中国已有655个城市，其中地级市及以上城市287个；全国城镇人口达6.22亿，占全国总人口的比重为46.6%；加上统计资料之外的上亿进城务工者，中国的城市化率实际上已经超过了50%，地级及以上城市（不包括市辖县）地区生产总值157 011亿元（人民币，下同），占中国GDP的63%。地方财政预算内收入14 066亿元，占中国地方财政收入的59.18%。[46]城市已经成为引领经济社会发展和现代化进程的火车头，俨然成为中国直接参与全球竞争的主体力量。

有别于此前的计划经济体制，改革开放中的城市发展如同国家的经济转型一样，从国家主导的城市发展政策转变为趋于市场机制导向。城市的发展，不再是由国家的命令和大量的投资来型构；相反地，在市场规模的运作下，城市的形成便成为中国经济改革后的一股新的空间力量。特别是在全球化的竞争压力之下，基于WTO规则的结果，不得不使中国的国家发展与全球市场经济、新的国际劳力分工相连接。同样，也不得不使沿海城市排列在全球的城市体系之中，而且囊括在新的竞争区域之中。继之而来的，是对国家（包括中央与地方）的一项挑战，即全球化所带来的地方冲击和国家所调适的城市发展策略。

由上述可知，在城市中的人口数与所得均占中国一定比例，加上各地民众不断涌入城市就业、求学与消费等事实，自然带给城市地区旺盛的经济增长活力。近年来，随着改革开放政策，城市政府角色也发生了相当程度的转变，过去传统管制型城市政府的角色已经逐渐解构，转而重新构建了新的城市政府架构。20世纪90年代以来，中国许多城市政府从传统的计划经济体制向社会主义市场经济体制转变，要求改变原有与计划经济体制相适应的政府管理体制。北京、上海等城市率先提出以新公共服务为导向，进行城市治理。在新公共服务的风潮下，导入市场导向概念，于是出现了公共服务意识、顾客导向、公民参与、市场取向（如民营化、解除管制）、分权管理等改革策略。

另一方面，采取新治理模式的城市政府需要改善财政资源与提高公共参与，造成不再局限于政府对私部门、政府对民众等由上而下的单纯互动关系；随之而来的是一种公共部门、私部门、民众等复杂交错、上下互动的网络关系。[47]中国城市政府在改革转轨的过程中，希望能够有效地增进市民福祉，以及提升城市的国际能见度，将城市建设成国际大都市。然而，进入全球化经济时代的今天，传统官僚体制治理模式，已经无法发挥应有的治理能力，城市政府必须在党政机关、城市居民、内资企业、外资企业四种行为者的拉锯过程中调整，以便取得行政结构、组织、规模与功能上的平衡点。

中国自1978年改革开放以来，城市政府的职能主要由政治、经济、文化以及公共服务四方面构成。城市政府除了要履行宪法及法律所规定的义务及上级政府所委任工作外，也会随着市场化的步伐提供基础建设与公共服务，在公共政策的执行过程中，由各政府部门处理与提供城市各大小公共服务与基础建设，如公共医疗、消防、治安、能源、交通、社会保障、教育等公共物品，而这些都与城市居民的民生息息相关。城市政府必须在城市治理上过分依赖市场或政府过分干预上取得平衡，否则相当容易造成危机，如人口膨胀、环境恶化、中心城市衰退等城市病会孕育而生。因此，城市政府职能的转变以及上下级政府如何配合，将是决定城市政府如何打造服务型政府以进行城市治理的关键。

进一步而言，中国传统上治理以控制和命令手段为主，由国家分配资源的城市管理模式为主。但随着经济全球化，城市治理的概念开始出现，并被运用在中国的城市当中。城市中主要运用多种行为者的对话、协调、合作以达 到最大程度动员资源的治理方式，以补充市场和政府自上而下调控之不足，最终达到双赢的平衡综合城市治理方式。城市跨越广大区域范围，以空间组成上而言，城市就是通过高速公路、铁路等交通运输工具将农业、工业、商业和文化串联在一起相互影响和作用的区域。城市在发展过程中所面临的种种问题，必须通过各行为者的协调来解决，但解决问题的关键点仍是城市政府采取的治理策略。

由此可见，在中国城市的运作上，过去传统管理阶段，传统扮演的角色往往是主导性的、决定性的。然而，随着近几年经济全球化、信息化、城市竞争的概念开始广受重视，再加上中国加入 WTO 的过渡时期结束，国民经济与城市发展与开放都必须进一步进入世界经济体系中，遵守众多国际金融市场的游戏规则。[48]许多城市政府便开始思考与私营机构、非政府组织以及市民合力进行城市治理的调整。例如，市民参与小区共同事务的管理的部分，也由过去的直接接触，改由通过网络等现代信息技术扩大与市民沟通对话及参与公共政策过程，来确实达到市民真正的需求。在这个过程中，政府不能只是担任公共服务提供商的角色，它们还需要扮演协调与意见整合者的角色。

改革开放已经 40 年了，事实上改革开放最明显的特点就是城市化，其实这也是所有的发达国家共同走过的历程。从 1978 年到 2008 年，中国城市化已经达到了 45%左右。根据学界的预测，大约到 2025 年左右，中国城市化程度将达到 70%左右。[49]换句话说，中国今天宏观经济最大的推动力是城市化的进展。但城市化会给我们的经济发展、社会发展以及社会责任等带来新的问题。就中国城市化进程中的现实挑战而言，学界的研究问题可以作如下梳理和分析。

一是从治理理论探讨城市治理应用问题。20世纪90年代以来，世界政治、经济、社会、文化的背景产生了相当巨大的变化，也促成了国外治理理论及研究的产生。学者们响应世界潮流，并将治理理论应用于城市治理。今日公共部门和民间企业治理的概念已经成为组织运作的重要观点，而地方治理理论在地方政府也被广泛应用。有学者尝试思考地方治理理论在地方政府层次运用时所带来的观念转变，以及对现行体制可能形成的影响，认为地方治理理论应该通过公民参与来加以实践，地方政府应致力于促进公民参与，以实践民主政治内含的民有、民治、民享的理想，并运用地方治理理论来讨论地方政治发展的基本问题。[50]也有学者在介绍了大城市管治理论（集中式管治、分布式管治和多中心管治）后，对中国大城市管治方式的演变进行分析，指出中国大城市管治方式顺应由集中式管治走向分布式管治，再走向多中心管治的发展趋势，他们认为相对应的具体表现就是市管县走向撤县建市，再走向撤县并市的演变趋势，并结合管治理念对中国目前实施的撤县并市的政策提出了新的做法建议。[51]

二是跨域治理与区域治理问题。随着全球化时代来临以及城市化现象的加速发展，区域政府的概念逐渐受到重视，由于区域力量的兴起。有学者则认为地方治理法制也有重新调整的必要，并探讨了区域政府的概念及其与中国地方治理法制发展间的关系，通过政府关系研究相关理论，进行区域治理问题及其策略的讨论。[52]还有学者分析了中国改革开放后治理基础的演变，以揭示市场改革造成国家治理的危机，国家机器反而通过地域化或区域合作计划的过程加强社会治理的能力。在地方治理网络中，涵盖中央政府、区域政府或组织、地方各层级政府的府际网络与治理，并举出了市民参与地方民主经验，以及经合组织国家通过公共管理服务工作团队，强化区域内政府与公民联系的两个国外地方治理的案例。该学者认为地方政府（含议会组织）应成立各种公共论坛、听证会、委员会与审查会等正式与非正式组织或场合，推动公共事务以及解决公共事务，并讨论地方政府转变为地方治理的趋势下地方政府角色职能的转变并重新定位角色。[53]由此可见，在中国城市治理的概念也面临着城市政府职能转移的重大命题，弱化了政府经济职能与行政区经济，意味着城市与区域治理的一大障碍被破除。中国加入 WTO 后，加快了中国经济与世界一体化的进程，也带来了新的发展机遇与挑战，其中最主要的冲击，当数在市场经济中政府职能的转变。中国大城市治理正朝着多中心治理方式转变，实施撤县并区的政策时也要注重县市合作。

三是地方治理与地方发展问题。近年来，治理成为研究公共事务的流行概念。有学者讨论地方治理与地方民主发展中所产生的问题，他认为中央与地方要建立伙伴关系，而地方政府长期以来把和民众站在一起当作口号，导致没有办法真正落实市民主义或县民主义的地方民主。也有学者分析了地方治理的发展，认为地方治理历经了管理主义到经营主义的转变，在进行深入的城市治理研究后，提出了城市治理有助城市持续发展的思想，并尝试建构出城市治理模式。[54]

四是城市治理与公共政策问题。公共政策是政府对各种客观存在的利益诉求实际的调控的有效工具，对于社会的公平、公正与正义的社会稳定发展将产生巨大的作用。有学者尝试从网络治理的面向出发，来探讨城市发展的可行出路，进而整合中央与地方政府及民间的资源，希望能以治理代替统治的观念，好让公共政策能够符合民众的期待，其认为当全球化已经成为国际社会进行政治或经贸合作时的主要推动力量，而全球治理也成为国际共同治理公共问题与政策的架构时，对于加入 WTO 后的公共政策应作如何转变与调整，如何将政府职能与行政机制作出对应，与世界进行同步接轨，将会是 WTO 体系下地区政府治理及地方治理模式转型的一项重要课题。[55]也有学者以公共政策研究的方式为切入点，运用理论研究与实证研究相结合的方式，构建出公共政策的基本架构，在充分吸收国内外公共政策研究成果的基础上，探讨了城市公共政策的基本原理和理论基础，发现了城市社会发展的问题，并寻求能够有效解决问题的公共政策。[56]

五是地方治理比较问题研究。有学者提出了中国城市治理的主要内容和城市治理的研究方法，认为城市治理研究将采用理论研究和实证研究相结合的研究方法，在理论上借鉴国外治理研究理论，进行比较研究，并将治理运用于中国实践，进行实证研究，认为城市治理研究具体采用以下三种方法：文献分析和国际比较研究法、社会调查法，以及定量分析实证研究法。[57]此类研究，主要是通过比较的研究途径，尝试介绍许多国外或中国地方治理与城市治理的经验与制度，以供地方治理发展作为参考。

在上述理论研究的基础之上，可就中国城市化进程中的现实挑战，从实践层面进一步分析其主要突出问题在如下方面。

一是城市发展中的城市资源短缺问题。资源短缺是中国城市化发展的“瓶颈”。按照年均增长 1 个百分点预测，至 2020 年全国将新增 3.3 亿城镇人口（现为 5.03 亿），对资源的需求是非常巨大的。城市化对能源，包括电、煤、石油、燃气等需求都将有很大的增长，对生态环境必将产生巨大的压力。虽然目前中国城镇的人均能源消费水平还不高，但是将来 8.3 亿城镇人口的总量却是世界最大的。从水源来看，过去的城市供水问题主要是给排水设施的不足，而不是水资源的匮乏。今天，随着城市大生产的发展和城市人口的剧增，生产用水和生活用水大大增量，加之生态环境的破坏影响了江河表面水的丰盈，超量和无度的开采又造成地下水的枯竭，同时，禁而不止的工业污染和污水的超标排放，致使江河湖泊和水源地以及地下水水质遭严重污染，使得中国 660 多个城市不同程度地面临水资源问题，200 多个城市严重水资源不足，有的城市被迫限量供水。从土地资源来看，如按现行规划标准计算，每年均需要增加 180 平方千米的土地。过去总是说中国地大物博，城市发展用地不成问题。如今，城市用地问题越来越引起国家的重视，三令五申要严格控制城市用地审批的闸门，并将 6 000 多个开发区撤销了一半，以避免开发区土地空置，同时对城市兴建宽马路、大广场、会展中心、大学城、高尔夫球场等，以及盲目的房地产开发和城市用地规模的扩大进行严格的用地控制。

二是城市化进程中出现的贫困问题。在社会经济发展过程中，尤其是市场经济条件下，贫困似乎已经成为一个难以避免的伴随现象。考察城市化进程可以发现，贫困不仅是城市化进程中的“果”，在一定意义上更是推动城市化的“因”。工业化、城市化和现代化是现代社会历史发展过程中三个相互影响、相互作用的重要因素。城市发展应该是一个由量变到质变的过程，但目前中国的城市化还只是停留在量变的过程中，在这种状态下的城市发展，自然会形成贫困的问题，难以形成对农村社会的积极渗透和正面影响。在农村人口增长、农业比较效益递减、土地资源约束以及技术替代等多种因素作用下，大量农村劳动力向城市、向非农产业转移已成为不可逆转之势。农村剩余劳动力的大量存在为城市加快发展提供了条件。大量的资料表明，中国现有农村剩余劳动力在1.5亿人左右，加上农村每个劳动力负担1.5人计算，估计短期内至少有2.25亿人不得不流动到城市。[58]

三是中国的城市表现出城市结构规模大，但城市的人口规模与经济规模都偏小的不协调现象。根据统计资料，人口超过100万的城市集中度，中国比世界平均低5个百分点，比中等收入国家低11个百分点，比高收入国家低21个百分点，比美国低28个百分点，比日本低26个百分点，比德国低30个百分点。[59]中国大城市的规模明显低于世界水平，尤其低于发达国家的水平，导致了像上海、北京这样全国最大的城市，所产出的国民财富比重远远低于世界其他大城市的水平，如东京的GDP占日本全国的18.6%，伦敦的GDP占英国全国的17%，首尔的GDP占韩国全国的26%，而北京、上海的GDP占全国的比重分别只有2.5%和4.6%。要立足于中国实际，北京、上海所占人口比重和上述城市相比要小得多。这说明，中国的城市表现出城市结构规模大，但城市的人口规模与经济规模都偏小的不协调现象。中国城市化发展水平滞后于经济社会发展水平与工业化发展水平这种局面，已经成为严重制约中国综合实力提高与国家竞争力增强的“巨大瓶颈”。未来20年是中国社会经济发展的战略机遇时期，大力推进中国的城市化，尤其是寻求城市化战略的进一步提升，缓解长期以来制约中国社会公平的二元结构矛盾，既是全面建设小康社会、实现现代化的历史要求，又是有效解除中国经济社会约束“瓶颈”，保障中国经济社会快速、持续和健康发展的重大战略举措。

四是居高不下的房价，直接会冲击人们在城市中的生活和质量。城市的发展离不开人才，城市的生活主题是人，城市活力关键要有人。而当下直线走高的房价，远远背离了大多数民众的生活水平，让他们在望“房价”而兴叹之余，对城市生活产生怀疑和背离之感。渐进高涨的房价，在和民众的收入水平赛跑的跑道上，已经远远把之抛在后面。

五是社会服务的缺位与变异。城市的魅力和吸引力既在于独具特色的建筑和标志物，更在于便民、便利的公用服务，为生活在城市中的人提供更好更优质的社会服务。随着改革的推进和深入，中国的城市民众逐渐由计划经济时代的“单位人”转变为“社会人”，亦即个人生活一切都放到社会中来，一切都由社会来“补位”，政府还需要在公共管理与公共服务的实践中完成由“管理”向“服务”角色的转变。

六是城市外来人口的落户与协调问题。城市的发展靠人。在当下中国城市，源源不断的各种类型的外来人口是推动城市发展的主力军。外来农村户籍劳动力的落户城市将是一个日益需要得到重视和解决的大问题。他们的第一代是出生在农村，工作在城市，将来还是要回到农村。而第二代则是出生在农村，成长于城市，工作在城市，其内心中也有落户城市的想法。在中国目前现行户籍制度下，落户城市并不是那么简单，涉及户口、社保、养老等一系列社会保障制度。这也是户籍制度改革迟迟未放开的原因。但是，随着第二代农村户籍劳动力逐渐成长起来，这个问题日益变得棘手和紧迫，需要政府和社会重视起来，研究对策加以解决。[60]

七是环境治理与可持续发展问题。在全球城市竞争的时代，城市如何朝向可持续发展？如何打造永续环境？这些都成为了城市领导、城市政府与城市公民需要面对的课题。环境治理作为治理概念下的一项议题，也必须遵循治理的原则，通过对环境治理中的利害关系人的互动，来构建其治理的特殊形式与结构，而城市政府在治理过程中，将逐步释放权威及权力。

八是区域治理与合作问题。在全球化经济竞争下，单一行政区的治理体制已经展现出其限制，而强调跨界资源整合运用与角色分工、合作的城市区域治理模式重要性日益显著。建立区域合作的伙伴关系，能促进资源优势的共享与资源弱势的互补，这种合作关系将跨越行政区的疆界，能强化城市政府本身对全球化发展与环境变迁的调适能力，并能达到区域中各城市的均衡发展目标。

（三）中国城市化进程中的社会文化问题

在中国城市化的进程中，社会文化问题是不可回避的重要问题。在当前中国的城市化进程的实践中，社会文化危机的问题已日益突出，已经直接影响到改革开放的深入推进和长治久安。研究城市化进程中的邻避危机与治理，有必要在当前中国城市化进程的大视野下，聚焦社会文化危机这一兼具紧迫性和前沿性的时代问题，探讨中国城市化进程中社会文化危机的困境，探索以社会治理创新夯实社会文化良性构建的基础，以公共服务均等化保障社会文化良性建设的具体化与生活化，以领导理念的转变引领社会文化的良性发展等对策创新的路径。

社会文化是指一定社会环境条件下，社会成员对社会生活现状的心理感受和情绪反应，本质上是社会主体的一种社会意识或社会评价，具有大众性、辐射性、弥漫性的显著特征。社会文化是社会现实的反射器和晴雨表，折射着社会变迁过程中的各种问题，释放着各种民生诉求和民情民意信号，反映着社会公众的心理活动状态。准确把握社会文化，有助于及时掌控社会热点、有效调适社会情绪、科学引导社会运行。

改革开放以来，中国经济建设、政治建设、文化建设、社会建设以及生态文明建设全面推进，工业化、信息化、城镇化、市场化、国际化深入发展，党和国家各项事业取得了辉煌成就，与此相适应，社会文化总体上呈现出积极健康向上的良好态势：人们深刻认同中国特色社会主义道路，推进改革开放的信心更加坚定；深刻认同党的执政理念，跟党走的信心更加坚定；深刻认同中国国际地位大幅提升，实现中华民族伟大复兴的信心更加坚定；深刻认同生活水平明显改善，对美好生活前景的信心更加坚定；深刻认同社会主义主流价值，建设民族共有精神家园的信心更加坚定。可以说，良好的社会文化为推动经济社会科学发展，为中国成功举办大事、妥善应对难事提供了良好的社会心理条件。

与此同时，还应看到，在经济体制深刻变革、社会结构深刻变动、利益格局深刻调整、思想观念深刻变化的大背景下，社会文化中不公平感增强，弱势心理在社会各阶层滋生蔓延，不同社会阶层、群体都存在着特定的压力感[61]，社会诚信缺失带来的心态变化不容乐观，当前社会出现了一些亟待引起关注的不良社会文化，给改革开放的深入推进和城市化进程的良性持续发展提出了新的挑战。

1. 当前中国城市化进程中社会文化危机的困境与突出表现

（1）价值的缺失感。在城市化和社会转型的大背景下，社会主义核心价值观还没有建立健全，且还未深入人心，信仰缺失导致正确的行为规范无法有效建立，致使一些本已绝迹的封建迷信和邪教等危险替代品乘虚而入，荒诞不经的歪理邪说，在短时间内蛊惑了大批公众参与其中，“黄赌毒”等不良风气死灰复燃；个人欲望和野心膨胀，“拜金主义”“享乐主义”等错误价值观横行；是非道德观念颠覆，瘦肉精猪肉、染色馒头、毒胶囊事件等直接冲击全社会的价值体系，“各人自扫门前雪，休管他人瓦上霜”等不良心态不断产生和蔓延。

（2）收入分配的失衡感。在我们所处的社会转型加剧时期，由于促进社会公正的机制还不健全，因此，贫富差距加大这一现实极容易使社会成员深感利益格局反差太大，进而产生“仇官”“仇富”心理，导致一些极端暴力事件或群体性事件。社会阶层利益差距加大这一特殊现象，已经对现有的社会治理机制和社会整合模式形成了巨大挑战，因此，尽快建立并完善能够体现社会公正原则的制度化体系，是保持社会凝聚力和维护社会整合的基本措施，也是消除相对剥夺感或不公平感的根本着力点。

（3）公众权利的弱化感。近年来，一些地方农村基本公共服务缺失，政府管理上一些信息、政策不公开、不透明，使部分群众产生不信任感，群众的反政府、反社会情绪一触即发，城镇化及大规模人群流动，“漂族”“蜗居”“蚁族”人群大量出现，使民众不安全感加重；社会竞争加剧所导致的压力感加重，房难买、学难上、病难看的现实矛盾，使民众长期处于高度竞争状态之下，不确定感增强，亚健康成为心理常态；部分群众在合法权益受到侵害时，得不到及时帮助，找不到有效畅通的渠道来表达，因此产生失望感、不信任感、无助感，政府公信力面临前所未有的质疑和挑战。

（4）资源分配的落差感。比如城乡分割的管理体制导致的城镇居民与农村居民在享有基本公共服务方面的不公平；公有单位编制内外身份不同导致的待遇不同；“官二代”“富二代”“农二代”等社会阶层固化，“炫富”“拼爹”之风盛行，老百姓牵挂的却是孩子的学费又涨了，老人的住院费该交了。[62]分配问题上的行业差距、脑体倒挂等，造成了人们的失衡心理、落差心理、攀比心理，对社会现实不满的“弱势心态”日渐扩大化。

2. 中国城市化进程中的社会文化危机的对策探讨与思考

能否成功应对社会文化危机直接关系到改革能否顺利深入，尤其是社会改革发展稳定转型能否有序进行，不仅在根本上需要依靠创新驱动，而且在操作层面上需要依靠解决好当前事关改革发展稳定全局的重大问题来加以推动。在中国城市化的进程中，可以从以社会治理创新夯实社会文化良性构建的基础，以公共服务均等化保障社会文化良性建设的具体化与生活化，以领导理念的转变引领社会文化的良性发展等方面探索对策创新的路径。

（1）以社会治理创新夯实社会文化良性构建的基础。

社会治理，广义上包含国家通过制定一系列社会政策和法律规范，对社会组织和社会事务进行规范和引导；培育和健全社会结构；调整各类社会利益关系；回应社会诉求；化解社会矛盾；维护社会公正、社会秩序和社会稳定；维护和健全社会内外部环境；促进政治、经济、社会、文化和自然协调发展的一系列活动以及这些活动的过程。[63]在应对中国城市化进程的社会文化危机中，社会治理创新既是应对危机的战略思维的具体表现，也是夯实社会文化良性构建的基础和题中应有之义，其具体如下。

一是在社会治理的利益调整环节，强化法治水平，确保正义伸张。法治是实现社会公平正义的制度保障，是协调利益冲突最好的调节器，社会治理必须贯彻法治原则，做到民主立法、严格执法、公正司法，真正实现法律面前人人平等、诉讼面前人人平等，没有超越法律的特殊公民，没有超越法治的所谓潜规则，做到依法保障社会各阶层尤其是弱势群体的合法权益，依法引导社会公众的利益诉求，促进社会矛盾与利益纠纷在法治的框架下公正解决。

二是在社会治理的民生领域，关注“底线生存”，实现分配公平。在社会保障上要尽快建立起困难群体、弱势群体的基本生存权和发展权保障机制，实现贫者有食、病者得医、应保尽保。在社会分配上要由“效率优先”向“更加注重公平”转变，适当缩小社会贫富差距，提高劳动报酬在社会初次分配中的比例，让更多社会公众普惠地分享发展成果。要在教育、就业、医疗、住房等重点领域改革中，通过不断调整和平衡各种利益关系，建立起相对公平均等的公共产品供给机制，尤其要尽力消除“非竞争性不公”，让每个人都有参与的机会、有分享的可能、有发展的希望，使社会公众感受到公平，感受到被重视，感受到和谐，由此社会文化才可能良性发展。

三是在社会文化的构建方面，积极引导教育，培养健康社会文化。建立满足不同社会成员不同层次需求的社会文化体系，在文化政策的制定中，将社会效益作为衡量文化产业价值的关键性的检验指标，为社会成员提供精神支柱和价值导向，促使其完成心理满足、行为调适，甚至促进情绪表达、压力释放，通过文化创新建立起对社会成员具有明确导向作用和整合功能的社会文化体系。

四是在社会治理的方式手段上，吸纳公众参与，体现以人为本。导致“官民对立”甚至仇视的热点事件，如暴力拆迁、暴力执法等，往往都暴露出当前社会治理在方式手段上缺乏弹性，缺乏沟通、协商及对人的尊重、对私权的尊重。因此，必须在社会治理创新中更加注重民主和透明度，全方位拓展民情民意表达的渠道，为公众表达诉求、伸张私权提供制度化、规范化、法制化的轨道。也只有通过合理的程序机制接纳公民对社会治理的民主参与，社会正义才会越来越彰显，社会文化才会越来越健康。

（2）以公共服务均等化保障社会文化良性建设的具体化与生活化。

学界主流观点认为，公共服务均等化是指政府要为社会公众提供基本的、在不同阶段具有不同标准的、最终大致均等的公共物品和公共服务。公共服务均等化有助于公平分配，实现公平和效率的统一。[64]当前，中国基本公共服务的非均等化问题比较突出，并由此使地区间、城乡之间、不同群体之间在基础教育、公共医疗、社会保障等基本公共服务方面的差距逐步拉大，并已成为社会公平、公正的焦点问题之一，实行公共服务均等化在当前具有非同寻常的重大意义，所以基本公共服务均等化是缩小城乡差距和贫富差距以及地区间不均衡发展的重要途径。公共服务均等化是应对社会文化危机的基本保障路径，其有利于保障社会文化良性建设的具体化与生活化，具体如下。

一是提升“网格化”服务的科学化水平，构建纵向到底、横向到边责任体系。以为民、惠民、便民为宗旨，遵循“网中有格，格中定人，各负其责，专群结合，多方联动，无缝覆盖”的原则，依托现有的行政管理体系和各级信息平台建设，以区、镇（街道）、社区（村）为脉络，以辖区内的居民和单位为对象，在现有行政区划的管辖下，全面推行“四级网格化”管理服务模式，建立以“人、地、物、事、组织”为核心的基础信息数据库，把管理、服务、自治纳入网格中，使每一个网格真正成为社会治理与服务的基本单元和组织节点。在每个网格区域内配置相应的服务团队，实时采集网格内家家户户和所在单位的情况，实现对网格内居民的全覆盖、全方位、全过程动态管理和服务。

二是合理配置公共服务团队，建设快捷高效、服务优良的服务体系。整合党政、社会、条块资源，探索部门融入机制，以网格为单位，建立城乡并举、条块联动，专兼职结合、结构合理的网格服务团队，并根据团队成员的岗位职责、专业特长、年龄结构等因素，进行科学配置、优化组合，开展民生工程联合推进、矛盾纠纷联合化解、突出问题联合治理、基层平安联合创建等工作。政府各部门组建专业服务团队，视具体情况开展志愿服务工作。同时强化网格党组织引领作用，建立“网格＋党小组”工作模式，推动党员干部积极参与管理服务工作。同时引导“两新”组织、自治组织和社会组织因地制宜建立特色网格、特色党支部，引导和带动群众实现自我教育、自我管理、自我服务。

三是创新民情研判机制，建立统筹兼顾、全面覆盖的管理体系。建立科学有效的信息采集、监督、反馈、督办系统，定期召开民情分析会、事务协调会等，重点研究处理关乎民生、民富、民安的普遍性问题和疑难问题。积极推行民情恳谈制度，实施定期恳谈、定题恳谈、定员恳谈，通过群众出题、团队点题、社区（村）议题、镇（街道）定题、职能部门破题，建立健全镇（街道）主导，职能部门、社区（村）、网格团队和群众广泛参与、上下联动的民情恳谈机制。完善民情办理反馈机制，全程公示为民服务事项办理进度和效果，采取群众评分和网格服务团队自评相结合的方式进行双向打分，及时反馈群众满意度与改进建议，对民情状况进行实时研判、全程研判，提高党委、政府掌握信息的敏感度。

四是大力推进信息化建设，搭建高效运作、资源共享的公共服务平台。依托电子政务平台、农村信息化信息网络资源和互联网，充分利用区直各部门的局域网和数据库，加快“网格化社会治理服务”信息管理系统建设。加快“智能化居家养老服务中心”建设，建立便捷化、多元化、精细化、个性化的便民信息管理服务体系，为居民提供助医助药、维修保洁、代购送货等服务。加快“数字化城管”工作进程，建立数字化城市管理指挥中心，推行万米单元网格管理，提升信息化管理水平。加强镇（街道）、社区（村）信息平台建设，设立信息站，配备专职信息员，专门从事信息平台管理维护及信息录入、反馈工作，将基层需要解决的问题及时反馈到职能部门，为村民、居民提供全面、有效的便民服务和社会治理。

（3）以领导理念的转变引领社会文化的良性发展。

领导理念，是领导者（个人或团体）在开展领导活动中对这项活动规律和本质的把握，及其以此指导活动开展的理论和观念，所有的领导活动都是在一定的领导理念下展开的，领导理念对领导方式、领导风格、领导价值取向具有很大的制约作用。[65]学界对领导理念的理解也多种多样，但大体围绕领导活动的过程而展开，即围绕着如何实现组织目标，对实现过程的引导、支配和决定等工作而展开。领导理念的转变对于社会文化的良性发展起着至关重要的引领作用，其具体如下。

一是树立为民理念。针对社会治理面临的新情况、新问题，把握社会矛盾新特点、新规律，畅通群众利益诉求渠道，妥善解决群众反映最突出的问题，切实保障群众合法权益。牢固树立正确的世界观、价值观、人生观，自觉摒弃私心杂念；牢固树立长期艰苦奋斗思想，带头弘扬艰苦朴素的光荣传统，彻底解决党性观念不强、宗旨意识淡薄、作风漂浮、贪图享受等问题。把环境建设经常化、长期化、制度化、规范化，对亟待解决的问题进行再次梳理，列出重点难点和群众迫切要求解决的问题，集中力量、集中时间，明确责任、明确目标，强化措施，实施攻坚突破，积极主动地进行解决，并取得最终的胜利。

二是狠抓作风整顿。在干部选拔和干部作风问题上，始终坚持“德才兼备、以德为先”的用人标准和“以发展论英雄，凭实绩用干部”的选人用人导向，变“伯乐相马”为“公开赛马”，变“关门点将”为“赛场选将”，变“领导点头”为“群众点评”，通过公开选拔、竞争上岗，切实做到重激励、强约束、严考核，努力形成干事业、谋发展的浓厚氛围。进一步加强机关效能建设，在广大党员干部中大力倡导雷厉风行的工作作风，做到“三减两提高”（减程序、减费用、减时间和提高服务质量、提高服务效率）。

三是主动服务发展。引导广大党员干部主动深入企业生产一线，为企业发展解决问题、出谋划策；主动深入城市建设一线，在推进城市项目建设、经营管理上出真招、建良言；主动深入农村一线，在建设新村镇、发展现代农业上献策献力；主动深入项目工程一线，寻找项目信息，主动争资争项目，帮助解决项目建设遇到的审批、征地等节点难点问题。认真做好信访维稳工作，变上访为下访，不断强化信访维稳工作的“公信度和透明度”[66]，做到第一时间、第一地点发现问题，上报信息，调解矛盾，妥善处置，稳控事态，努力将矛盾纠纷化解在萌芽、化解在基层。完善社会治安防控体系建设，建立健全联动综治防控网络，严厉打击侵害群众利益的违法犯罪行为，提高群众的安全感和满意度。

四是强力推进文化体制改革。创新政府文化管理体制，推进政企分开、政事分开、政资分开、事企分开，实现政府由办文化向管理文化的转变。发展公益性文化事业，以政府为主导，鼓励社会参与，增加投入、转换机制、增强活力、改善服务。发展经营性文化产业，以市场为导向，创新体制、转换机制、面向市场、壮大实力。健全和完善对重点精神文化产品创作、生产、传播扶持办法，形成有利于推进优秀文化精品的创作生产、宣传评价、展演播映和对外交流的工作体制和激励保障机制，不断激发文化工作者的创新创造活力。加强文化行政综合执法机构和队伍建设，营造积极健康的社会风尚。放开市场，放宽准入，引导和鼓励社会资金、民间资本进入文化产业领域，推动文化投资主体多元化。

五是强力推进文化事业繁荣。按照“公益性、基本性、均等性、便利性”的要求，积极争取项目资金，大力推进文化活动场所、设施建设。扎实推进公共文化设施向社会免费开放服务，完善面向农民工、妇女、未成年人、老年人、残疾人的服务设施和服务项目。加强与辖区内文化部门、艺术院校和团体的合作与交流，推动送节目、送图书、送电影进社区、进乡村、进军营、进校园、进建筑工地、进特殊教育场所“六进”活动经常化、制度化。充分利用群众广场文化平台，大力开展群众性文化活动[67]，提高群众参与率，提升群众文化活动内涵。加大文化市场的培育和监管，逐步建立健全文化市场监管体系，营造扶持健康文化、抵制腐朽文化的社会环境。建立和完善民间文艺团体的管理登记和监督检查制度，从资金和设备上对各类民办社会团体、文化经营户进行扶持，有效带动群众参与文化活动的热情。

从中国城市化进程的发展来看，传统的城市管理方式已经不足以适应城市发展成长的需求，寻求新型的城市治理模式正是学界新兴研究领域研究者所关注的新焦点。在学界的研究中，从城市化的角度来看，治理主要可视为政府行政、公众参与、非政府组织、企业、市场组合而成的共同行为，是一种协调、参与和磋商的过程，是多元民主的议政行为表现，而反观管理则是一种上对下的权力关系。[68]在城市化的进程中，当中最主要的行为者——政府——也会随着政治、经济、文化、社会外在环境的影响而有所变化，变化的程度不仅冲击城市政府的体制面，政府的角色与职能也会产生变化。在城市发展过程中，将面临各种不同的问题，而这些问题必须通过各行为者的协调，但解决问题的核心关键点仍是城市政府采取的治理策略与积极对策。此外，从国外以及本土研究中讨论的议题综合得知，城市治理的基本核心的意义，就是在公共领域中可以通过治理，使政府、市场、市民社会三方的资源及权力关系与权力结构达到足以解决社会公共问题的目标。[69]城市治理在决策上逐渐社会化，也意味着除了城市政府之外，还需要公民的参与和各种利益团体及组织的介入，以期城市建立满足城市居民所需求的治理模式，所以公共参与已经成为城市治理中不可或缺的面向，这也是应对城市化挑战之对策中的题中应用之义。

四、国际视野下城市化进程的一个视角：大城市社会危机处理之比较

党的十九大报告指出要增强驾驭风险本领，健全各方面风险防控机制，善于处理各种复杂矛盾，勇于战胜前进道路上的各种艰难险阻，牢牢把握工作主动权。[70]从上述中国城市化的进程来看，近40年的快速城市化，压缩了城市问题释放和缓解的时间，从城市化的实践来看，大城市是区域政治、经济、文化等中心，但因此也更快地积聚了各类社会危机。大城市的社会危机若处理不当，容易演化升级为全国性危机，从而将严重影响中国全面建设小康社会的征程。因此，如何处理大城市社会危机，直接关系到能否切实增强驾驭风险本领，平稳地度过城市建设风险期，更好地抓住战略机遇期。在城市化的进程中探讨邻避危机与治理，有必要从表征和种类的角度分析国际视野下大城市社会危机，将国际大城市社会危机的普遍性和中国大城市社会危机的特殊性研究相结合，以城市居民与政府的双重视角针对中国大城市社会危机的成因进行分析，从而开拓研究城市化进程中邻避危机与治理的研究视野。

（一）城市化进程中大城市社会危机的表现与特点

有学者认为，城市化的进程提供了无数的机会，但同时也制造了无数的大城市社会危机，这种危机来自各个方面。危机有浅层和深层之分，源于社会结构方面的危机则属于基础性、深层的危机，城市危机一旦演化为突发性事件，那么其扩散性极强；大城市社会危机在政治上是对现有的社会组织和

社会制度的一个极大挑战。[71]也有学者认为，在城市化的进程中，大城市社会危机的成因与经济发展、自然环境、科学技术等方面的发展变化都有着密切关系，但在实践中往往集中地表现为人的问题、社会的问题。[72]上述研究从城市化进程自身的角度对大城市社会危机进行了研究，体现了在城市化的进程中，大城市社会危机的成因往往具有不确定性、难以预测性的基本特征。

也有学者从大城市社会危机的种类危害程度排序展开分析，目前发达国家所面临的大城市社会危机成因的种类按其威胁的严重性程度排序是：生态环境危机、公共服务危机、恐怖主义袭击危机。[73]从上述研究可以发现，大型群体性抗争事件并非发达国家大城市社会危机成因的最主要的种类，这是因为发达国家经过20世纪60年代以来一系列社会运动和制度调整，国家在法治、民主程序、公民参与、社会运动等方面，已经有较为完备的制度设计，从而能够化解较为严重的社会危机[74]，即使发生下层骚乱、公民大型集会抗议等事件，也不至于导致大的公共危机。而对比发展中国家或转型国家，由于相应的制度建设还不健全，社会的发育还不够成熟，制度和社会结构各种漏洞容易带来城市危机，同时国家与社会的关系之间尚缺乏承受和应对大城市社会危机增长、社会危机爆发的相应能力。除了生态、暴恐等危机会对公共秩序造成威胁以外，社会的各种利益纷争、矛盾冲突、官僚层的腐败等，也极易对公共秩序造成严重的危害。因此，相比较国外发达国家对于大城市社会危机成因的普遍性研究焦点，中国大城市社会危机的成因分析视角更应关注转型时期所高发的各类特殊性问题，特别是社会结构“断裂”所导致的突发性群体事件等。

基于国际化的研究视角，大城市社会危机的产生很大程度上源于社会结构和制度体系的快速变迁。遵循这一研究，有学者认为其主要体现在：（1）大城市边缘区域的社会危机。大城市边缘区域虽已城市化，但较之大城市核心区域，无论是作为硬件的基础设施还是作为软件的城市治理机制都尚未“大城市化”，隐藏着制度性危机、利益矛盾冲突、政府失灵及公共环境恶化等一系列社会问题。[75]（2）大城市扩张引发的社会危机。大城市中大量社会问题的存在和社会治理冲突的频发，使得整个大城市扩张处于高危机运行状态。[76]城市扩张所导致的城市危机分为城乡断裂危机、摩擦加剧危机、发展失衡危机等三种类型。[77]（3）环境冲突引发的社区危机。其中既有现实危机，如健康危机、灾害危机以及经济危机，也有潜在危机，表现为由环境冲突中的不确定因素所引发的政治、法律以及国家安全的影响和后果。而在当前，环境冲突的城市危机呈现出从可能性向现实性转变的态势。[78]也有学者认为其主要体现在：（1）大城市管理的治理能力危机。包括暴力恐怖事件的现实威胁，如近年来在大城市易发生的独狼式暴恐事件；城市运行管理中的薄弱环节，如聚会引发的拥挤踩踏事件、电梯故障致人伤亡等。[79]（2）大城市经济下行及结构调整危机。典型的如劳资纠纷问题，企业亏损导致的裁员，拖欠工资导致的上访，企业倒闭造成的失业、城市产业结构调整等都会造成问题和纠纷。这些问题都与经济下行及结构调整的阶段性压力有关。[80]

作为世界上最大的发展中国家，中国大城市社会危机成因不可避免地具有上述国际化视野下大城市社会危机成因的普遍性特征，但也具有基于中国国情的特殊性特征，主要体现在如下方面：（1）同质性和异质性社区引发的社会危机。在中国大城市扩张的进程中，新兴涌现的城区作为经济开发区、动迁安置（人口导入）大区、商品房开发大区，不仅原有的传统村落及城市社区被大量肢解，它的大部分居民，多属于来自外区、外地、境外、海外的“外来人员”、新居民。这样的地区、居民，其异质性、流动性突出，但同时在居住形态上却已经形成了同质性（阶层、民族、人口类别等）较为突出的各种聚居地，社区内部缺乏有机联结，空间上又存在明显的区隔。[81]这些对于社会融合极为不利，由此极其容易引发城市危机。（2）城市行政区划调整引发的社会危机。中国大部分大城市的行政区划在近几年分别经历了村改居、县改区、行政区划合并等行政结构的大调整，这样迅速融合嬗变行政区域的公共管理，必然存在其特殊的行政难题和社会治理难题。

综上所述，研究中外大城市社会危机，从表现与特点的角度将国际视野下大城市社会危机的普遍性和中国大城市社会危机的特殊性相结合，有助于加深对于这一问题的理解，从而及时地预警、识别、消解和治理中国大城市社会危机。

（二）城市化进程中大城市社会危机的成因

如前所述，将国际视角下大城市社会危机的普遍性和中国大城市社会危机的特殊性研究相结合，从城市居民与政府的双重视角展开针对大城市社会危机的成因进行分析，具体如下。

1. 城市居民的视角

从居民的视角来看，有学者认为，在城市化进程中，经济社会快速转型的大城市处于一个历史性的“创造性破坏”时期。[82]诸多重大项目和工程上马、传统的大拆大建方式，难免给社会稳定带来一定影响。要使对既有利益格局和观念的“破坏”富有创造性，则既要保护居民的权利，又要提升居民的规则意识，这样才能最大程度的预防危机，降低大城市社会危机的危机程度，或者降低一般社会危机转化为重大社会危机的概率，这就需要我们在处理大城市社会危机时平衡好社区居民的规则意识和权利意识，以提升治理能力的现代化水平。

城市居民的规则意识是指社区居民的诉求是要求政府严格按照中央或地方法规政策办事，要求政府“说到做到，兑现承诺”，并以法规政策的规定来维护自己的权益。规则意识强的居民时刻关注各级政府的法规和政策，对地方政府是否严格执行规则持怀疑态度，要求参与和监督规则的执行，对规则的公平性具有特殊的关注。近年来，“依法抗争”就是这类居民规则意识的典型写照。“依法抗争”说到底是一种利益之争，城市的很多矛盾都体现了居民的规则意识。比如，动迁逾期过渡的农民要求早日得到妥善安置；员工因企业“关、停、并、转”要求得到合理补偿；早期动迁的农民因为前后补偿规则不一致要求补偿等。

城市居民规则意识，往往试图占据道义和法理的制高点，例如在实践中，中国大城市的社区居民的规则意识较强，运用规则政策等“游戏规则”争取自身权益的水平能力较高，对大政府的工作提出了新的挑战。由于实践中，中国大城市在政策法规等规则制定时协调统筹不够，在时间上缺乏连贯性，在空间上缺乏一致性。这种政策法规的协同性不足在成因上往往成为中国大城市社会危机的重大引爆点。再加上实践中基于规则执行时在个案上容易欠缺公正持平，例如在拆迁补偿中，“大闹大解决、小闹小解决、不闹不解决”的情况实际上淡化了公平意识，纵容了“闹事者”，亏待了老实人，导致了“翻烧饼”。规则本身的缺陷异化实际上是在变相激励大城市的居民弃明规则而取潜规则，对于居民形成稳定的规则意识为害匪浅。

城市居民的权利意识是指居民不仅停留在遵循规则和依法抗争层面上，而是更进一步质疑规则的合理性，提出自我认可的权利主张。在大城市不断发展的权力与民主意识的洗礼中，现在越来越多的居民具备了权利意识，认为“这是我应有的权利”。权利意识中的权利并不一定是法律赋予的，往往超越既有秩序的规定。[83]比如，近年来中国城市居民在“邻避运动”中的环保意识等都表明居民权利意识的觉醒。但是，也必须认识到从大城市社会危机的成因来看，居民权利意识在极端情况下也容易导致居民质疑和挑战现有规则体系，从而加大了解决大城市社会危机的难度。

2. 政府的视角

从政府自身的视角来看，在公共管理的实践中，大城市社会危机的成因可以从如下方面进行分析：一是大城市政府社区治理的顶层设计尚待完善。如大城市的人口压力、严重的社会分化等，根源于当下的社会结构，以及上级政府的制度安排等顶层设计。如外来人口压力，它涉及城乡间、区域间经济社会发展严重不平衡的问题，也是大城市发展中极为突出的难点问题。这类问题的解决，从国内情况看，有待于全国经济社会发展格局的平衡均等化，也有待于中央政府和地方政府、上级政府与下级政府之间财权与事权的科学划分等顶层设计，不少问题根本不是大政府本身能够真正解决的。二是大城市社会救助体系缺失不足。大政府自身社会救助体系缺失是引发城市危机的重要原因之一。家族作为传统的生活互助共同体，在现代化大城市中正趋于弱化乃至解体，核心家庭化、家族小型化趋势明显[84]，尤以几类人群最为突出：老年家庭、外来白领家庭、单亲家庭、病残家庭等。其中，老人看护问题这几年已经受到各方关注，但年轻夫妇的生育、抚育难题越来越突出，已经导致一些社会悲剧的发生，它也严重影响到了大城市的生育率和人口结构。三是大城市历史遗留问题的被动拉锯。如国内大城市“支内”“支边”等历史遗留问题，这些年相关政府部门已经做了一些工作，其中一些措施突破了既有政策的框架约束，又体现了人道关怀。但在总体的处置策略上，仍然是遵循“以时间换空间”的原则，且不说从政治道义上讲这一做法会引起争议，即使真能赢得时间，但其实这类问题是有历史性、延续性的，事实上这些群体第二代、第三代的问题仍在不断出现，令中国大城市政府不断地被动接招。这样的模式，头痛医头、脚痛医脚，社会成本和行政成本都很高。四是盲目追求大项目和GDP的政绩观错位。就国内一些地方领导干部选拔的导向来看，基于地方领导干部选拔培养导向的指挥棒，仍有一些大城市政府持有盲目追求大项目和GDP的政绩观，虽然在实践中重大项目的环境和社会危机评估也逐步得到重视，但仍有流于形式的倾向，群众的参与度、评估的透明度不高。

（三）城市化进程中大城市社会危机处理的国际经验

随着新型城镇化建设的推进，大城市的社会危机处理再次紧迫地横亘在中国社会面前，加快提升中国政府社会危机应对水平显得极为迫切，而有效借鉴国际成功的社会危机管理经验则是一个重要环节。借鉴有益的国际经验，将有助于中国大城市社会危机处理体系的构建和完善。

1. 完备的危机处理法律

世界各国为防范各种社会危机、突发性灾难制定了许多相关的法律，并使其发挥非常重要的作用。首先，严格的立法保障了政府及各部门在非常时期行使紧急权力，并使紧急权有法可依。这是保障依法行政的重要环节，也是公民权利不受侵犯的制度保证。德国、印度、俄罗斯、南非、荷兰、波兰、以色列等国家，均在宪法中对紧急状态法律制度直接作出了规定，奠定了紧急状态法律制度的基础；美国、法国等国家制定了统一的紧急状态法来详细规范在紧急状态时期政府与公民之间的关系，以保障政府在紧急状态下充分、有效地行使紧急权力，同时又很好地限制了政府的行政紧急权力，以保障公民不因紧急状态的发生而使一些基本的宪法权利遭到侵害。

2. 健全的社会危机处理机制

美国应对社会危机的管理机制比较成熟，其管理模式是以总统直接领导，由专门应对各种社会危机的政府部门参与的组织体系。为了提高应急危机的能力和协调政府部门的行动，早在1979年，美国就成立了联邦危机管理局。这是一个完全独立的直接负责全国灾变管理的常设机构，其职责就是运用各种减缓、预防、回应和恢复等手段管理各种自然灾害和人为灾难。除此之外，其他政府部门也有各自的危机管理职能，例如在应对突发性的恐怖活动所造成的灾难时，成立了政策协调机构，即“政府有关部门处理恐怖活动对策委员会”，这个机构由国务院领导，由国家安全会议、联邦调查局、中央情报局、国防部、联合参谋部、交通部、司法部等部门的人员组成，一旦政策确定，则由各个部门分头执行。英国政府及其许多部门都有紧急应变机制，不同部门各有一套应急管理措施及策略，如对付恐怖袭击、应付罢工和动乱、防灾治灾、处理重大交通事故、突发疫情、健康保护、食品安全、化学污染、旅游事件以及电脑病毒感染，等等。一旦有严重的突发事件，各有关部门可以马上启动应急危机管理机制，相关部门予以配合和支持。日本从20世纪90年代以来就建立起一套从中央到地方的社会危机管理体制。中央政府设有“官邸危机管理中心”指挥全国行动。在这一危机管理体系中，政府根据不同的危机类别，启动不同的危机管理部门。除中央、地方政府和专门组织机构外，日本的各企业、机关、学校、医院、街区等都有各自的管理组织和应变措施。另外，日本还建立了一批专门从事风险事业的机构，如“日本危机管理中心”“日本危机管理协会”“日本危机管理咨询公司”，等等。

3. 发达的监控信息系统

社会危机处理的关键在于危机信息的获取和预警。对突发性公共事件及其他恐怖活动的及时探测与发现，采取应急措施，会赢得宝贵的时间，为此建立一套发达的监控信息系统至关重要。美国经过长期的经验积累和研究，形成了完备和发达的监控信息系统。以美国公共卫生监控信息系统为例，全国共有100多个相关信息系统，主要包括国家应急行动中心、全国医院传染病监控报告系统、全国需申报疾病监控系统、全球新发传染病监测网、全国医疗工作者监控报告系统、食品传播疾病动态监控网络、水传播疾病暴发监控报告系统、医疗部门新发病菌抗药监控报告系统、莫名死亡和重要疾病监控报告系统、全国食品传播疾病监控分子图表网、全国电子疾病监控报告系统以及临床公共卫生沟通系统。韩国在全国设立了12个应急疾病监控信息中心，覆盖所有的行政区域，并充分运用有线、无线通信网，不断改善通信联络体系，保证疾病监控信息中心与各医院之间及参与应急医疗的主要人员之间的通信联络随时畅通，了解疫情暴发的规模，分析疫情的发展趋势，及时制定有效的防措施，避免疫情扩散。

4. 全面的社会协同机制

加强社会协同。发达国家政府在公共危机管理中依然处于中心地位，发挥主导作用。相比之下，突发危机中，社会的协同在制度弹性、参与活力、动员广度和运作空间上显示出极大的优势，这种“多中心”的危机治理结构意义重大。各类非政府组织和志愿者，可以在瞬间集结起来，奔赴抗灾抢险第一线。在2005年的伦敦地铁爆炸事件中，英国红十字会紧急派出急救志愿者和救护员，提供心理疏导等服务。同时，红十字会还与市长共同设立了“爆炸救济慈善基金”，迅速开展募捐活动。英国非政府组织（NGO）和志愿者在这一突发危机中表现出的职业素养、运作效率和积极作用让世界为之一振。而为了加强部门协同，美国还成立了“协同兼容办公室”，以保障危机应对中的信息共享和社会沟通。西方社会危机处理系统往往涵括组织机构、决策支持、案例信息和预案备份系统等，对应建立纵横交错的危机预警和应对机构、专家库、案例库和决策参考的预案库等。美国进行危机处理的专门机构是联邦危机管理局，澳大利亚是危机管理局，俄罗斯是紧急情况所等。美国还建立了联邦危机处理信息系统，提供危机决策与管理所需信息。同时，像兰德公司、布鲁金斯学会等也成为美国危机处理决策咨询的“外脑”。另外，一些国家还建立了危机管理的“记忆银行”，储存了大量国际危机处理的案例和信息。

（四）大城市社会危机管理机制的创新

党的十九大报告指出，“新时代中国特色社会主义思想，必须坚持以人民为中心的发展思想”，“使人民获得感、幸福感、安全感更加充实、更有保障、更可持续”。[85]按照中央的新要求，从国际大城市社会危机的成因比较来看，基于上述中国大城市社会危机的成因分析中政府与居民的双重视角可以看出，当前中国处理大城市社会危机时，“企业型政府”“工程型政府”的管理思维突出。党的十九大报告明确提出，全面深化改革总目标是完善和发展中国特色社会主义制度、推进国家治理体系和治理能力现代化。[86]要在大城市社会危机的处理中提升治理能力的现代化水平，就要求改变以效率为核心追求，牢固树立以人民为中心的新要求。从国际大城市社会危机的成因比较来看，可以对中国处理好大城市社会危机有如下借鉴。

第一，构建大城市社区治理参与平台：以人民为中心，有序扩大居民参与。尽管不少稳定危机受到大的结构性因素的束缚，但在大城市政府的治理实践中，各级政府依然是可以有所作为的。这需要政府的各级领导者在与社会成员和各种利益群体互动中有因势利导、顺势而为的政治智慧，构建大城市社区治理参与平台，以人民为中心，有序扩大居民参与。“社会”本身具有有机的能动性。社会成员及其各种群体在急速的社会变动中，具有一定的自我调适、自我治理的能力，也有建立秩序、和谐共生的需要，以及与政府良性互动的动机。这是社会参与制度的有利资源。处理大城市社会危机，无需谈之色变，也不必过度揽责。大政府对这些问题的治理目标也应当破除“掌控一切”“强力维稳”的传统思维牢笼。事实上，完全靠政府来消除所有危机也不现实。[87]政府要做的，应当是厘清边界、明确责任。在处理大城市社会危机的实践中，一些地方已经有了一些好的经验做法。比如在城市开发和项目落地过程中，围绕信访群体与各级政府的关系，有的地方探索中产阶层社区中形成“志愿者联合会”，并与当地镇政府建立了制度化的定期协商当地各种公共事务的平台。也有地方探索建立村民与基层干部的“周周会”，村干部每周轮流给村民讲村情，请村民反映问题。村“两委”汇集问题后，能解决的马上解决，解决不了的及时向上级反映。也有地方吸纳居民的参与热情，设立当地的城乡规划委员会作为议事机构，负责对该市范围内的城乡规划重大问题进行审议、审查、咨询。委员会由政府委员、专家委员和公众代表委员三部分组成，而且只要是本地户籍或在该地居住五年以上的非政府公务人员，具备一定的城乡规划知识，熟悉该城市情况，城乡规划委员会办公室将按照自愿、公开、公平、择优的原则进行公开选聘。[88]综上所述，即便是掌握海量资源的大政府，在一个区域中也经很难去塑造或者改变居民权利意识觉醒的进程，当今中国快速的经济转型和社会动员，基于互联网、移动通信的新兴媒体，都是大政府必须接受的客观环境。其次，扩大居民的参与和知情权，虽然给工作带来一定阻力，但从长久来看是值得的。最后，利用制度化方式对相关居民赋权，在发展和稳定的两难中，对居民赋权可以实现政府权力因为分享而得到加强。

第二，提升城市领导者的战略思维：把握社会主要矛盾变化，着力解决好中国大城市社会治理中发展不平衡不充分问题。党的十九大报告指出，中国特色社会主义进入新时代，中国社会主要矛盾已经转化为人民日益增长的美好生活需要和不平衡不充分的发展之间的矛盾。十九大报告还提出要增强政治领导本领，坚持战略思维、创新思维、辩证思维、法治思维、底线思维。[89]这就要求在处理大城市社会危机过程中，提升城市领导者的战略思维，把握社会主要矛盾变化，着力解决好中国大城市社会治理中发展不平衡不充分问题。人民美好生活需要日益广泛，不仅对物质文化生活提出了更高要求，而且在民主、法治、公平、正义、安全、环境等方面的要求日益增长，处理大城市社会危机就需要着力解决好城市发展不平衡不充分问题，大力提升发展质量和效益，更好地满足人民在经济、政治、文化、社会、生态等方面日益增长的需要，更好地推动人的全面发展、社会全面进步。在处理大城市社会危机的实践中，如果过于把维稳等“元素”介入社区、家庭，动员邻里群体甚至家庭成员，可能会对社会生态造成损害。家庭和社区共同体是每一个社会的生活秩序、道德秩序的基础，也是社会信任体系的最基本的组成部分。[90]在当下中国社会原子化、道德秩序问题严重的情况下，在处理中国大城市社会治理危机的过程中更应注意对家庭以及社区内部的“亲密关系”的尊重和维护，而不能简单通过“政治理性”介入社会细胞内部，那将会让有机的社会结构的形成和社会信任体系的重构付出更高的成本。这不仅涉及政治危机和城市危机的关系问题，也涉及功利的短期效应和社会长期发展规则之间的关系问题。[91]比如，为加强对家庭以及社区内部的“亲密关系”的尊重和维护，应制定相应的社会政策、增设生活服务设施。除已经在增加的社区养老服务外，考虑设立以年轻白领群体为服务对象的幼托机构，包括公营、民营、公私合营的托儿所、保育园等。此外，有关部门还要对各种特殊病、罕见病群体的家庭，酌情设置社会扶助设施，或增加上门专业服务。

第三，聚焦大城市社会危机中的特殊群体，加强预防和化解社会矛盾机制，在快速城市化边缘地区积极构建共建共治共享的社会治理格局。十九大报告提出，打造共建共治共享的社会治理格局。就大城市社会危机而言，应当聚焦于大城市社会危机中的特殊群体，特别是在城市化进程中迁入大城市工作、生活的外来务工人员，加强预防和化解社会矛盾机制，在快速城市化边缘地区积极构建共建共治共享的社会治理格局。快速城市化地区在城乡结合部、郊区、农村向城市地区转型的过程中，由于原来城乡结合部郊区农村的土地制度、土地经营模式，以及村落社会空心化的趋势，已经成为吸纳外来人口的重要因素。比如，大城市的快速城市化边缘地区已经逐渐形成一种“进出互补模式”，同时某种新的村落形态和村落文化正在形成。

在大城市社会危机的处理实践中，比如拆去违章建设、外来人口控制等措施，不仅涉及政府与外来人口之间的关系问题，它更突出地演化成了政府与本地居民、农民之间的正面冲突。在目前城乡间、区域间发展严重失衡的情况下，单方面地由大城市依靠住房、车辆、户口等综合执法行动来驱赶农村迁移人口，是治标不治本的方式，有可能引发种种新的城市危机和政治危机。通过实地调研，大城市的城中村或边缘村庄内，外来人员不仅与本地农民间形成了人数倒挂的比例，而且有一些村子内部已经形成有较严密的外来群体社会网络，甚至出现了较特殊的自治结构。因此，在快速城市化地区，包括涉及城市的空间安排、城市规划等重大问题，应借鉴国内外快速城市化地区的经验教训，通过社区规划、专业团队和居民共同参与、公共服务资源的空间配置等。[92]在这类区域的征地、动迁、大项目、企业迁移等工作中，在相关群体之间，搭建协商、沟通的平台，同时导入律师、专业机构等，尝试建立有规则有循、有效的博弈方式。[93]这当中，还需要积极创新制度，尽早走出被动维稳的套路，充分发动各个方面的资源和力量，丰富社会治理的共同主体队伍，积极正视外来人口的定居事实，树立起社会融合的新思路，构建共建共治共享的社会治理格局。

第四，完善大城市社区治理的顶层设计：加强社区治理体系建设，以法治国家、法治政府、法治社会一体建设处理好大城市社会危机。十九大报告已经明确提出加强社区治理体系建设，同时指出必须把党的领导贯彻落实到依法治国全过程和各方面，坚持依法治国、依法执政、依法行政共同推进，坚持法治国家、法治政府、法治社会一体建设。[94]这就要求在处理大城市社会治理危机的过程中完善大城市社区治理的顶层设计，加强社区治理体系建设，以法治国家、法治政府、法治社会一体建设治理好大城市社会危机。实践中，化解危机要善于要用法律武器维护群众的合法权益、调节好社会利益关系，真正让群众在处理大城市社会治理危机的过程中找得到公道、感受到正义，要充分运用法治思维来维权和维稳，在大城市社会治理危机的处理过程中让群众心服口服。以法治国家、法治政府、法治社会一体建设处理大城市社会治理危机就需要避免利用波浪式和运动式的专项行动来维稳。在历史传统的影响下，各级政府往往习惯于发动各种暴风骤雨式、一波接一波的专项行动或政策性运动来实现治理预期。这种政策风格短期内可以立竿见影，但是长远来说容易腐蚀法治权威和破坏政策稳定性。依法治理要求必须克制运动式治理的冲动，着力加强常规性法治建设。另外，还要大力清理各种规章、政策和规定，维护政策法规的统一性。政策法规的不一致是引发社会矛盾的重要因素，因此，应在顶层设计上由相关部门牵头、各部门参与对相关领域的法规、政策和规定进行清理，力求符合国家的相关法律和政策。在实践中还要特别注意维护法律和政策的权威，如果政府行为让居民藐视法律和政策权威，那就丧失了依法执政的权威，这对有效社会治理是致命的伤害。守住法律红线和底线，是依法治理的根本，也是处理好中国大城市社会治理危机的底线思维和法治国家、法治政府、法治社会一体建设的重要体现。而这一大城市社会危机处理的探索与经验也为处理城市化进程中的邻避危机提供了积极的参考与借鉴价值。

注释：

① www.un.org.

② www.planning.org.cn.

③ 陶希东：《中国特大城市社会治理模式及机制重建策略》，《社会科学》2010 年第 11 期。

④ 转引自 Hamilton，Matthew B.，2009，*Population Genetics*，Chichester，UK；Hoboken，NJ：Wiley-Blackwell，pp.335—336。

⑤ 俞可平：《治理与善治》，社会科学文献出版社 1998 年版。

⑥ Kjaer，A. M.，2004，*Governance*，Cambridge：Polity Press，p.55.

⑦ James，M. & Reuschemeyer，D.，2003，*Comparative Historical analysis in the Social Sciences*，New York：Cambridge University Press，276.

⑧ Blackman，T.，1995，*Urban Policy in Practice*，London & New York：Routledge.

⑨ Ovaird，T. & Loffler，E.，2002，"Moving from Excellence Models of Local Service Delivery to Bebchmarking Good Local Governance"，*International Review of Administrative Sciences*，68，35—37.

⑩ Cartier & Carolyn，2005，"City-Space：Scale Relations and China's Spatial Administrative Hierarchy"，in Ma and Wu（eds.），*Restructuring the Chinese City*，25—28.

⑪ Bovaird，T. & Loffler，E.，2002，"Moving from Excellence Models of Local Service Delivery to Bebchmarking Good Local Governance"，*International Review of Administrative Sciences*，68，9—24.

⑫ Stoker，G.，1998，"Governance as Theory：Five Propositions"，*International Social Science Journal*，50（1），17—29.

⑬ Raco，M.，2000，"Assessing Community Participation in Local Economic Development Lessons for the New Urban Policy."，*Political Geography*，19，573—599.

⑭ Stoker，G.，2000，*The New Politics of British Local Governance*，London：Macmillan Press Ltd.，57—59.

⑮ Geographers. Oakerson，R.J.，2004，"The Study of Metropolitan Governance"，in R.C. Feiock（eds.），*Metropolitan Governance：Conflict，Competition，and Cooperation*（*17—45*），Washington D.C.：Georgetown University Press，210—215.

⑯ Bank，Peters，B.Guy，2004，"Politics is about Governing"，in Leftwich，Adrian（eds.），*What is Politics?* Cambridge：Polity Press Ltd.，135—138.

⑰ 转引自 Chien Shiuh-Shen，2010，"Prefectures and Prefecture-Level Cities：The Political Economy of Administrative Restructuring"，in Chung and Lam（eds.），*China's Local Administration*，127—148。

⑱ Ibid.

⑲ 转引自 Kearns, A., 1995, "Active Citizenship and Local Governance: Political and Geographical Dimensions", *Political Geography*, 14 (2), 155—175。

⑳ Mark, T., Barret, T., 1998, *Urbanization and Governance*: *Some Basic Issues*, Canberra: University of Canberra, 125—127.

㉑ Martijn, V.V., 1993, "Environmental Regulation of Business: Options and Constraints for Communicative Governance", in Kooiman, J. (eds.), *Modern Governance*: *NewGovernment-Society Interactions*, 105—118.

㉒ Ayer, M. (1995), "Urban Governances in the Post-fordist City", in Healey, P. et al. (eds.), *Managing Cities*: *The New Urban Context*, Chichester. West Sussex: John Wiley & Sons, pp.102—105.

㉓ Miller, W. L., Dichson, M. & Stoker, G., 2000, *Models of Local Governance*: *Public Opinion and Political Theory in Britain*, London: Palgrave, 88—89.

㉔ Geographers. Oakerson, R.J., 2004, "The Study of Metropolitan Governance", in R.C.Feiock (eds.), *Metropolitan Governance*: *Conflict*, *Competition*, *and Cooperation* (17—45), Washington D.C.: Georgetown University Press, 220—223.

㉕ 转引自 Denhardt, Robert B. & Janet V.Denhardt, 2007, *The New Public Service*, Armonk, New York: M.E.Sharpe, Inc. 75—79。

㉖ Ibid., 105—107.

㉗ Elfstrom, G., 1997, *New Challenges for Political Philosophy*, London: MaCmilan Press LTD, 49—51.

㉘ 转引自 Sancton, A., 2000, *Merger Mania-the Assault on Local Government*, Montreal & Kingston: McGill-Queen's University Press, 127—129。

㉙ Denhardt, Robert B. & Janet V. Denhardt, 2003, *The New Public Service*: *Serving*, *not Steering*, New York: M. E. Sharpe, 102—107.

㉚ Ibid., 202—205.

㉛ Ibid., 227—229.

㉜ Denhardt, Robert B. & Janet V.Denhardt, 2007, *The New Public Service*, Armonk, New York: M.E.Sharpe, Inc. 135—137.

㉝ Ibid., 55—56.

㉞ Ibid., 132.

㉟ 徐学林:《中国历代行政区划》，安徽教育出版社 1991 年版，第 167—169 页。

㊱ 浦善新:《中国行政区划概论》，知识出版社 1995 年版，第 185—189 页。

㊲ 纪晓岚:《论城市本质》，中国社会科学出版社 2002 年版，第 27—29 页。

㊳ 顾朝林:《中国城市地理》，商务印书馆 1999 年版，第 67—68 页。

㊴ http://www.stats.gov.cn/21/008892062.shtml.

㊵ http://www.stats.gov.cn/21/0675382.shtml.

㊶ Cartier & Carolyn, 2005, "City-Space: Scale Relations and China's Spatial Administrative Hierarchy", in Ma and Wu (eds.), *Restructuring the Chinese City*, 21—38.

㊷ Chung, Him, 2007, "The Change in China's State Governance and Its Effects upon Urban Scale", *Environment and Planning A*, 39 (4), 789—809.

㊸ Wong, S.T. & Han, S.S., 1999, "Chinese Urbanization Policies: 1949—1989", in G.P.Chapman, A.K.Dutt & R.W.Bradnock (eds.), *Urban Growth and Development in Asia* (Vol.I) Making the Cities.

㊹ http://www.stats.gov.cn/21/067539382.shtml.
㊺ Dijk，V. & Pieter，M.，2006，*Managing Cities in Developing Countries：The Theory and Practice of Urban Management*，UK：Edward Elgar，75—79.
㊻ http://www.stats.gov.cn/21/0875623282.shtml.
㊼ Eliyu Guldin，G.，1992，*Urbanizing China：Some Startling Conclusions*，*Urbanizing China*，Green Wood Press，101—103.
㊽ 陈振光、胡燕：《管治：理论角度的探讨和启发》，《城市规划》2003 年第 9 期，第 25—28 页。
㊾ James，M. & Reuschemeyer，D.，2003，*Comparative Historical Analysis in the Social Sciences*，New York：Cambridge University Press，275—277.
㊿ King，C.S. & C.Stivers，1998，"Strategies for an Anti-government Era"，in King and Stivers，(eds.)，*Government is Us*，Thousand Oaks，London：Sage，75—78.
51 周平：《当代中国地方政府》，人民出版社 2007 年版，第 277—279 页。
52 Dijk，V. & Pieter，M.，2006，*Managing Cities in Developing Countries：The Theory and Practice of Urban Management*，UK：Edward Elgar，33—39.
53 Cartier & Carolyn，2005，"City-Space：Scale Relations and China's Spatial Administrative Hierarchy"，in Ma and Wu (eds.)，*Restructuring the Chinese City*，21—38.
54 Chung，Him，2007，"The Change in China's State Governance and Its Effects upon Urban Scale"，*Environment and Planning A*，39 (4)，789—809.
55 Conde，F. & Paulo，L.，1999，*Rio de Janeiro-Towards Competitiveness in World Urban Economic Development*，London：World Markts Research center，13—17.
56 Eliyu Guldin，G.，1992，*Urbanizing China：Some Startling Conclusions*，*Urbanizing China*，Green Wood Press，156—157.
57 James，M. & Reuschemeyer，D.，2003，*Comparative Historical Analysis in the Social Sciences*，New York：Cambridge University Press，72—77.
58 http://www.stats.gov.cn/21/08785323282.shtml.
59 Cartier & Carolyn，2005，"City-Space：Scale Relations and China's Spatial Administrative Hierarchy"，in Ma and Wu (eds.)，*Restructuring the Chinese City*，21—38.
60 Chung，Him，2007，"The Change in China's State Governance and Its Effects upon Urban Scale"，*Environment and Planning A*，39 (4)，789—809.
61 王少安：《社会主义和谐文化建设论》，人民出版社 2011 年版，第 39 页。
62 马仲良、孙明高：《社会管理创新》，中国社会出版社 2012 年版，第 62 页。
63 徐顽强：《社会管理创新：理论与实践》，科学出版社 2012 年版，第 167 页。
64 马仲良、孙明高：《社会管理创新》，中国社会出版社 2012 年版，第 215 页。
65 Kouzes，J.M. & Posner，B.Z.，1996，*The Leadership Challenge*，San Francisco. Calif. Jossey-Bass，96.
66 马仲良、孙明高：《社会管理创新》，中国社会出版社 2012 年版，第 169 页。
67 徐顽强：《社会管理创新：理论与实践》，科学出版社 2012 年版，第 159 页。
68 Dijk，V. & Pieter，M.，2006，*Managing Cities in Developing Countries：The Theory and Practice of Urban Management*，UK：Edward Elgar，37—39.
69 Kjaer，A.M.，2004，*Governance*，Cambridge：Polity Press，92—95.
70 习近平：《决胜全面建成小康社会　夺取新时代中国特色社会主义伟大胜利——在中国共产党第十九次全国代表大会上的报告》，2017 年 10 月 18 日。
71 Barbehön，Marlon，2017，"Interrogating the City：Comparing Locally Distinct Crisis Discourses"，

Urban Studies, Sage Publications, Ltd., 7.

⑫ Kash, T.J., Darling J.R., 1998, "Crisis Management: A Survey of Property Development Firms", *Leadership & Organization*, 38.

⑬ King, G.III., 2002, "Crisis Management & Team Effectiveness: A Closer Examination", *Journal of Business Ethics*, 41 (3), 107—108.

⑭ Pearson, C.M., Mitroff II., 1993, "From Crisis Prone to Crisis Prepared: A Framework for Crisis Management", *The Academy of Management Executive*, 7 (1), 93.

⑮ Barbehön, Marlon, 2017, "Interrogating the City: Comparing Locally Distinct Crisis Discourses", *Urban Studies*, Sage Publications, Ltd., 19.

⑯ Ibid., 57.

⑰ Kash, T.J., Darling J. R., 1998, "Crisis Management: A Survey of Property Development Firms", *Leadership & Organization*, 75.

⑱ Katsinas, Philipp, 2015, "Cities and Crisis: New Critical Urban Theory", *Planning Theory*, 5.

⑲ Lovan, W.Robert, Michael Murray, Ron Shaffer, Aldershot, 2004, *Participatory Governance: Planning, Conflict Mediation and Public Decision-making in Civil Society*, Hants: Ashgate, 75.

⑳ Ibid., 235.

㉑ 芦恒:《以内生优势化解外部风险——"社区抗逆力"与衰落单位社区重建》,《社会科学》2017 年第 6 期。

㉒ Pearson, C.M., Mitroff II., 1993, "From Crisis Prone to Crisis Prepared: A Framework for Crisis Management", *The Academy of Management Executive*, 7 (1), 37—38.

㉓ Weaver, Timothy, 2017, "Urban Crisis: The Genealogy of a Concept", *Urban Studies*, Sage Publications, Ltd., 7.

㉔ Congleton, Roger D. & Birgitta Swedenbor, 2006, *Democratic Constitutional Design and Public Policy: Analysis and Evidence*, Cambridge, Mass: MIT Press, 39.

㉕ 习近平:《决胜全面建成小康社会　夺取新时代中国特色社会主义伟大胜利——在中国共产党第十九次全国代表大会上的报告》, 2017 年 10 月 18 日。

㉖ 同上。

㉗ Beckett, Julia & Heidi O.Koenig, 2005, *Public Administration and Law*, N.Y.: M.E.Sharpe, 175.

㉘《创新社会治理典型案例》, http://expo.people.com.cn/GB/57923/403808。

㉙ 习近平:《决胜全面建成小康社会　夺取新时代中国特色社会主义伟大胜利——在中国共产党第十九次全国代表大会上的报告》, 2017 年 10 月 18 日。

㉚ Lovan, W.Robert, Michael Murray, Ron Shaffer, Aldershot, 2004, *Participatory Governance: Planning, Conflict Mediation and Public Decision-making in Civil Society*, Hants: Ashgate, 89.

㉛ Gerrits, Lasse, 2012, "City Futures: Confronting the Crisis of Urban Development", *Planning Theory*, 5.

㉜ Lovan, W.Robert, Michael Murray, Ron Shaffer, Aldershot, 2004, *Participatory Governance: Planning, Conflict Mediation and Public Decision-making in Civil Society*, Hants: Ashgate, 129.

㉝ Ruscio, Kenneth P., 2004, *The Leadership Dilemma in Modern Democracy*, University of Richmond, 69.

㉞ 习近平:《决胜全面建成小康社会　夺取新时代中国特色社会主义伟大胜利——在中国共产党第十九次全国代表大会上的报告》, 2017 年 10 月 18 日。

第三章

城市化进程中邻避危机的缘起、特点和分类

研究城市化进程中的邻避危机离不开对于邻避危机缘起、特点和分类的分析。城市化的进程催生了邻避危机的出现，邻避危机也可谓城市化进程中必然的衍生物和副产品。探究中国城市化进程中邻避危机的对策必须建立在追溯城市化进程中的邻避危机的缘起，分析邻避危机的特点和对邻避危机进行分类研究的进程上，本章拟在探讨城市化进程中邻避危机的缘起基础上，分析梳理邻避危机的时空背景与定义特征，并在此基础之上，就邻避危机的分类与邻避设施的反建阻力进行研究。

一、 城市化进程中邻避危机的缘起： 从灾害风险到风险社会

（一）从城市灾害到城市风险

城市化进程中邻避危机的缘起从学理角度而言植根于对于灾害风险的学术讨论。辞典中关于灾害的解释为祸害。然而，身处在知识爆炸的现代社会中，这样的解释未免太过简略。西方学者史密斯认为，当人类因遭受某种方式而大量死亡、伤害或影响时，即称之为灾害，灾害是真实发生的事件，因

此灾害被简单地定义为危险的真实呈现（the realization of hazard）。西方有学者赋予天然灾害更实际的定义：天然灾害是自然环境中那些通过外在力量伤害人类的要素，该学者还指出，普遍的天然灾害种类分为气候与气象的灾害（如暴风雪与雪、干旱、水灾、雾、霜、雹、热浪、飓风、闪电与龙卷风等）以及地理与地球的灾害（如雪崩、地震、侵蚀、土石流、流沙、海啸与火山爆发等）。① 也有学者将灾害分为两大类，发生原因如下：（1）自然灾害：自然界的异常现象危害到人类生命财产或经济活动时，便形成自然灾害。自然灾害的发生，有着时空的差异：有些瞬间突发、受灾面积广，例如地震、山崩及火山爆发等；有些则影响时间长、范围大，例如台风、洪水。（2）人为灾害：因人为疏失所造成的灾害，如空难事件、矿难事件、重大火灾事件等。②

由此可见，当危险发生后，造成生命或财产的损失，即可称为灾害。从社会经济的角度来看危机所造成的灾害问题，所谓的灾害，不论其造成之原因是自然或人为，都迫使人类生命、社会或经济受到损伤，进而引发社会失衡。有学者进一步对灾害分析认为，自然或人为事件发生，破坏到人或社会，导致人命受到伤害，人与社会的财产受到损失，或是社会原本均衡的状态受到破坏。灾害会随着时代转变、技术变革与地区特性等因素而产生不同的结果。还有学者综合美国联邦紧急灾变管理署（FEMA）等单位的看法，指出，灾害是指其造成之原因是自然或人为的，且已经引起人命或社会受到损伤，并进而引发社会失去均衡。自然变异、人为因素或自然变异与人为因素相结合等原因所引发对人类生命财产和生存条件造成的危害，即为灾害。③ 美国联邦紧急灾变管理署认为灾害是指天然大灾祸、技术事故或人为事件，造成严重的财产损失、人员伤亡。努德尔和安托科尔（Nudell & Antokol）指出灾害是对生态全面性的伤害，不同于紧急事件（emergency）；灾害是自然发生或意外事件所造成，并非人类刻意的行动所致。④

由此可见，可以将灾害定义为会造成生命或财产损失的事件，为人们所不乐见的。也可以进一步将灾害定义为人类生命财产或环境资源因危害发生而导致大量损失之事件，与其层次概念密切者有危害（hazard）、风险（risk）、危机（crisis）与灾变（catastrophe）等。比较分析危害与风险的说法：危害可指对于人类福祉的潜在威胁，风险则表示特定危害发生的可能性。因此，危害是指威胁的因素，而风险意谓危害发生的机率；至于灾害，乃为危害后果的具体实现。从而灾害之意涵，是指危害发生的影响，严重破坏社会运作，造成大规模的人命、物质和环境损失，并超出受影响的社会仅凭其资源就能应对的能力。由此，也可以进一步分析认为灾害之具体指称，其构成要件必须有危害发生且造成人命、财产或资源的损失，两者缺一不可。

从对“风险”一词的探讨来看，西方在中世纪尚无风险的概念，最早是西方探险者在远渡重洋时所发明的，在 16、17 世纪才广为流传。“风险”一词似乎是由西班牙语或葡萄牙语传到英语，意指驶入未标明的水域。换句话说，它本来指涉的是空间，后来用在银行业务和投资时，转而指涉时间，意指借贷双方对投资可能结果的计算，之后又指其他的不确定状况。风险在每个专业领域都有它的专有定义，一个适合经济学者或统计学者或决策理论专家的风险定义，可能无法适用于其他不同领域风险学者的分析。不论经济学者、统计学者、决策理论专家及保险学者，长期以来都在讨论风险与不确定性的概念，并试着就其领域建立风险的定义。

由此可见，风险实际上含有潜在灾害发生几率的特殊意义，为人类对于实际暴露于潜在灾害价值或损失的认定或可能性。我们不可能生存在没有风险（risk-free）的环境，因为风险是潜在灾害发生和损失增加的几率。有学者指出，所谓风险是指涉事件或事务发展的不确定性。[5] 换言之，无论做什么事，只要无法百分之百确定结果，就会隐含某种程度的风险。美国国家科学研究委员会（National Research Council，NRC）将风险定义为除了衡量危险本身的强度外，还要评估其发生不良后果的潜在几率。除此之外，也有学者认为，风险是指用来衡量不利效果的几率与强度，或是描述有害结果的可能性及后果。道格拉斯和韦达夫斯基（Douglas & Wildavsky）则认为风险是社会建构的产物，涉及了对事物不确定和社会价值观的整合过程。也有学者认为风险包含两方面的意义：（1）危机（dangerous chance），具有不确定性。（2）危险（hazard），危险发生的条件或环境因素，即其远因或间接的因素。[6]

从潜在灾害的层面来看，所谓潜在灾害是生活中不可避免的一部分，最常被认为是自然发生或人导致损失的过程或事件，因此可定义为是对人类和社会可能造成的损害威胁，包括死亡、伤害、疾病、压力、财产损失、经济损失、动植物损失、污染与环境舒适性损失等。

进一步而言，风险的观念与几率、不确定性的观念密不可分。假如结果已经百分之百确定了，就不能说一个人是在冒险行事；也就是没有不确定性，就没有风险。就主流学界关于风险的观点，我们还可以作如下分析和梳理。

（1）有学者将风险定义为处理因现代化本身所引起的危机（hazards）与不安全（insecurities）之系统方法。与古老的危险对照，风险是与现代化的威胁力量有关的后果，并且是对威胁力量全球化的质疑，具有政治上的反身性（politically reflexive）。⑦ 风险也具有一种不可见性，增加了风险知识的可操纵性。

（2）也有学者则从风险、谴责（blame）、正义（justice）和危险（danger）之间的关系来谈论风险。在谴责方面，问题始于人们如何解释不幸（misfortune）。原始民族依三个方向来解释不幸：第一是道德的（moralistic），第二是将不幸归咎于敌手，第三是归咎于不义者（traitor）。原始民族将危险和道德关联起来，其实不是因为缺乏知识——因为知识总是缺乏，暧昧模糊总是潜藏的。道格拉斯（Douglas）认为，风险的观念已成为客制化（custom-made），它的普遍化术语、抽象性、凝结的力量、科学性、与客观分析的联结，都使它成为支持现代工业社会文化之完美工具。该观点认为对特定文化而言，要多安全才是真正的安全，此一问题是选择的问题，所以其认为风险总是与政治有关（Risk are always political）。⑧

（3）还有学者则是将人类社会的所有现象与问题，皆置于系统的抽象层次来解释。该观点将系统定义为一种由行动与意义交互作用所产生的现象，也就是各个社会系统（政治、经济、宗教、科学，等等）是一连串经由意义连接起来的行动关联。在我们要讨论的风险议题上，其关心的不是社会如何处理环境危险的问题，而是社会如何察觉到环境危险。该观点认为，风险不是无时间性的理性形式（timeless forms of rationality）问题⑨，而是决策的问题。他进一步区分风险（risk）与危险（danger）：其一，潜在的损失被视为决策的后果，亦即被归咎于决策，我们说这是风险或是决策的风险。其二，可能的损失是外在引起的，亦即它被归咎于环境，我们说这是危险。[10]该风险概念指出一个高度化的偶连性安排，事件与损失两种时间上的偶连性，被成双地连接。

盖伦指出，在人类的生存情境中，风险自始便是一个不得不去处理的问题。从这类的观点来看，人类的特征乃是本能的贫乏（Instinktarmut）与世界开放性（Weltoffenheit）。[11]人类的本能并未提供一个可以在其中活动的稳定结构，因此人类必须不断通过自身的活动来构建相对稳定的互动结构，这也是人们创造各项社会制度来规约集体生活及共同规避自然环境灾难的理由。盖伦的论点，指出了人类和环境的关系，经常随着工具的使用与改进，包括科技的发明与进步，而产生巨大的变化。换句话说，人类的存在条件本身就具有着极大的不稳定性，虽然趋吉避凶可以视作一般人行为选择的原则，但在信息不完整的情况下，人们面临威胁时的任何决定都包含了一定的风险：其结果可能对他们有利，也可能对他们不利。不过，风险的意涵不应局限在客观可能发生的天灾人祸，还需包括人们主观上的心理状态，所以即使客观的危险实际上不存在，只要人们认定可能受到危害，便容易产生心理的恐慌或焦虑。由于对安全、稳定的追求，构成人类心理需求的重要层次，传统社会有不少机制便应运而生，帮助人们处理生活中的不确定性，如巫术、风水、占卜，乃至宗教仪式，莫不蕴含有以人为努力来降低风险发生几率的动机与愿望。

根据各家学说整理出风险的特性来看，必须具不确定性（即各种风险事件具有发生几率与发生原因、结果之不确定）、必须有经济亏损（loss）的可能性、必属将来性。有关风险的种类，有学者提出消费者风险、工作者风险、小区风险等三种范围，而政府跟相关产业均有义务将该风险的范围告知大众，并据此观点整理出三种风险，分别是传染病风险、加诸自身风险、环境灾害风险。[12]而从生态学的观点来看，环境是人类、动物、植物、水域与土壤等社群或族群（community）共同生存与发展的家园。当环境发生冲击时，便产生环境风险，由此可见，所谓环境风险（environmental risk）是指具几率概念的危险或灾害事件，通过空气、水、土壤或食物链而使人体健康受损。

进一步而言，环境风险主要偏重在：环境的转化机制，除了传统的环境污染与破坏问题外，为何会引发环境风险？环境转化的过程又如何？以及生态与生存环境造成的危害等课题，这些课题均源于对环境与科技的不确定性，此一不确定性即环境风险。环境风险会产生相对性之效益，如核能发电厂、石化工业等普遍被认定为高风险的设施，当成本与效益同时存在时，还会产生另一种土地使用的效应，即邻避效应。这些设施产生的效益可能有利于广大的群众，但其外部成本的接受者却可能存在于某个地理范围内。由于风险的成本与效益并不一定相称，在地理区位上社会成本的负担并非均衡分配，且对环境风险发生的几率存在着主客观的差异，形成对环境风险的认知不同。环境风险的分析可被区分为风险评估（risk assessment）、风险知觉（risk perception）、风险评价（risk valuation）及风险管理（risk management）四个部分，可作如下分析。

风险评估，是指利用科学的方法或工程的科技，估计暴露物质、暴露几率及人们暴露于环境灾害时，可能造成健康与安全的影响。风险知觉的研究，就是通过风险特性，以了解人们面对不同环境灾害时的反应程度。风险评价，是指每一种降低风险的措施或政策在人们心中的货币价值。风险管理，则需整合心理、经济及政治等因素，使管理者针对环境风险提出有效且可行之管理措施及方针。我们每个人对于风险的认知其实不尽相同，以电磁场为例，有些人认为可以忽略，有些人则视之如洪水猛兽而强烈拒斥。而国家、媒体或社会（公众）网络所释出的风险信息，将影响公众对风险的主观感知与客观的行动认知。在当今社会，只要媒体一发布消息，搭配各种报道方式，立刻引发社会各阶层人心惶惶。但这却不单是媒体的贡献，看不见却无处不存在的风险，才是真正令人惧怕的“背后灵”。所以，从风险沟通的角度，无知（unknown）所构成的风险恐慌，将加剧风险不确定性爆发的社会成本，并轻易破坏公众对风险的脆弱信任感知（不对称原则），整个社会秩序出现高度失序的现象。因此，贝克（Beck）从副作用的观点出发，主张非知识（unawareness，Nicht-Wissen）问题比知识更值得现代性分析的注意。非知识不是尚未知道但将会被揭露的知识，亦即它不是潜藏的知识（potential know ledge）。[13]相对地，非知识就是无法知道（the inability to know）的知识。它的未知状态不是通过更多的科学实验操作、更多的理性逻辑演绎就可以改变的。非知识一直存在于人类知识的领域中，但却被当作知识操作的副作用，属于在得以统计数据检验下可以容忍的范围。然而，知识的密集操作却使人类体认到知识并不是线性地不断增加，而是呈现奇特的吊诡性：人类获得的知识越多，反而知道属于非知识的事物更多。非知识所造成的非预期后果或副作用如今严重威胁到人类的生存，风险即非知识的代表。人类也许可以通过计算知道风险发生的几率，但还是无法知道风险究竟会在何时发生。生态风险（如核能事故、口蹄疫病毒传染）或社会风险（如组织政策的评估、生涯规划的抉择），一旦发生，都将造成致命的大规模伤害或是无法挽回的永久后果。

长久以来，这些风险的存在是被允许的，因为它被认为是可以利用人类的智慧与力量加以避免或降低发生的可能性。然而在风险问题不断成真的现今社会，此一共识已被打破。由此可见，如何定义与处理风险的非知识因素，成为迫切的社会生存问题，也是造成不同专业知识人士、社会运动团体、政府机构及社会大众在风险问题上激烈冲突的关键所在。

（二）城市化进程中的风险社会

风险社会伴随城市化而产生，也是城市化进程中邻避危机出现的重要学理溯源。若从社会学的观点来看风险，乃是将风险看成社会的或集体的，而非个人的，因此必须以社会结构的分析作为基础，才能掌握风险的特性及其变迁。不只社会结构，复杂的社会沟通与决策过程构建了风险，风险也会影响人们的行为。而区隔现代与古代的革命性分际，在于人想支配风险：从此未来不再随神的摆布，凡人面对大自然不再处于被动。人类跨越这道鸿沟之前，未来只不过是过去的镜子，是神谕和占卜家垄断的一片混沌。的确，进步到科学时代后，当人们自以为可以控制自然，企图以科技降低天灾对人类生命财产产生的风险时，却同时制造了更多灾害及前所未有的风险，使得“风险社会”这个标签应运而生。风险社会主要指的是科技，尤其是高科技带来的高风险，这类风险一般人常无法自行判断（如臭氧层的破洞，或辐射层的威胁，等等），需要专家评估。⑭但在风险不确定、难以认知及后果可能延展的状况下，出现了新的风险分配逻辑，并改变了过去惯常的权力和责任行使模式。于是，人类在工业化突飞猛进的态势下，一头栽进了风险社会。

风险社会的相关理论不是单纯将风险看成技术性问题，而是认为风险涉及风险社会，此概念的最早发明者是德国社会学家贝克，他于1986年出版了《风险社会：通往另一种现代之路》（*Risikogesellschaft*：*Auf dem Weg in eine Andere Moderne*）一书，由于当时正好发生苏联核能发电厂重大事故，这本书立刻异军突起成为畅销书。⑮贝克针对风险社会里无所不在的风险，有这样的一段叙述：“危险好像成了一般消费场合中那些恣意啃噬的东西，它们随着风雨四处流连，隐藏在任何一个角落，通过生活必需品如空气、食物、衣着、房舍等，穿透现代社会在一般情况下会加以严密控管的保护区。对意外几乎没有防御和预防行动可言的地区中，（似乎）就只能有唯一的作为：粉饰，一种会衍生恐惧的镇静，会因为该死的惊慌所造成的被动而越发升级，它的攻击性也就越发扩张。就在危险的不可想象与无法觉察当中，这最后的作为也因为实际上存在的风险，反而成了最有作用的帮凶。”

由此可见，今日的风险与危险和中古时代看起来有着相似的表象，然而这两者主要的区别就在于其威胁的全球性（人类、动物和植物）以及它们的现代原因，也就是现代化风险。它们是工业进步机器的总合产物，而且会持续发展。工业发展的风险一定是和它本身的历史一样久远。贝克归纳出了现代化风险的几个特征：（1）日常性：存在人的日常生活之中，例如食物与饮水中的毒性物质。（2）灾难性：可能在一瞬间毁灭一切，或带来无法修复、无法弥补的重大伤害。（3）全球性（突破时空限制）：在空间上，危害不再局限于事故发生的地点，而会全球性地扩散；污染与危害一方面在生态系中不断流通、累积，另一方面也靠生物的基因代代遗传，即具有世代延展性。（4）不可见、无法感知：现代化风险不是一般人能够在日常生活中以自己的感官感觉、经验得到的，必须依赖科学（专家）来测量程度轻重、提供因果解释，使原本看不见的风险变得可以被看见、可以被诠释。因此，风险是一种开放的社会构建，诠释者掌握了莫大的权力。（5）不确定性、难以预测、无法计算：随着科学判断的不确定性增加，风险的灰色地带也跟着加大，预测力失效。科学系统内部制造的不确定性延伸到外部，使得经济、政治、公众等各领域的行动者（科学研究成果使用者）有机会参与定义知识的社会过程。在风险的认知上，我们没办法不依赖科学与专家，但科学和行政机构已失去对风险的计算能力，因为伤害突破时空限制，根本无法估算。目前以因果证明、污染者付费原则来作为事后的弥补、赔偿，象征意义大于实质意义，无法实现社会公平正义。（6）决策的决定性：这种现代化风险是工业化的副作用，而非地震、龙卷风等难以预测的天灾。许多风险都是在作决策时就埋下了因，即在决策者决定要采用某种科技时已经知道会带来风险，但仍然决定采用。反过来看，如果决定不采用这项科技就不需承担相关的风险。核能发电厂爆炸、辐射外泄、辐射钢筋、核废料污染、海砂屋、各种饮用水污染、电磁场等，就是属于这一类的风险。

进一步而言，现代人的两难处境，也就是一方面享受科技带来的各种便利，但另一方面又常面临高科技所制造的高风险情境，完全超出一般人能够应付的范围。因此，有关风险如何形成、评估、预防与善后等问题的知识，越来越成为影响现代生活的重要因素。西方社会学家贝克、吉登斯（A.Giddens）、拉什（S.Lash）等人自 20 世纪 80 年代后期以来，围绕着风险社会的概念展开论述，他们认为在风险意识的觉醒下，西方已逐渐脱离旧有的现代工业社会模式，朝着另一波反省性的现代化（reflexive modernization）方向演进。[16]启蒙理性希望能通过科学的昌明，将一切变量纳入预测与控制之下，但时至今日，无论是物理、化学等传统科学，或是信息、生命科学等新兴领域，其实往往制造出更多充满不确定性的风险，这使得飞机失事、工业灾变、环境污染已经成了正常的意外（normal accidents）。现代化风险基本上是由技术—经济的决策所造成，惟有人们改变相关组织的决策模式，才可能从根本上消除工业化发展的副作用，所以长期以来，生态主义者多半采取社会运动的形式，呼吁政府成立专责机构、订立各种法规、建立环境评估制度，来规范工厂与企业组织的活动，降低污染与风险产生的几率。这些努力固然重要，但是正如贝克所抨击的现代化风险成因，几乎都可归咎于特定行动者（包括政府决策者与企业经营者）采取有组织的不负责任态度，导致事态日益严重。他们不断制造并加深风险带来的威胁，出事之后却经常将责任转嫁给社会大众，这种污染与风险的外部化，不是单靠经济组织即可成功，还需要政府和立法机构的配合。于是国家颁布的各种污染检验标准合法化、正当化了风险的生产，而如发生过的多次工业污染事件，由于无法确定污染源，皆由政府支出高额赔偿以平息抗争，这两种情形都难谓符合公平正义原则，实不足以应付风险社会的挑战。正常的意外是组织管理学家裴洛（C.Perrow）提出的观念，在他看来，高科技事业的经营管理根本无法做到零风险，因为科技系统互相的链接性（coupling）十分复杂，再加上人为疏失出现的几率，意外经常一点也不在意料之外。

综上所述，风险的产生不只是决策的问题，而且根本上是制度化的问题：制度化牵涉着科学研究、实践与科学政策对风险的关系，它往往影响着科学对社会的角色，亦即科学的制度化机制扮演着科学与社会的桥梁，但却成为科学（正当化）危机的掩饰者，人们往往局限于现行制度而盲目认同，无法察觉制度下科学的风险盲目性。这个颠覆性的看法来自风险社会理论，通过批判以工业现代化为基础的第一现代问题，贝克洞察到在现代化的进程中，人类所制造的危险与问题往往是社会构建的结果，而工业文明和其制度正体现此种过程和后果（副作用）：一方面充斥着文明的进步现象，另一方面陷入风险、灾难的黑洞，而后者在制度上的推波助澜更凸显了科学实践的扭曲化和殖民化。[17]风险的传统定义虽然在认知上、程度上和文化上有所不同，却也总是和损失、灾害、毁损等自然灾害造成的不幸事故有关。但是当风险社会主张出现，将风险定义及描述的格局延伸到社会构建的论述后，“风险”一词涉及范围扩大，所有危及生命财产安全之自然、人为灾害，科技文明过度发展带来的可控制或不可控制之灾害等，都和风险相关。因此，综合上述学者提出之定义，举凡大自然、高科技等一切可能对环境或人类造成生命财产损失之意外或灾难都可称为风险，而其最大的特色就在于不确定性。

二、 邻避危机的时空背景与定义特征

（一）邻避危机的时空背景

在城市化的进程中，随着时代与科技的进步，为了国家经济建设发展及生活环境改善，部分设施是生活所必需，有正面外部效果（如便利、舒适），也有负面外部效果（如噪音、空气污染、交通拥塞）。会产生负面外部效果的设施可增进全民福祉，却由当地居民承受设施建造及营运时所带来的外部成本，因而不受欢迎，这些设施统称为邻避设施、有风险性设施（risky facilities）、引人争论的设施（controversial facilities）、不宁适设施或嫌恶性设施等。尽管“邻避”这个名词至今尚未有一致的看法，但其现象早就充满在历史记录里。早在18世纪时，加拿大就已经有小区反对兴建避难所的例子；而在20世纪20年代，纽约市也曾成功地将高速公路的兴建搬移到其他地方；20世纪60年代末期有人使用“有害”（noxious）来形容一个地区需要一种设施，但附近居民却表示嫌恶之意。[18]由此可知，邻避问题不是新出现的问题，直到20世纪末期，因艾滋病和流浪汉的猖獗，这个名词才广为流行。换句话说，到20世纪70年代以后，邻避设施才成为世界性的问题，变成许多国家的主要政治问题，不仅发生于高所得且社会基础建设完备的发达国家，也发生于低所得与现代经济社会制度尚待建立的发展中国家。在美国，人们认为反对邻避运动能在20世纪70年代广为流行起来，是因为在20世纪六七十年代，一些重要的社会价值及法律结构改变而导致：一是现代科技引起负面效果的信息不断增加；二是公共环境意识高涨；三是对政府和产业信任感下降；四是居民法律上与行政上的反对运动增加。

邻避现象的概念最早是由选址问题（siting problem）而来，20世纪70年代初期，监狱、焚化炉、核能发电厂等设施面临选址难题，预定位置公布后便引起当地居民的抗议；即使人们都需要这些设施，但似乎永远没有适合的

场（厂）址。有学者指出，邻避现象可用来说明，为何有些物品是大家都需要也希望被提供的，但市场上却没有，这是因为个人行为是以个人效用的最大化为考量，虽然会因公共财产的提供而提高每个人的效用，但却不会发生，因为大家不会合作。[19]在个人的决策过程中，私人的成本及效益被估算，“搭便车”的行为也会被考虑，这在设置抗争的过程中便成为多人囚徒困境而成为零和游戏（zero-sum game）。由于当地居民承担的成本及风险远大于福利，健康及环境风险的成本、不好的小区印象、减少的财产权价值就成为当地居民反对的主因。邻避现象的构成可分为邻避设施、居民、整体社会三部分，由于受惠者为整体社会，因此邻避设施兴建所带来的效用远大于地方民众所承受的成本，有兴建的必要性。而如何使地方民众所承受的外部性内部化，成为解决邻避现象的关键。

邻避现象在发达国家和发展中国家都时有发生，但从发展中国家的实践来看，邻避现象比发达国家平均要晚 20 年。比如，中国与和美国经验相比，学者认为邻避症候群的出现比美国晚了 20 年。[20]但正因为发展中国家在经济上的成功，使政府和一般民众一样深深沉醉在开发为重（pro-development）的意识形态中。这种现象到 21 世纪才逐渐改变。21 世纪正是邻避运动从冒泡到沸腾的转变年代。

（二）邻避设施与邻避危机的定义

邻避危机因邻避设施而产生，分析邻避危机的定义特征必须基于邻避设施的定义特征来展开，从学界的主流观点来看，邻避设施指服务广大地区的使用者，但可能会影响附近地区生活质量、危害附近居民安全健康，或降低其财产价值，以致居民排斥或感到嫌恶的设施。有学者则认为，邻避设施为一固定设施，且为服务广大范围地区民众，追求现代化、良好生活质量与经济发展所必需之公共设施，但其使用或营运时可能会带来负面外部效果，周遭居民有先入为主的观念致嫌恶或不欢迎其设置。[21]除了 NIMBY 外，邻避设施尚有许多不同称号，但也都可看出上述定义中描述的特质，例如 BANANA

（Build Absolutely Nothing At All Near Anybody）、BIYBYTIM（Better In Your Backyard Than In Mine）、LULU（Locally Undesirable/Unwantted Land Use）、NIMTOF（Not In My Term of Office）、NIMBI（Now I Must Become Involved）、NIABY（Not In Anybody's Backyard）、NOPE（Not On Planet Earth）、NOTE（Not Over There Either）等。

在国外通常称此类不受民众欢迎之设施为“露露”（即地方上排斥的土地使用，Locally Unwanted Land Use，简称 LULU），或邻避（即不要在我家后院，Not In My Back Yard，简称 NIMBY），有学者在城市服务设施邻避效果的研究中指出，早在 1977 年，迪尔（Dear）及泰勒（Taylor）的合著率先将邻避视为城市地方冲突的特定形式，近几年来在学术界引起一系列关于邻避现象的热烈讨论。[22]主流学界称之为邻避设施，或负面性公共设施、不宁适设施、嫌恶性设施。其定义的种类主要有如下几种：（1）认为其具有满足人们需求的服务功能，但令附近住户感到不愉悦舒适，而可能产生实质或潜在伤害身体健康或降低财产价值的特性。（2）指服务广大地区的使用者，但可能会影响附近地区生活质量，危害附近居民安全健康，或降低其财产价值，以致令居民排斥或感到嫌恶的设施。（3）指在服务广大地区民众或为特定之经济目标，但却对居民健康与生命财产造成威胁的设施。（4）认为其虽能为广大地区的人们带来效益，却由设施附近居民承担其外部成本，危害邻近居民健康或降低其财产价值。（5）将所有会产生负面的外部效果令人感到厌恶而不愿与其毗邻的设施，统称为邻避设施，例如，垃圾掩埋场、垃圾焚化厂、变电所、飞机场、核能发电厂、石化工厂、精神病院、监狱、色情场所等。[23]

结合上述分析，笔者认为，可以将邻避设施定义为人人生活上需要之公共物品，但却会对邻近民众产生污染或危害健康之外部负面影响，如垃圾、噪音、空气污染，等等，容易引发抗争或争议的设施。在上述分析的基础之上，邻避危机是指随着城市化和科技进步，为满足大众社会生活的需要兴建了许多公共服务设施，这些公共设施在提升人们生活品质和推动地方经济发展的同时，却也会对项目选址地附近居民的身体和心理造成负面影响，极易引发当地民众爆发抗议活动等公共危机或群体性事件。

（三）邻避设施与邻避危机的特征

就邻避设施的特征而言，有学者指出，邻避设施的特征可分为以下几点[24]：（1）为许多地区民众带来服务之利益，却由设施附近的居民来承担负面之外溢效果（外部不经济）。（2）居民要规避此类设施，需迁移至较远地区。（3）为维护社会之公平性，应建立合理的补偿制度。（4）非排他性（non-excludability），他人不能阻止该住户避免消费邻避属性之行为。（5）非敌对性（non-rivalness），他人不会因该住户之行为而增加或减少邻避设施所产生之外部不经济。（6）邻避效应起因于负面外溢效果大于正面外溢效果（如外部成本大于经济利益），迫使设施附近居民不得不采取远离或抗争行为。（7）某些邻避设施（例如核能发电厂、石化工厂）往往具有潜在的危险性或污染性，一旦发生事故，会对附近居民的生命财产造成严重威胁。（8）就一般民众对邻避设施的接受程度而言，大多希望该设施距离住家越远越好。（9）邻避设施的设置与兴建，不但是高度专业科技知识的评估，也是关系到社会大众福祉的公共决策问题。专业科技的评估涉及学理与专门知识，一般民众不易了解，但公共决策过程却必须涉及社会大众的价值判断，而专家意见和社会大众的价值判断，由于观念及利益等出发点不同，往往使两者间存在着差距，若决策单位忽视这些差距，则难免会与民众发生冲突。

有学者分析认为邻避设施产生的效益为全体社会所共享，但负面外部效果却由设施附近的民众来承担，对某些设施（核能发电厂、石化工厂）如能适当管理，发生意外的几率皆相当低，但若不幸发生事故，则后果非常严重。[25]有学者通过案例研究分析，住户欲避免此类设施所带来的负面影响，唯有通过空间区位的移动。有学者则通过案例研究分析，住户对此类设施之认知与接受程度，受到居住地点与此类设施距离远近的影响。[26]

由此可见，专家的评估意见和社会大众的价值判断，由于观念和利益的出发点不同，往往使两者的价值判断存在某些差距，若决策单位忽视这些差距，则难免会与民众发生冲突。

进一步而言，从邻避设施的特征来看，其能满足人们的特定需求，但可能产生实质或潜在地方外部成本而使附近居民产生生活景象压迫、健康或财产损失恐惧与小区污染标签等风险知觉，以致令附近居民产生排斥而不愿与之为邻的设施。有学者则通过实证研究发现，邻避设施有如下特性[27]：（1）效益为全体社会所共享，但外部效果却由附近的民众来承担。（2）居民对邻避设施之认知与接受程度受到居住地点与此类设施距离远近的影响。（3）具有污染性的邻避设施如能妥善处理，发生意外的几率相当低，但若不幸发生事故，则后果非常严重。（4）邻避设施之兴建往往涉及专家科技知识与民众普通常识之间的价值冲突。

有学者则进一步研究认为，邻避设施为广大地区民众带来利益，但少数的设施附近居民却须承受污染或风险；其服务对象为较广区域的公共民众，效益为公共大众所共享，但对设施附近居民的心理、安全或健康造成实质或潜在的危害、影响生活质量或降低经济价值。[28]该类研究认为邻避设施是政府为增进市民的福祉并确保良好的生活品质而设置，但具有邻避效果的公共设施。

在上述研究的基础之上，笔者认为邻避设施具有下列特征：（1）从经济学的视角来看，这些设施所产生的效益为全体社会所共享，但负面外部效果却由设施附近的民众来承担。（2）从城市规划的角度来看，住户欲避免此类设施所带来的负面影响，唯有通过空间区位的移动达成。（3）从群体心理的角度来看，住户对此类设施之认知与接受程度，受到居住地点与此类设施距离远近的影响，一般而言，距离越远，住户接受程度越高。（4）对某些设施（核能电厂、石化工厂）如能适当管理，发生意外的几率皆相当低，但若不幸发生事故，则后果非常严重。由此可见，邻避危机的重要特征就在于邻避设施的设置与兴建，不但是一项高度专业科技知识的评估，也是一项关系到社会大众福祉的公共决策问题。而专家专业的评估意见、政府部门的政策导向和社会大众的价值判断，由于观念和利益的出发点不同，往往使两者间的价值判断存在着某些差距。

三、邻避危机的分类与邻避设施的反建阻力分析

（一）基于邻避设施的邻避危机的分类

邻避危机的分类是建立在邻避设施分类的基础上，从这个意义上来看，邻避设施的分类也就是邻避危机的分类。从邻避设施的分类来看，有学者将邻避设施分为六类：垃圾处理设施（掩埋场、焚化厂）、能源性设施（核能发电厂、公民营发电厂、加油站、变电所、输电线路铁塔）、交通设施（飞机场、高速公路、捷运系统、停车场）、娱乐性设施（高尔夫球场）、水资源设施（水库、水力发电厂）、社会性设施（监狱、精神病院、启智学校）。[29]有学者则将邻避设施分为五类：能源邻避设施、工业区、废弃物邻避设施、文化邻避设施、交通工程建设。[30]也有学者又按邻避设施的功能区分为以下三类：（1）能源邻避设施，包括核能发电厂、火力发电厂、炼油厂、石化厂与油气储贮场等。（2）废弃物邻避设施，包括核能废弃物处理场、垃圾掩埋场与焚化炉等。（3）社会邻避设施，包括精神病院、墓园与色情场所等。[31]从上述的分类方式可以看出，这些设施中有点状分布者（如输电线路铁塔、变电所、飞机场、水库等），有线状分布者（如输电线路、高速公路），亦有面状分布者（如输电网络、通信网络）。面状分布之邻避设施，主要系该邻避设施需涵盖民众日常生活范围始能发挥最大功用，若无法涵盖生活范围，产生死角，则服务无法顺利进行。因此，邻避设施也可以以点状、线状、面状的方式予以分类。电力系统便是由点状的电力设施（包括发电厂、变电所、输电线路铁塔等），经由线状的输电线路，形成面状的输电网络，因此电力设施可说是无所不在，而伴随电力设施特性而来的，便是无所不在的邻避风险。

有学者在城市服务设施邻避效果之研究中将城市计划范围内之公共设施按规模与层级分为区域性、市际性、全市性与邻里性四个类型。[32]依此分类，本研究认为，结合居民的接受程度分析，可以将邻避设施进一步细化分类如下：第一类设施：能源设施、垃圾或污水处理设施；第二类设施：丧葬设施、

垃圾掩埋场、屠宰场；第三类设施：信息传播、艺文设施；第四类设施：文教设施；第五类设施：庙宇；第六类设施：医疗设施；第七类设施：社会福利设施；第八类设施：公园、游戏场；第九类设施：交通设施；第十类设施：其他设施（如自来水厂、抽水站等）。而就整体趋势而言，普遍不愿意接受的服务设施属于第一类与第二类的屠宰场、火葬场、殡仪馆、公墓、垃圾掩埋场、煤气供应站、监狱、飞机场等项。综观这些设施，有些是在心理上产生不愉悦感，或会影响环境质量，抑或是有安全上的顾虑。

也有学者在邻避效果的研究中，根据邻避效果大小将服务设施分为四个等级：第一等级不具邻避效果（如邻里小区公园、图书馆等）；第二等级具轻度邻避效果（如文教设施、各级学校、车站、公园、医疗与卫生设施、购物中心、邮电设施等）；第三等级具中度邻避效果（如疗养院、性病防治中心、残疾人服务中心、高速公路、市场、抽水站、自来水厂等）；第四等级具高度邻避效果（如丧葬设施、垃圾焚化厂、污水处理厂、飞机场、屠宰场、核能发电厂、变电所、加油站等）。[33]

在上述分析的基础上，结合中国城市化进程中邻避危机的实践来看，中国的邻避危机可以分为如下几种：（1）本来就不应当设置的邻避设施，这主要是指对环境有其害，绝大多数群众坚决反对的邻避设施，如高能耗的火电厂、无任何防护措施的垃圾焚烧厂、重污染化工项目等；（2）可以设置且无群众反对建设、对环境无不良影响的环境友好型邻避设施，如辐射达标的移动基站、无污染的垃圾处置设施等；（3）可以设置但政府部门或有关组织未进行有效工作的邻避设施。

从邻避设施的反建阻力来看，其反对的核心问题是邻避设施与小区的关系问题。就小区的学理研究来看，其是指一定地理区域内的人及其社会性活动及现象之总称，也可说小区是某一特定地域之居民，而居民之间普遍有共同归属感，且具有社会、心理及文化等关系的共同体。依此定义可知，小区可小至乡村聚落，亦可大至国际性组织。在小区里，居民适应当地的自然环境，依此而衍生出不同的社会与文化形态，影响居民日后的行为活动。

随着人口的成长及经济的发展，对于各种土地使用的需求愈来愈多，使用土地的设施或许为社会大多数人所需要，但却都令当地小区民众不满，因基于对健康财产之顾虑以及社会公平正义之原则，难免会招致反对甚至抗争。因此这些邻避设施与小区间之关系乃呈现出一种矛盾、对立之情结。即邻避设施是地方不愿意接受的设施，但却是达成社会公共福利所不可或缺的。一般来说，邻避设施能满足社会所需，也提供了社会福利。实际上，从对邻避现象所作的分析来看，无论是社会或地方都可使这些设施提供的服务得到利益，但也产生外部负面的影响危害到当地小区之环境质量，危害到民众的健康或财产价值，以致使邻避设施成了地方权益与社会利益（或小区与小区间）冲突的根源，主要症结在于邻避设施之成本集中于小区，由小区居民负担，却由广大地区民众享有社会福利的不公平现象。事实上，地方反对邻避设施并非完全是小区与社会间的冲突，而是反映社会民生与环境保护的冲突及小区与国家发展或社会需求的冲突。

提倡小区发展应与环境生态结合的学者认为，了解每个地方自然环境特性，尊重生态体系的平衡，可使小区摆脱环境恶化的阴影，成为健康及永续性生存的人性空间。[34]在经济急剧成长的现代，小区发展的健全与否，与小区环境的良贫紧密攸关，因此环保人士与社会大众逐渐达成共识：健康、纯净的环境是每一个公民的权利，即所谓的环境权，是法律必须赋予人民的基本权利。此外，环境权之赋予则是尝试通过排他性的建立，引用西方经济学家科斯（Coase）所提出的财产权理论，让破坏环境者或受害者通过协商的方式，调整其财产权之范围与内容，而将人们享有环境及环境质量的权利纳入财产权之保障范围内。[35]如此一来，则不论环境权属于谁，都将达到柏拉图最适境界，而使得环境及环境资源的配置达到最有效率的状态。

进一步而言，小区民众反对不希望设置的设施（即邻避设施）而进行的抗争，一向被描述为邻避并发症。在邻避情结的架构下，自私观念所产生的区位冲突会妨碍社会目标的达成，而一般人几乎将所有问题归罪于小区民众的邻避主义，而忽略其可能产生的环境恶化、交通拥挤等根本问题，以致产生邻避设施与小区之间的矛盾与对立。另一方面，如果地方小区肯放弃它们对垃圾焚化厂、核能发电厂等设施的自私抗争，将有助于解决这些区域性的社会问题。

对邻避设施排斥抗争的例子可说与年俱增，显示出了小区民主意识之提升，及民众对环境权之自我觉醒，使得各邻避设施不得不审慎规划、检讨评估及加强沟通协调，做好污染防范及学会冲突管理，以减少设置阻力以便有利经营运作。但如何让经济发展与小区环境兼顾，更是未来重要的方向。由此可见，邻避设施虽然为广大地区的民众带来利益，但设施附近的居民则必须承担污染及可能的损失。由于损失具有不确定性，因此设施附近的居民多倾向反对兴建邻避设施。再者，邻避设施对于附近地区之生活环境质量、住宅及财产价值等方面并无帮助，甚至有负面的侵害，使得居民排斥而不愿与其相毗邻。而且邻避设施产生的不宁适性，可能会对住宅价值造成冲击。因此，也可将邻避设施区分为对生命产生威胁（飞机场、加油站、瓦斯槽等）及对生命产生干扰（坟墓、殡仪馆、特种行业等）两大类，但无论是哪一类的邻避设施，均会造成房价下跌。

（二）邻避设施的影响因素与反建阻力分析

从邻避设施的影响因素和反建阻力来看，学界的研究较为热烈。如有学者在针对上述的嫌恶性设施对生活环境质量的影响进行研究，以垃圾焚化厂为例中，将邻避设施之影响因素分为三种：一是便利宁适性因素，包括交通安全及阻塞问题、产生噪音、景观破坏、心理之不愉悦感等。二是社会经济因素，包括房地产价格低落、住户迁出、改变周围土地使用类型等。三是健康性因素，包括空气污染、水污染、影响身体健康、安全顾虑等。[36]也有学者在对城市服务设施邻避效果之研究中，则将影响城市服务设施接受意愿之因素分为下列六项：信息或知识、动机、环境态度、经验、城市阶层与个人属性等，并发展出城市服务设施邻避效果之概念模式，来建构影响因素与其互动关系，且通过城市服务设施接受意愿分析预测人们的邻避行为。[37]

在上述研究的基础之上，结合城市进程中邻避危机案例的实践研究，可以发现邻避设施的影响因素与周边居民的接受意愿关系有如下特点：一是邻避设施周边居民城市阶层愈高，对城市服务设施的容忍程度愈高，接受意愿也愈高（即呈正向关系）；二是信息或知识与接受意愿亦具正向的互动关系；三是环境态度与城市服务的接受意愿呈正向或反向的互动关系；四是外在动机（如经济动机）在影响城市服务设施的接受意愿的互动关系中并不是唯一且明显的，而内在动机（如慈善动机）将促使人们提高对特定城市服务设施的接受意愿；五是过去曾受公害经验者对于城市服务设施所产生的邻避效果会较关切，而对邻避效果大的设施呈现较低的接受意愿；六是个人属性中的教育程度、性别与城市服务设施之接受意愿有关，其中男性较女性有较高接受意愿，而教育程度与接受意愿呈负相关，也就是教育程度愈低者，接受意愿会较高。

由此可见，根据上述研究报告所述邻避设施三大影响因素（便利宁适性、社会经济性、健康安全性）与影响民众接受意愿的六项因素（信息或知识、动机、环境态度、经验、城市阶层与个人属性），可知这些影响因素决定了邻避设施之邻避效果及民众之接受意愿，邻避效果高者更易造成居民对邻避设施的排斥与反对心理。

从邻避设施遭反对的原因来看，就民众立场，大概可分为外部因素及内部因素，外部因素即邻避设施带给当地小区居民之负面影响，如便利宁适、社会经济、健康安全等之危害（即三大影响因素），而内部因素即居民本身之信息或知识、动机、环境态度、经验、城市阶层与个人属性等六项因素。有学者在研究中认为，邻避可能是基于道义上的关切、狭隘的自私或是针对规划不良的计划在逻辑上所提出来的评论。但当相关利益团体或政府官员论及邻避症候群时，认为邻避所代表的是一种社会病态或是对科技进步的一种不理性反应。相反地，环境保护团体及小区居民则是以同情自己的观点来描述邻避设施，各种不同立场的团体总是各持己见而难有定论。

也有学者研究认为，民众反对邻避设施的原因主要可分为下列四点：（1）心理因素：民众恐惧邻避设施可能对人体健康及生命财产造成严重威胁。（2）公平性问题：大部分民众均了解邻避设施对社会全体有重大的效益，但问题在于当地的民众会质疑为何这项设施偏要设置在他们家附近，而不设置他处。（3）担心邻避设施带来环境污染，进而影响地方的形象及房地产价值。（4）由于政府对环保工作不够重视，更增加了民众反对邻避设施的设置。[38]有学者则认为邻避观念产生的原因可以归纳为：（1）社会整体价值判断与小区价值判断的差异。（2）社会所关心的与小区所关心的不同。（3）经济成长与环境保护之间的冲突。还有学者提及反对邻避设施者往往会关切下列三件事：对房地产价值、个人安全感及小区宁适性所感受到的威胁。[39]

由上述研究可知，邻避设施问题的产生原因在于社会大众对于政策及科技的接受程度，故将民众反对设置邻避设施的类型分为四大类，某些类型的反对主因是针对科技的本身或计划的本质，但一般而言，任何一项邻避设施设置遭遇抗争的原因，绝非只有单一个因素，而是前述四种类型的反对原因皆有可能发生。实际上，各种邻避危机产生的原因往往不只是单纯的一项因素，常常会牵涉其他原本无甚相关的问题，而使得邻避问题更加复杂。尤其是小区民众对邻避设施是否存在主观认定，更会随着信息的流通而时有变动。

进一步而言，从邻避设施的影响因素与反建阻力来分析，可以了解民众对于邻避设施反对的原因，以四点因素（心理因素、公平性问题、环境污染、政府的漠视）最为具体，此外反对者关切的三件事（担心对房地产价值、个人安全及小区宁适性的威胁）较符合民众心理，亦即民众乃基于个人安全与利益的因素，另外社会公平正义的诉求，也形成重要的反建阻力。

注释：

① Dear, M., 1992, "Understanding and Overcoming the NIMBY Syndome", *Journal of the American Planning Association*, 58, 288—300.

② Groothuis, P.A. & G.Miller, 1994, "Locating Hazardous Waste Facilities: The Influence of NIMBY Beliefs", *American Journal of Economics and Socialogy*, 53 (3), 335—346.

③ Cathorrpe, P., 1993, *The Next American Metropolis: Fcology, Community, and the American Dream*, New York: Princeton Architectural Press, 87—89.

④ Ibid., 22—25.

⑤ McAdam, D., Tarrow, S. & Tilly, C., 1997, *Toward an Integrated Perspective on Social Movements and Revolution, in Comparative Politics: Rationality, Culture, and Structure*, Cambrige University Press, 143—173.

⑥ 转引自 National Research Council, 1989, *Improving Risk Communication*, Washington, D.C.: National Academy Press, 135—139。

⑦ Beck, U., 1995, *Ecological Enlightenment: Essays on the Politics of the Risk Society*, Atlantic Highland, N.J.: Humanities Press, 55—57.

⑧ Bennett, P., Coles, D. & McDonald, A., 1999, *Risk Communication and Public Health*, N.Y.: Oxford University Press, 99—102.

⑨ Cothem, C.Richard, 1993, *Comparative Environmental Risk Assessment*, Ann Arbor, MI: Lewis Publishers, 232—235.

⑩ Coote, A. & Franklin, J., 1999, "Chapter 14: Negotiating Risks to Public Health-models for Participation", in P. Bennett & K. Calman (eds.), *Risk Communication and Public Health*, N. Y.: Oxford University Press, 62—65.

⑪ Green, E., Short, S.D., Duarte-Davidson, R. & Levy, L.S., 1999, "Chapter 4: Public and Professional Perceptions of Environmental and Health Risk", in P.Bennett & K.Calman (eds.), *Risk Communication and Public Health*. N.Y.: Oxford University Press, 3.

⑫ Jardine, C.G., & Hrudey, S.E., 1999a, "Chapter 7: What is risk", in D.J.Briggs, R.Sten & T.L. Tinker (eds.), *Environmental Health for All*, Boston: Kluwer Academic Publishers, 277—279.

⑬ Beck, U., 1995, *Ecological Enlightenment: Essays on the Politics of the Risk Society*, Atlantic Highland, N.J.: Humanities Press, 92—95.

⑭ North, D.Waner., 1990, "Risk Analysis: Where Have We Been? Where Are We Going?" *Risk Analysis*, 10 (2), 197—198.

⑮ 转引自 Wolsink, M., 1994, "Entanglement of Interests and Motives: Assumptions behind the NIMBY-theory on Facility Siting", *Urban Studies*, 31 (6), 851—866。

⑯ Gleeson, B.J. & P.A.Memon., 1994, "The NIMBY Symdrome and Community Care Facilities: A Research Agenda for Planning", *Planning Practice and Research*, 9, 105—118.

⑰ Beck, U., 1995, *Ecological Enlightenment: Essays on the Politics of the Risk Society*, Atlantic Highland, N.J.: Humanities Press, 232—235.

⑱ Mazmanian, D. & D.Morell, 1992, *Beyond Superfailure: American's Toxic Policy for the 1990s*, Weatview Press, 81—83.

⑲ Mazmanian, D. & D.Morell, 1990, "The 'NIMBY' Synodrome: Facility Siting and the Failure of Democratic Discourse", in Vig.N. & M.Kraft (eds.), *Environmental Policy in the 1990s: Toward a New Agenda .ashington*, DC: CQ Press, 75—77.

⑳ McAdam, D., Tarrow, S., & Tilly, C., 1997, "Toward an Integrated Perspective on Social Movements and Revolution", in Mark Irving Lichbach & Alan S.Zuckerman (eds.), *Comparative Politics: Rationality, Culture, And Structure*, Cambrige University Press, 143—173.

㉑ Cathorrpe, P., 1993, *The Next American Metropolis: Fcology, Community, and the American Dream*, New York: Princeton Architectural Press, 151—153.

㉒ 转引自 Groothuis, P.A. & G.Miller, 1994, "Locating Hazardous Waste Facilities: The Influence of NIMBY Beliefs", *American Journal of Economics and Socialogy*, 53 (3), 335—346。

㉓ 转引自 Lake, R.W., 1993, "Planners' Alchemy Transforming NIMBY To YIMBY", *Journal of the American Planning Association*, 59, 87—93。

㉔ Wolsink, M., 1994, "Entanglement of Interests and Motives: Assumptions behind the NIMBY-theory on Facility Siting", *Urban Studies*, 31 (6), 851—866.

㉕ Morell, D. & C.Magorian, 1982, *Siting Hazardous Waste Facilities: Local Opposition and the Myth of*

Preemption, Cambridge, MA: Ballinger.

㉖ Mazmanian, D. & D.Morell., 1990, "The 'NIMBY' Synodrome: Facility Siting and the Failure of Democratic Discourse", in Vig.N. & M.Kraft (eds.), *Environmental Policy in the 1990s: Toward a New Agenda.ashington*, DC: CQ Press, 273—275.

㉗ Morell, D. & C.Magorian, 1982, *Siting Hazardous Waste Facilities: Local Opposition and the Myth of Preemption*, Cambridge, MA: Ballinger, 192—195.

㉘ Wolsink, M., 1994, "Entanglement of Interests and Motives: Assumptions behind the NIMBY-theory on Facility Siting", *Urban Studies*, 31 (6), 851—866.

㉙ Mazmanian, D. & D.Morell, 1990, "The 'NIMBY' Synodrome: Facility Siting and the Failure of Democratic Discourse", in Vig. N. & M.Kraft (eds.), *Environmental Policy in the 1990s: Toward a New Agenda.ashington*, DC: CQ Press, 111—113.

㉚ Macdounald, H.I., 1984, "Welcome Address", in A.Armour (eds.), *The Not-In-My-Backyard, Symdrome*, Downsview, Otario: New York Univerity Press, 35—37.

㉛ Groothuis, P.A. & G.Miller, 1994, "Locating Hazardous Waste Facilities: The Influence of NIMBY Beliefs", *American Journal of Economics and Socialogy*, 53 (3), 335—346.

㉜ Wolsink, M., 1994, "Entanglement of Interests and Motives: Assumptions behind the NIMBY-theory on Facility Siting", *Urban Studies*, 31 (6), 851—866.

㉝ Mazmanian, D. & D.Morell, 1992, *Beyond Superfailure: American's Toxic Policy for the 1990s*, Weatview Press, 63—65.

㉞ Brion, D., 1991, *Essential Industry and the NIMBY Phenomenon*, New York: Quorum Books, 99—102.

㉟ Coase, R.H., 1960, "The Problem of Social Cost", *Journal of Law and Economics*.

㊱ Macdounald, H.I., 1984, "Welcome Address", in A.Armour (eds.), *The Not-In-My-Backyard, Symdrome*, Downsview, Otario: New York Univerity Press, 57—61.

㊲ Wolsink, M., 1994, "Entanglement of Interests and Motives: Assumptions behind the NIMBY-theory on Facility Siting", *Urban Studies*, 31 (6), 851—866.

㊳ Dear, M., 1990, *Gaining Community Acceptance*, Princeton, NT: The Robert Wooe Johnson Foundation, 59—62.

㊴ Dear, M., 1992, "Understanding and Overcoming the NIMBY Syndome", *Journal of the American Planning Association*, 58, 288—300.

第四章

邻避危机的典型案例研究：国际视角的实践探索

在城市化的进程中，邻避危机的凸显在于该危机常以具体案例表现出来，而邻避危机的案例又与广大人民群众的生活休戚相关，从邻避危机的实践案例来看，邻避问题的抗争已经超越了意识形态等传统的政治抗争危机，在城市化的进程中已渐进演化为公共政策辩论与邻避项目论证等民生政治类的危机抗争。因此，在城市化的进程中，在全球视野下研究邻避危机的具体案例具有重要的理论和实践意义。本章从邻避危机案例的全球视野进行分析，以中外实践案例的成功经验与失败教训，在国际视角下对城市化进程中邻避危机的典型案例进行深入研究。

一、 邻避危机的世界性难题： 变电站引发的抗争

变电站是一个地区的电力供应站，主要的功用在于供电电压之升降以及电力的集中与分配。由发电厂所发出来的电，因电压较低，为了能够远距离输送并减少输送过程中的电力损失，需先经由厂内变电站将电压升高，再经由输电线将电力有效和经济地输送到各地区负载中心之变电站，其间经由一层层的电压变换，将电压降至用户所需的电压后才供应至用户。这就好比自

来水厂的水需先打至储水塔始有足够的水压以便输送至各地区，对较远的地区还需经由加压站加压后才能送至各用户。因此，当一个区域的用电成长达到一定程度，便规划新设变电站以满足该地区的用电需求。变电站除考虑辖区的负载量外，亦需考虑配电线路不宜太多，以免引发困难，以及发生停电事故时避免停电范围太大。故变电站的装置容量应有合理规范，且需保留变电站间相互支持的能力，若负载超过该所变压器总装置容量的75%时，即应增建变电站。[①]变电站的供电范围若太大、配电线路太长，其电压品质和可靠度皆相对降低，当负载增加而供电质量无法维持在一定水平时，亦应增设变电站以调整供电范围。变电站设于负载中心，可减少输电损失，保持电压稳定，提高供电质量和供电可靠度。在城市化的进程中，变电站引发的抗争是邻避危机的世界性难题，研究邻避危机中的变电站引发的抗争无疑具有重要的理论和实践价值。

（一）变电站的风险之争

变电站若依电压别分类，可分为超高压变电站、一次变电站、一次配电变电站及二次变电站等四类。若依兴建形式分类，则可分为屋外式变电站、屋内式变电站及地下变电站等三类。依据设置地区的环境及人口密度，在偏远地区且无污染地区大都采用屋外型变电站。[②]市区内人口密度高的地区采用屋内变电站。地下变电站则被用于公共场所或商业大楼。电力公司评估电压层级过多会影响供电效率，同时为因应都会区大楼形态供电需求，目前输变电系统的电压已朝向简化层级发展，仅留下超高压变电站及一次配电变电站等系统，现有一次变电站及二次变电站将逐渐整并调整。变电站用地需面临道路，以利搬运设备及地下电缆进出。变电站使用面积需依变电站规划形式及最终装置容量而定，并需考虑法定退缩用地、建蔽率及容积率等限制。变电站设置地点需配合输配电线路进出方便，采用地势较高、地质佳及排水良好之地点，并需配合环境景观、当地民情及风俗习惯，以减少兴建之阻力。若变电站用地规划作多目标使用时，另需依城市计划公共设施用地多目标使用办法规范内容办理。变电站规划设计时，必须考虑兴建形式为屋外式、屋内式或地下式中的哪一种。用地条件、周围环境、周边道路、权利关系及设备规模等之因素亦应比较分析，以作出最具经济效益之选择。其他如设备事故及灾害发生能迅速有效排除或局限化，运转效率之提升及机能之维持，注意噪音、震动、日照、污水及周围环境之调和，施工容易性与机组扩充性及灾害防护，都是变电站规划设计的重点。

从变电站相关案例的实践来看，变电站相关设备属于工业设备，设置于住宅区内，民众对其种种可能影响健康的疑虑挥之不去，心理恐惧战胜了应有的理性。由于客观的事实往往受到观察者主观立场的影响，这使得部分科技专家所认定的可接受风险，与那些可能受到负面效应的民众心中认知的可接受风险，两者有相当大的差距。特别是变电站的电磁场是否对人体产生影响的风险之争，极易将这一问题放大。从学界的研究来看③，开启低频电磁场健康效应的是美国流行病学家威海莫（Nancy Wertheimer）。20 世纪 70 年代时，她拿到一份科罗拉多州丹佛市儿童白血病患名单，就猜测：电线是祸首吗？于是她到这些患者住家附近观察，希望找到可能导致癌症的环境因素。她发现许多患者的住家附近都有变电站，于是怀疑电力系统的电磁场和白血病的关系。威海莫找物理学家林博合作，林博发明配线码（wiring code）的方法，依患者的住处附近输电线的大小及距离估计磁场值。她们认为住在高磁场地区的儿童得到白血病的几率是住在低磁场地区的一至三倍。她在 1979 年发表电线致癌论之后，争议纷起，诉讼案满天飞。媒体运用许多资源力陈电线的危害，测量居家和学校磁场的公司生意旺盛，各式各样的电力电磁场护具纷纷出笼。虽然威海莫的研究禁不起后续验证和整体证据评估，却已导致严重的社会震荡和经济损失。

国际科学界在 1980 年到 1997 年间有许多电磁场与癌症关联性的研究，但无法得出电磁场对人体有明确影响的结论。因此由世界卫生组织（WHO）所支持的国际非游离辐射防护委员会（ICNIRP）便于 1998 年提出结论：流行病学虽提出有启发性的报告，但此证据不足以令人信服，目前的数据不足以提供设定长期电磁场暴露限制值之基础。④简言之，目前依据 ICNIRP 的报告而公布的非游离辐射环境建议值是基于短期的立即健康影响而来，因为ICNIRP认为这些限制值足以作为短期防护电磁场暴露水平的标准。与科学或健康相关的刊物或报道显示，国外对非游离辐射的种种疑虑约在1981年起陆续传入中国，民众开始担心电磁场是否影响人体健康。杂志或新闻报道以教育一般社会大众、传达科学知识为目的，教导社会大众对产生电磁场的器具安全、正确的使用方式，并号召读者去关注或留意某类科学或医学潜在的不安全问题。这些报道反映出，社会开始将与非游离电磁波相关的器具标定为具有潜在危害值得留意的对象，并试图区隔或划分出安全与否的界线。因此，坐落于住宅区内的变电站用地，很容易被直接视为伤害健康的元凶，也就被不断地反对、抗争。有学者在研究中指出，迄今在国际学界无法回答多少和多久电磁波暴露确实会造成什么程度的人体损害之情景下，哪怕确定了电磁波对人体有危害，但由于科学证据不足等限制，仍不能确定真正的人体危害程度和机制。实际上，除了国内外流行病学的揭露，以及对电力公司的不信任，国内特有的风水禁忌亦影响了人们的观点。另一方面，就立即或现实的层面来看，因为风水被破坏而引起房价或地价低落而不利出售使居民权益受损，居民当然会抗争。目前发达国家对于电磁波，除德国外并无限制标准，仅有建议值。⑤对于环境电磁场强度限制，以ICNIRP所订的833.3毫高斯（mG）限制建议值最为严格。在当前世界城市化的大背景下，从科学设置的角度来看，电力公司的电力设施在安装前均经过设计，且有一定的安全距离，所产生的电磁场强度已非常微弱。日常生活中许多近距离使用的家电器具所测得的磁场强度往往高于住家附近的电力设施。所有电力设施均有一定的安全距离，所产生的电磁场强度非常微弱。而且电力公司曾经测量过许多种家电用品的磁场强度，其数据与英国国家辐射防护局（NRPB）公布的家电用品磁场强度相近，部分家电用品产生的电磁场远高于ICNIRP建议值，且电力设施产生的电磁场强度和家电用品一样，会随着距离而衰减。⑥国际癌症研究协会（IARC）的工作小组分析流行病学及实验室的研究，作出以下结论：当住宅区内功率—频率场的极低频率磁场强度（ELF EMF）高于400奈特斯拉（nT）或4毫高斯时，则有加倍儿童白血病的风险值，不过尚无证据显示极低频率电场或磁场与其他癌症有相关性，也没有证据指出住宅区或职业场所的极低频率暴露会增加成人患任何癌症的风险值。但它也同时指出，没有任何科学的解释可以说明低频率磁场强度高于400奈特斯拉为何会增加儿童白血病的产生。由于缺乏数据，静磁场、静电场与低频率电场都无法被归类为致癌因素，而极低频率磁场则是被归类为可能（possible）致癌因素，也就是属于第2B类，静磁场、静电场与低频率电场属于第3类。但问题是这样的立论，后来似乎又被WHO否定。WHO在2007年发布第322号文件《暴露于极低频电磁场》，确认极低频电磁场与儿童白血病不相关联。关联表示甲、乙两件事之间有关系，因果则表示甲事导致乙事。[7] 例如早晨公鸡叫和日出有关联，但公鸡叫和日出并无因果关系。关联与否可用统计学算出，但是因果则需更多证据。同理，即使极低频电磁场和儿童白血病有关联，也不表示极低频电磁场导致儿童白血病，这就是WHO一再确认证据的原因。

由于科学知识有其不确定性，科学技术的可靠性也有一定的限度，这使得科学家面对日益复杂的高科技，其预测风险的能力相对降低，而在管理上的疏失往往和科层组织的流弊相结合，使得高科技产业成为风险的制造者。也使得有论者认为，科学研究显示咖啡可能致癌，这与极低频电磁场存在导致儿童白血病的潜在危害类似，那么显示存在风险其实不足为惧。相当有趣的是，根据国际癌症研究协会网站对咖啡这项因素的注记显示，咖啡对膀胱可能有致癌因素，但对大肠则指出有反证，而且此项因素不能引申至其他器官的癌症上。实际上，民众对于科技的正面效果及其客观性产生怀疑。科技专家尝试建构可接受风险（acceptable risk）的概念，依照客观事实，将风险置于可计算性的范畴内解析，依赖几率的概念将其量化计算，继而转化为可接受的风险，并建构出层层的预防、归因、补救机制来防范。缺乏数据而无法定出适当的标准，因此连可接受的风险值可能都无法确立，也无法提出有力的因果证据，那么是不是就真的代表绝无风险？通过美国流行病学家威海莫所公布的研究，电磁场被归类为可能不安全、可能不利人体健康。[8] 直到今日，科学尚无法明确地肯定这二者的关系。

但我们认为，纯就技术面来看，无论是城市土地使用分区管制划设变电站用地，或由电力公司提出对电力需求的负载预测而征求得以兴建变电站的土地，均有一定的理论基础，变电站对城市发展与民生需求更是功不可没，但为何变电站仍旧被冠上邻避设施的名称，引发此起彼落的抗争？原因就在于目前有关变电站的规划方式与流程，缺乏充分的民众参与，民众在这一过程中确实没有享有充分的知情权，更难以保障充分的参与决策权。或有论者以为，民众完全不了解电力设施规划，怎么可能得出最好的结果与作出符合公共利益的决定？但这常是科技专家论拥护者的说辞，是否能据以说服大众？以抗争此起彼落的情况看来，答案似乎不言而喻。但电力公司对抗争的看法往往和其他遭受抗争的变电站一样，大都系因邻近居民反对并通过居民代表出面，形成民粹与非理性的抗争。反对的主要理由是变电站为邻避设施，会影响房价，加上对电磁场的疑虑。换句话说，输变电工程被视为邻避设施，各项工程推动过程屡遭民众抗争，究其原因系对电磁场有所疑虑、电力设施影响房价、要求回馈及线下补偿等，也有谣言借机介入，不啻雪上加霜，更因部分地方政府不依法行政，规划变更无偿。进一步而言，如果变电站对其附近住宅区的居民会产生危害，这危害必定存在于心理层面，而非目前尚无法确定、争论不休的生理层面。而心理层面的危害，根源于民众对变电站设置在自我居住环境时所产生的风险认知。变电站的设置在中国城市化的实践中往往在客观上确实对其所在土地造成了价值损害，而按照现行的法律法规，对于相关人的利益补偿又难以操作，容易造成变电站不建不成、建也不成的两难境地。

（二）他山之石：日本综合用途变电站的经验借鉴

变电站是城市化进程中邻避危机的世界性难题，但近年来日本在变电站的建设上就这一邻避危机的防范与处置做了积极的探索和实践，可作为他山之石为中国城镇化进程中的邻避危机对策所借鉴。日本的变电站常被称为综合用途变电站，只要建筑物用途以电业为主，不影响电力公司业务经营效益，且对邻近居民生活有帮助，均可兴建综合用途变电站，而其变电站规模以一次配电变电站及超高压变电站为主。日本综合用途变电站较好地解决了邻避危机问题，对中国邻避危机中的变电站抗争具有很好的经验借鉴。

1. 综合用途变电站的依法设置

日本的变电站属于电气供给设施，在各使用分区均属容许范围，不需经繁琐的城市计划变更程序，只要通商产业省未限制即可兴建。土地所有权人与电力公司若能达成共识，日本政府并不太干涉其上层建筑物的使用，但以下三种情况仍有限制。⑨

一是第一种住宅区（指限高十米以下的低密度住宅区）内规定变电站电压应小于120千伏，且容量不得大于200兆伏安。其原因为低密度住宅区用电量不大，故电压及容量不必过大，但特准者不在此限。

二是城市公园内仅可申请设置电压187千伏以上之地下型变电站，其目的是避免低电压小型变电站大量使用公园土地。至于高电压变电站，因用地面积大、用地难求，且属系统供电重要性高，故可容许设置。

三是国立公园、国定公园及都道府县立自然公园内与自然环境保护地区内，应先经政府许可后，始得兴建变电站。其原因为土地多属公有，电力公司需向政府借地，故需先经许可。此外，日本政府给予地下变电站兴建厂商低利优惠贷款，其融资额度为计划工程费之50%，并增加25%之容积率作为奖励。出售土地供兴建变电站之所有权人亦享有税赋优惠，以鼓励民间参与兴建综合用途变电站。⑩

2. 基于变电站的复合性用途和功能拓展

因日本城市人口密度升高、电力需求激增，使得兴建于综合用途建筑物内的变电站数量日益增加。早期的综合用途变电站兴建于商业区内，后来则逐渐往住宅区移动；变电站上层建筑物的用途早期以办公室及电力公司职员宿舍、营业所为主，近年来则朝向百货公司、饭店、住宅大楼等用途发展，甚至与体育设施、学校或寺庙共构。日本电力公司就电业设施设置方面，首重与居民充分沟通，通过不断的座谈与定时会报施工进度、安全检查结果的方式取得民众的信赖。此外，日本电力公司于人口聚集地区兴建电力教育馆，通过益智游戏、实际操作、模型展示等方式，教导民众了解电力、亲近电力，使民众不再排斥电业设施，以减低疑虑及不必要的抗争。变电站建筑物复合使用，除了以上具教育功能的用途外，尚有居民活动中心、幼儿园、银行及交响乐演奏厅等复合性用途和功能拓展。

3. 日本综合用途变电站的实践案例：以东京电力公司为例

东京电力公司为日本第一大电力公司，第一个地下变电站兴建于 1960 年⑪，迄今已有四十余年。东京都内几乎所有东京电力公司及其集团成员办公室或相关设施的地下层都以兴辟变电站的实际行动来证明东京电力公司维护地下变电站安全的决心，并由此降低附近居民对地下变电站安全性的疑虑。该公司以未发生重大事故、严谨的管理制度、良好的企业形象、积极投入公益设施的开发及以身作则的态度等，来证明地下变电站的营运安全，亦以此赢得东京都居民的信赖，因此民众也乐意与东京电力公司合作开发综合用途建筑物。日本电力公司于 1965 年投入兴建综合用途变电站，其用地权属大致分为四种，即所有权、区分所有权、设定地上权或采租赁方式。其中区分所有权方式，其土地权属部分属中部电力公司，部分属第三人，合作兴建综合用途变电站后，分别取得部分建筑物产权，分配方式由双方书面协议决定。由于日本土地价格昂贵，且地下变电站的建造成本约为屋内式变电站造价成本的五倍，在经济效益考虑下，其综合用途变电站多使用于土地经济价值较高之地点。以下以名城变电站、广小路变电站和高轮变电站进行梳理和分析。⑫

一是名城变电站。该变电站为中部电力公司首例、全日本第二例建设于城市公园地下之大规模变电站。在设置地点有困难的状况下，城市公园法配合变更，使既设公园地下可兴建变电站。该变电站占地 10 000 平方米，建筑物总楼地板面积 29 827 平方米。因邻接名古屋城及能乐堂等著名观光景点，变电站及公用停车场之排气塔集中配置，地上建筑物高度尽量减低，瓦覆屋顶配白色墙壁并采用石头围墙，配置瀑布与池塘等，以传统的日式设计调和景观。

二是广小路变电站。该变电站位于名古屋市中区容二丁目，占地 3 008 平方米，总楼地板面积 23 810 平方米。该地为中部电力公司发源地，建筑物被命名为电气文化会馆。除地下变电站外，地下一层至地下二层设置可容纳 395

人的交响乐演奏厅，1 至 7 楼设置电气科学展览馆、两个画廊、咖啡厅及多目标活动大厅及会馆办公室等，8 至 13 楼为出租办公室[13]，颇具将小区居民生活与电力事业融合之意象。

三是高轮变电站。该变电站位于住宅区，最大特色是地下七层为变电站，地上三层一部分为庙宇，一部分为办公室及会议室，总楼地板面积为 19 800 平方米，将变电站与民众信仰融合。

从上述日本电力公司的综合用途变电站来看，其对于中国城市化进程中邻避危机的变电站的借鉴主要体现在如下方面。

一是综合用途变电站的科学规划。日本电力公司均有中长期电力供应计划，且配合都会区城市计划配置完整之电力设施，并与政府机关及相关事业单位充分协调且先行完成购地，再依需用年期配合当地景观及谋求用地及电力公司之最高利益，按部就班推展。因与地区之开发动向密切配合，又有万全的准备，相对中国而言，较少严重的民众抗争事件。其电业设施的配置基本理念，系电厂、超高压变电站设置于都会周边之适当地点，输电线路采高架方式，进入市中心后，变电站及输电线路均采地下化处理，以避免影响城市景观及市民生活。日本地下变电站大多兴建于地价高昂、土地利用集约之区段，与其共构的大楼必定具有相当的不动产开发利用价值。由日本的案例发现，日本法律没有规划限制；而在建筑（建筑配置及建筑条件等）及环境（景观、噪音振动、公安防灾、电磁场疑虑等）等方面，为维持地面层建筑配置的完整性，将变电站定位为大楼新建计划的一部分，配合该大楼规划与配置，使大楼外观及规划及使用上不造成任何异状。由于涉及地面层大楼及周边城市密集地区之安全，地下变电站内部设备及建筑规划都采超高标准，多目标用途大楼用户的感受与一般大楼并无不同。相较于兴建于郊区的传统屋外式变电站往往因为噪音、振动扰民，架空线及变电设备外露造成心理威胁，以致反对声浪迭起，地下变电站较少招致外界反对事例。而且，日本的综合用途变电站之所以能与饭店、剧院、寺院等共存，其在防灾与环境方面均有其对策。比如，在防灾方面，变压器与中性点机器等一部分采用气体绝缘，可免除旧式油绝缘方式的流出疑虑，也有部分电力公司采用难燃化、不燃化对策。另通过监视设备监看变电站，于事故发生时可立即反应。在环境方面，因变电站装有产生噪音、震动的变压器及断路器，故将主变压器设于最下层楼地板，变压器室内采用吸音材质以降低噪音。有关断路操作所产生的间歇声音及震动，虽无法规限制，但亦采取空间区划及装设防震橡皮等对策，以降低音量。[14]

二是变电站用地多目标使用的思维与转型。日本电力公司与中国电力公司最大的不同点，在于日本电力公司均为民营企业，采多角化经营，除电业经营外也涉足不动产产业的开发、建筑物管理、建筑物维护、不动产买卖、租赁、中介、鉴定评价等领域。对于土地的取得、开发及资产管理等方面较具运用弹性，且综合用途变电站上层经营项目较具多样性。然而，日本居民对于变电站产生的电磁场仍有所顾虑，也视其为嫌恶类邻避设施，故兴建综合用途变电站仍需与居民沟通、合作。由此可见，如果能尊重环境，减少视觉冲击，融入当地景观中，避免突兀的现象，则可大大降低变电站的负面形象，加上综合用途变电站对提高土地利用价值有莫大帮助，就能够减缓居民抗争。换句话说，中国电力公司多采征收、协议价购等方式取得变电站用地，但民众对于变电站长期存有噪音、不安全等嫌恶设施的刻板印象，导致电力公司在用地取得过程中受到激烈的民众抗争。相对而言，日本电力公司对于地下变电站的设计规划，除电业使用所需之外，在兴建初期便投入大规模的人力与物力，针对变电站安全、动线、外观及灾害防治等功能特别设计，企图使综合用途变电站成为民众习以为常的设施，民众也乐于在变电站上层从事活动，进驻业种亦具多样性，包括住宅、出租公寓、宿舍、办公室、商场、旅馆、学校、医院、体育馆、寺庙、公园、停车场、百货公司、餐厅、小区活动中心、美术馆、车站等设施，几乎涵盖所有建筑物所能允许的种类，民众也乐于共同创造不动产的最大利益，其成功的经营模式与经验，特别是思维与转型的策略值得我们学习与借鉴。而日本变电站多目标使用采分期分区建筑，以确保达成供电目的的同时能进行后续开发，让变电站成为一个好邻居的做法，也是中国城市化进程中变电站抗争的重要借鉴。

二、全媒体社会的挑战与金属污染事件

（一）全媒体的时空溯源与中国的信息化建设

全媒体的时空背景溯源于信息快速发展的全球化时代，追溯以信息作为人类社会生活重心的论述，早在 1973 年，社会学家丹尼尔·贝尔（Daniel Bell）即已提出。[15]当时由于计算机大型计算设备的出现，加速了人类经济生产模式从工业转向以知识技术为主导，贝尔在当时预测了未来社会将转变为以技术人员为主的知识型社会，并且以知识为基础的职业将大量取代过去以制造业为主的生产方式，贝尔称之为后工业时代（post-industrial society）的来临。广义而言，贝尔所指的后工业时代即信息时代，其后随着计算机设备普及，降低了购置信息设备的成本，进而加速信息化社会运作，与此同时人们也更依赖信息化，信息应用也更为全面。

20 世纪 70 年代以来，全球化（globalization）隐含着无国界扩散的意义而成为商业界用来形容跨国经济生产模式的专门术语，"全球化"一词逐渐为人熟知。而到了 80 年代，全球化更已跳脱经济领域研究，成为学术界延伸来讨论人们社会、政治、文化或环境因素等如何发生跨国互动，或是描述全球经济社会环境等发生剧烈变化的形容词。全球化作为当代特征的现象描述，信息全球化就如同经济全球化、社会全球化与文化全球化等一样，成为当代全球化时代的现象之一，信息全球化不仅是形容全球信息可自由流通，且信息随时可以发生跨国界的互动与影响，更重要的是牵动各国向信息国家发展转型。信息全球化带来的影响是信息与知识已在当代社会中扮演决定性的角色，经济生产形态、政治运作、社会生活与文化传承等无一不受到信息影响，并且经常是跨国界的互相牵动。

学界观察信息全球化的发生，并且研究其对各国经济、社会等层面的影响进而提出各式观点与讨论。而同时伴随信息全球化出现的相关名词众多，例如信息主义（informationalism）、信息资本主义（informational capitalism）、

信息网络（informational network）、信息社会（information society）等，根据贝尔描述，后工业社会特征包括：经济上从商品生产（goods producing）为主的经济模式转变成以服务业经济（service economy）为主；职业分布是以专业技术人员为主导；社会的核心则是以知识理论为主，并且成为社会革新与政策制定的主要依据来源。[16]信息主义将知识与信息视作社会、经济、文化与政治等的重大影响因素，从90年代中期至今，中国受到信息全球化刺激而开始信息化建设工程，在不到20年时间内，信息化社会发展成果显著，而与其他国家最大的不同即在于中国启动信息化建设时，仍属于推动改革开放的发展中国家，在工业化尚未完成的情况下同步展开信息化，此对于国家信息化发展是一大挑战。但特殊的就是在国家强力主导下，依战略分阶段完成目标，其采取以信息化带动工业化，两化并进的做法加快信息化社会形成，尽管比其他国家起步较晚，但发展却是十分迅速。经历数年的摸索，从我国的实践来看，政府部门从2000年起将信息建设的重点由建设转向经济市场移动，主要也是因为观察到世界各国的信息发展趋势，大多以经济发展为主轴，因此政府部门很快地调整战略，加强推动信息化经济与社会发展，并且以此作为迈向现代化国家的重要途径。此后无论是信息化建设指导方针、重点任务或政策措施等，基本上都采取建设与经济发展并重，除了贯彻以信息化带动工业化之外，更重要的是以工业化促进信息化，扩大各领域信息化建设与应用，加快信息经济产业与市场开发。

我国以信息化与工业化双轨并行的发展模式很快地达成社会与经济转型的目标，形成以知识经济为主的信息化社会。如同卡斯特尔（Castells）所形容的信息社会特征[17]：运用新科技带动社会核心转向以知识为基础，而生产模式则以服务业为导向、以知识密集型产业为主流。信息社会发展轨迹也是如卡斯特尔所描述的，扩大信息技术应用能力、发展信息技术，并且积极研发、制造与供应国内需求，另外也尽量开发信息资源、培育信息人才，并且同步完成相关信息化法规政策制定。由此可知，从中国的实践来看，信息化建设是多目标同时启动发展，由于较晚加入全球信息化行列，为了追上世界各国信息化成果，相关部门明白没有太多时间可以慢慢发展，因此采取后发优势策略，最主要的是吸取其他国家发展经验，但又避免全盘接受西方国家的发展模式，而是必须符合中国实际需要走出自己的特色道路。

具有中国特色的信息化道路在于信息化发展要走出自身特色，避免过度受到发达国家制约与影响。因此，中国政府部门采取先分析发展环境状况，接着找出首要解决的问题，随后选择最有效的发展路径，最后实现特定的发展目标，依此方向推进建设。也就是说，依照先天发展的条件，拟出需要解决的问题，选择最有效的方法与实现特定的目标，可以认为是政府部门发展具有中国特色的信息社会的主要步骤。

进一步而言，所谓的先天发展条件，即要先了解发展信息化建设的优劣条件为何，例如论发展的优势是中国具备有充足的劳动力资源、劳动力成本低廉、经济市场潜力大、政府的强势主导等，但是论发展的劣势则包括城乡差距过大、工业化基础薄弱、缺乏信息化概念等；而理清发展的优、劣势后则可评估信息化发展将面临的特殊问题为何，进而拟出首要解决的问题有哪些，如产业基础薄弱、各地方信息化概念不足等，都是信息化发展亟待解决的重要问题。再者如何选择最有效的方式，多管齐下同时解决问题也是政府部门努力的目标。中国幅员广大、人口多，加上信息化建设启动时间较晚，因此在现时环境压力与时间压力下如何用最短的时间、最低的成本但却要发挥最大效果与受益面广，成为中国信息化建设的另一特点，低成本、高效率是必要的建设途径。⑱最后则是实现特定的目标，信息化建设要达成的目标不止一个，但必须要与时俱进、配合实际状况设定不同目标，如一开始以完成基础建设为主要目标，而当基础设施建制到一定程度时即调整目标策略往经济发展前进，与此同时还有社会转型、信息化政府等建设目标。

至此可以看出，中国政府部门在启动信息建设不久后，即认识到全盘引进西方国家的信息基础建设是不可行的，一方面要避免受到西方国家信息技术制约，另一方面更是要突破困境，发展出属于中国式的信息建设，如此才能带动经济跳跃式的发展，跻身现代化国家行列。无可否认，中国政府部门确实达到两化并进目标，成功地以信息化带动工业化，并且以工业化再促进信息化发展，经济发展成果显著，也实现全面现代化的目标，尽管至今信息发展仍有部分问题需要解决，发展风险依然存在，但是无可否认地，中国政府部门已完成中国化的信息建设道路，而其重要特征可归纳以下几点：（1）政府主导。由于政府掌控信息化发展的重要资源，因此由政府提出发展政策、重要任务与指导方针等，带动各领域的信息化发展，此与其他国家由政府与企业或民间共同发展信息化历程有很大的不同，中国政府部门是完全由政府主导，企业与民间社会配合的方式进行信息社会发展。（2）工业化、信息化与现代化并进发展。20 世纪 80 年代面对信息全球化的压力，即便中国当时尚未完成工业化发展，但仍必须启动信息化建设，并且以建设现代化国家为目标。因此在信息化发展过程中，政府部门以工业化、信息化与现代化三方面并进推动发展。（3）信息经济发展成果显著。在短短几十年的时间内，信息经济与产业发展上有长足进步，不但是硬件信息设备生产、制造成长速度受到国际重视，更重要的是突破困境，在信息科技的创新与研发方面有显著成果。此外，网络发展后更对实体经济发挥拉抬效用，信息市场经济已经成为国家经济发展的主力，且随着网络用户人数增加，网络经济商机庞大更使得中国站在全球经济市场中重要地位。（4）网络兴起带动社会快速转型。网络普及与推陈出新的科技应用发挥了加成效果⑲，新技术、新应用与新模式不断通过网络深化到社会各领域，网络在公共服务领域发挥越来越重要的作用，且电子政务也改变传统的行政组织形态与作业流程，更亲近大众使用。另外，网络具备各式媒体特性而成为超媒体，成为民众不可缺少的生活工具，并且随着网络舆论力量扩张，互联网正成为民意汇集与反应的领域。

由此可见，信息化建设不仅带动经济成长，更成为网络社会发展的基础架构。而随着信息化建设逐渐完备，网络社会发展也日趋完整，由于网络具备多点连接、实时、开放、互动与自主等科技特性，加上网络社会没有阶级限制，因而使得网络影响力迅速扩张，不仅成为名副其实的大众媒体，更重要的是形成网络公共领域，实现人们自由交换信息的权力，这有助于社会发展。近年来，各类型网络事件凸显全媒体社会的影响力正日渐显著，同时网络舆论力量也刺激相关部门优化管理机制并且在治理方式与心态上进行调整。

（二）中国全媒体社会发展的特征与挑战

从全媒体问题的学界研究来看，中国全媒体社会之所以能快速兴起发展，网络媒介的多样化与网络化是重要关键。[20]民众可以同时使用各种网络媒介多管齐下地接收与传递信息，这不仅强化了网络上信息传播效果，更重要的是增强了网络舆论的影响力，并且使得社会发展所需要件迅速累积，包括提高社会资本、强化公民意识以及公共理性形成。整体来看，中国全媒体社会具有以下几个重要特征。

1. 信息交互形式的多样化与传播方式的全媒体化

信息交互形式的多样化与传播方式的全媒体化体现在过去电视、广播或报纸等传统大众传播当道的时代，个人是在媒介对频道、时间与传播内容等多重制约下被动的信息接收者，个人的信息接收与媒介信息传送之间并不相关，例如某人想要与好友讨论新闻内容，进行人际沟通的管道与收看新闻的管道并不相同，若好友没有看到该则新闻，则新闻讨论形同无效。但在各类网络媒介兴起后，其最大特点即让网络用户同时具有接受与传送双重角色，他们可以将新闻内容传送给好友，同时也可以进行讨论，所有的信息接收与传递都在个人的人际网络内发生。

由于网络上传播内容网络化也使得网络用户可以根据偏好来选择接收信息，不再受限于大众媒体的内容控制，这也改变了过去传播信息来源单一的情况。在各类网络媒介的技术支持下，网络信息大部分来自用户创造内容（user-generated content），如各类意见、评论、信息或文章知识等。[21]网络用户虽然也会浏览像是新华社、人民网等官方网络新闻内容，但是越来越多的使用者把时间花在接触其他用户创造的信息上，他们会搜寻或观看自己关心的话题并且与信息发布者（无论是否认识）互动，而这样的信息交换方式更有利于用户扩展人际网络。与此同时，传统的大众媒体也逐渐重视网络上用户自行生产的信息，许多重大社会事件就是由此开始，经由用户自行生产的内容在网络上口耳相传而引起全国媒体关注，人际传播与大众传播内容网络化的结果就是造成政府管制更加困难，而同时也让网络媒介成为舆论放大器与民意扩音器。

2. 互联网线上线下的交错互动催生新的民主参与方式方法

互联网线上线下的交错互动催生了新的民主参与方式方法。互联网带来的影响不仅是传播环境的改变，更重要的是对使用者赋权（empowerment）进而促使社会结构发生变化。[22]网络赋权是指通过网络使用而增加个人或群体支配他人的权力，甚至在某些时候个人或群体可以通过网络权力反制或抵抗与自身利益相违背的他种力量。网络除了具备传统大众媒体的信息传播功能外，更由于具有传播高效率、灵活、弹性等特质，使其成为重要的民意表达管道以及民权运动动员的有效工具。就近年来实际情况来说，网络确实让民众得到监督政府、表达意见的权力，网络赋权不仅有助于汇聚民意，毫无疑问对于建立网络空间中的公共领域以及促动改革创新也都起了明显作用。

全媒体社会的发展得益于网络本身分权、匿名且灵活的特性，这也使得网络成为政府唯一无法完全垄断的媒体，在这种情况下，民众想要获得公共信息的成本降低，网络上信息丰富且实时，让公民知情权利大为提升，与此同时，公民们还可以直接在网络上继续生产信息与传播，这是在过去由国家控制的媒体管道内无法做到的。主流学者认为[23]，网络赋权让网络使用者不再是单纯浏览内容的网民，而是促使有独立思想与行动能力的网民出现，他们在网络社会拥有平等公民权利，也知道如何利用网络特质建置社群、凝聚力量，这对下线后的实质扩大政治参与有明显帮助。

3. 全媒体的舆论场成为影响公共政策制定和走向的重要力量

全媒体的舆论场成为影响公共政策制定和走向的重要力量，这体现在随着科技进步，网络使用已经不需要特殊技术，每个人都可以轻易学会使用网络媒介，如电子邮件收发信息、申请社群网络、成立专属的博客空间或是利用微博发信息等，而各种网络媒介交互运用也创造出网民讨论或参与政治的网络公共领域，各种政治论坛应运而生，这使网络领域成为网民可以对公共事务进行评论、意见发表以及信息交换的公开场域。而随着民众越来越熟悉使用网络公共领域，他们的评论能力也迅速提升，与此同时通过网络平台介入政府决策过程的影响力也日渐显著。

网络公共领域是全媒体社会发展的重要因素展现了公共性。大多数在网络公共论坛发表信息者几乎都跟事件无直接利益关系，而许多非直接利益的网络用户，他们参与这些公共事件讨论、主动传递信息或发表评论，主要原因即在于对公共理性的认同并且相信通过网络舆论力量将有助于让事件相关者得到帮助。近年来，许多网络事件经验都显示网络用户的分享主义（sharism）与开源（open-source）文化，通过网络公共领域传达公共理性㉔，城市化进程中邻避危机的重要特点即在于其极易在网络上引起民众大量的参与讨论，网络公共领域充分发挥了汇集民意、信息交换与评论交流的功能，对执政政府部门处理事件施加压力，但处置得当则也有助于传播公共理性。

4. 全媒体传播的速度和效率冲击公共部门传统执政方式

全媒体传播的速度和效率正在冲击公共部门传统的执政方式，各式网络媒介均成为全媒体社会的发展场域，包括博客、微博、社群网站等媒介，网络用户不仅可以单独使用，也可以同时利用多种媒介交互接收与发送信息，所有的网络媒介不但具备提供公民生产制造信息的公共领域功能，同时也是信息传播平台，此双向功能让网络媒介的传播效果要远超传统大众媒体。卡斯特尔对此有一番贴切的描述，他认为网络展现了人类历史上最快速的媒介穿透率。㉕在美国，广播收音机花费将近 30 年时间才达到 6 000 万人的涵盖率；电视则花费 15 年时间达到上述水平；但在信息全球化推进下，互联网的传播效率在三年就达到了上述目标。全媒体社会除了管道多元与传播的超高效率，由于网络媒介多为匿名使用且可重复申请等特性，也造成相关部门对掌控信息的困难。

5. 网络舆论易放大和异化社会矛盾与社会冲突

网络媒介改变了传统单向的传播模式，通过网络媒介，用户可以自行选择与决定接受感兴趣的信息，而不再是受限于大众传媒的被动接收者。网络用户在法律容许的范围内，在网络专属的空间中拥有自由言论权利，自由发表文章、意见或各类观点，并且不用担心曲高和寡的问题。而当越来越多用户习惯使用网络媒介发表意见，并且从中学习不同观点与立场的批判评论时，他们的身份便不再只是网络上围观事件的民众，以身份区别来说，众多的网络用户已经从被动的受众转变成主动的公众，在网络上主动积极地参与公共事务讨论并且关心重大舆论发展，而更重要的变化是批判意识兴起。

网民通过网络舆论放大了社会矛盾与冲突，并且不断要求实现公平正义的社会价值。无论网络管制的力道与范围加强与否，网络公民通过各式媒介发出社会不平之鸣的行动并未停止，尤其近年来各种网络事件动辄引起全国关注，全媒体社会的批判性逐渐增强，网络上的冲突文化也日渐显著。公民不仅在网络上争夺信息主导权，并且随时以反对者、批评者、质疑者的角度看待各类社会事件，网民经常语带嘲讽、戏弄或贬抑语词来形容社会冲突事件特征，如“天价烟”“我爸是李刚”等，寥寥几个字却能快速吸引众多网友兴趣与共鸣，也唤起大众对这类网络事件的记忆。人民网在进行网络事件流行语研究时，发现网络用户喜爱使用关键词来描述网络事件，而此种方式很快地让事件在网络社会流传并且进入大众媒介，进而成为全国公众关注话题。[26]

全媒体社会的兴起与发展，其原因除了与上述五项特征有密切关系外，中国政府部门网络管制政策适时调控也是原因之一。从实践层面来看，网络民意是很重要的，现在政府要做的就是让人民讲话、听人民讲话。而对于网络管制与言论自由的矛盾，相关部门已经出现弹性调整空间，虽然从网络管理者的角度推出各种网管措施，但实际上还是有保留空间，让民意在网络上找到出口。本研究受访者比喻政府弹性举措的方式就像是拿苍蝇拍要打玻璃上的苍蝇，又要打得准又不能把玻璃打破，即形容网络管制要管得恰到好处，但是又不能过度管制。就城市化进程中的邻避危机而言，全媒体社会之中网络舆论易放大和异化社会矛盾与冲突文化，这也极易加剧相关管理部门的公信力危机。

全媒体社会的发展带给相关管理部门前所未有的冲击，网络兴起后，民众可以自由地交换信息且人们也找到民意宣泄的出口。但是与世界各国网络发展过程所遭遇的问题相同，网络对中国社会的影响也如同双刃剑，一方面网络唤起公民意识而且有助于公共领域形成，但另一方面网络上也充斥着过多的恶意言论与过度膨胀的民粹思维，这也成为全媒体社会发展的尖锐挑战，其主要体现在如下方面。

第一，全媒体舆情的代表性问题。

随着网络对政治社会的冲击力日渐明显，网络舆论是民意反应的论点不仅得到官方认同，同时也受到各界高度支持。实际上，网络兴起让人们逐渐熟悉话语权，而进入网络没有门槛限制也使得更多民众在网络上集合，网络渐成为民意表达的重要管道。有学者认为，网络舆论力量已经成功推动社会法治进步，网络民意掷地有声，对现实政治体制将产生巨大冲击。[27]但是网络用户是否能代表多数公民？而网络议题是否也与多数公民关心的议题相符？这是网络舆论经常受到的批判与质疑。

有学者认为网络舆论所反映的并不是真正的民意，充其量仅能说是民意在长期得不到正常出口的背景下在网络上找到确实参与感的表现，但这与真正的民意仍是有差别的。[28]另一方面，参与讨论的网络用户是否就能代表所有公民也是值得探讨的问题。根据中国互联网络信息中心（CNNIC）第 29 次中国互联网络发展调查统计报告，截至 2011 年 12 月底，中国网络用户达到 5.13 亿人，网络普及率达到 38.3%[29]，这表示中国民众仍有约 2/3 是非网络用户，而 5 亿人的舆论是否能代表大众意见，何况按照该调查结果，真正参与网络舆论的人数实际上难以达到 5 亿人。

再者，若分析网络用户人口结构，则可以发现中国网络用户具有以下特征：其一，年轻族群居多。根据 2011 年 CNNIC 调查，中国网络用户以 20—29 岁占最多数，占全体人数 29.8%，其次是 10—19 岁，占 26.7%，排名第三的是 30—39 岁占 25.7%。这也就是说，30 岁以下的网络用户超过全体一半，约占 56%。[30]其二，网络用户以初高中毕业为主，这与欧美国家网络用户高学历倾向有所差异。根据该调查，网络用户仅有高中毕业学历占 33.3%，初中毕业者占全体 35.7%，而大专以上学历者仅占全体使用者的 10.5%。[31]其三，网络用户以学生居多。根据该调查可以发现，学生是网络用户的最大群体，占所有使用者人数的 30.3%，其次是个体户与自由职业者，占全部使用者人数的 16%，其他如一般公司职员占 9.9%、失业人员占 8.6%、专业技术人员占 8.3%。其四，网络用户城乡差距明显。该调查显示，城镇居民的网络用户占了 73.5%，农村网络使用者仅占 26.5%。

由此可见，中国网络用户偏向年轻学生族群，具备初高中基础教育水平且多数人居住在城镇，这些用户人口特征凸显出网络舆论的生产制造者普遍来说是以年轻人与学生居多，而这与普通公民特质有些差异，此种不平衡也使得学者认为网络舆论与真实民意可能产生落差，若把网络上的讨论视作民意表征，则可能造成现实误导与扭曲。[32]

除了网络用户的人口结构外，有学者也从社会结构因素质疑网络舆论的代表性。该类观点认为，网络舆论的形成不只跟网络用户个人有关，其与网络群体行动、舆论环境与社会制度等因素都相关。[33]简言之，必须在社会制度制约的观点下探讨网络舆论方才具有意义。而这也就是说，当网络用户发出信息后，此信息要先成为舆论进而凝聚更多关注而成为舆论压力，这是个人无法办到的，必须要先有网络社群对此信息产生共鸣，接着通过各式网络媒介管道吸引更多人注意，包括传统的电视报纸媒体等也都跟进报导传播，但与此同时，社会制度也将介入传播过程，如网络管制政策将影响传播效果。因此在信息转变成舆论的过程中将受到诸多因素干扰，使得舆论代表性产生争议。

第二，全媒体舆情的质量与真实性问题。

除了上述代表性问题外，全媒体社会经常受到各界批评的还有舆论质量问题。网络的基本特征在于开放、低成本、互动性高、匿名使用与反政府控制，而其中匿名使用的机制，大幅鼓励网络用户参与发表意见，这对于网络公共领域形成产生了实际帮助。匿名制遮蔽了现实世界中人们身份的特殊标志，而仅用符号代码表明身份使得网络用户更大胆地评论与发言，快速累积网络传播能力。但也因此，匿名发表会出现不负责任的严重问题。由于网络讨论的环境很难建立言论责任制，使用者面对的是一堆文字并非个人，这也容易让使用者发生不负责任发言的情形，无论在公共论坛、聊天室或个人博客与微博系统上，经常可见各种不负责任的言论，许多使用者不一定留言评论，但某些时候使用者又会将这些似是而非的言论搬运到其他网络媒介继续传播，致使网络上出现假消息、诈骗或网络流言等，严重冲击网络舆论质量。

近年来，发生多次网络上的假消息事件，不但影响网络信任问题，更实际地影响地方社会发展。比如，网络上曾传出某省某市的鱼虾水产品出了问题，呼吁大家不要买不要吃，结果当地政府两天后马上出来澄清，向人民说明这些水产是没有问题的。为了应对各种网络舆论，政府的动作确实加快了。但网络信息一传千里，很多时候政府还来不及反应，损失便已经造成。再如，2008 年 10 月网络上流传四川某市的柑橘出现疫情，通过手机短信及各类网络媒介，这消息很快传遍全国，短时间内造成四川柑橘市场急速萎缩，当地农民保守估计损失超过 15 亿人民币。[34]后来经过农检单位反复查验，并未发现四川柑橘具有网络上所说的毒害，但网络谣言已严重影响柑橘销售，迫使农民只好另谋生计。

而越来越多的网络假事件也让政府部门加强整顿网络内容的决心，但更值得注意的是网络假消息减低了民众对网络信息的信任感，当使用者对网络舆论产生怀疑时，参与讨论的意愿也会大打折扣。在中国城市化进程中的邻避危机也易出现类似争议，当网络上过度夸张和扭曲邻避项目对人体的健康威胁，这很容易激化民众情绪并引发更多不理性的言论或行动，同时影响各界对网络舆论的正确性产生质疑。

第三，全媒体舆情中的民主与民粹。

网络兴起后让中国民众从被动的信息接收者转变成主动的发言者与参与者，且在网络公共领域积极展开传播行动。随着不同网络媒介所形成的提供给所有网络用户发言与批评的管道，人们因此得到全新的监督政府权力并且利用公共话语权影响政治社会运作的方式。在此，网络公共领域特质与过去哈贝马斯主张的公共领域内涵是有差别的，有学者认为 20 世纪网络发展后的公共领域已经不再与特定具体的场所或地域发生关联，而且原来单一性质的公共领域，在网络媒介多元的时代也出现多个网络公共领域并存且交互影响的现况。[35]另一方面，随着网络公共领域普遍发展，也逐渐出现网络公共领域公私界限模糊不清的情况，如公共领域的私人化以及私人空间的公共化经常导致网络舆论是否具备公共性的争议。对于网络舆论公共性的争议主要来自几方面：其一，有学者认为在网络信息爆炸的时代，网络信息要得到大众关心就跟在大众媒体时代要得到观众注意一样的困难，因此就跟大众媒体一样，金钱将成为决定谁的声音能在网络上被听到的关键。[36]其二，网络上并非所有参与者都是有想法的，多数网络使用者容易受到偏见影响而导致群体激化（group polarization）的情况产生。其三，从网络使用结构分析，有学者认为网络其实与大众媒体模式并无太大差别，充其量是声音比较多元，但是用户结构并没有太大改变，网络上依旧是缺少民主且不平等的。[37]

以上的批评陆续得到网络研究者的重视，学者也各自对于网络公共化问题提出不同看法，但相同之处在于，研究者都提出对网络用户过度激化的担忧。如网络上确实存在用户倾向搜集同类信息或是偏好前往志同道合网站的现象，而这将导致信息过度窄化以及网络观点与行为更为偏激，而其所讨论的议题也距离真正的公共议题越来越远。但是持不同观点的学者认为，无论讨论的议题是否属公共性，对于网络议题的公共性争论都未停止，这对人们公共理性发展仍是非常有帮助的。[38]

尽管对于全媒体社会的代表性、舆论质量等引起学界不同辩论，但毫无疑问地，全媒体发展确实带给网民前所未有的参与感，人们可以自由地浏览各式各样的网络话题并且自由决定是否参与讨论，同时促成网络上意见呈现多元化并且解构了传统的信息控制局面。值得指出的是，全媒体社会也出现了新的趋势：网络上匿名与真实的界限逐渐模糊。由于网络上仅用符号或代码的匿名特质，鼓励了人们在网络上畅所欲言；随着网络技术进步与各式应用系统的普及，网络用户利用各种网络媒介确实得到搜寻信息与意见发表的权力。但另一方面，频繁地使用网络媒介的结果就是将更多的个人资料置入网络中空间，使得个人在无意中将自己曾经在网络上浏览、评论或发表意见的记录毫无掩饰地留在网络世界并且可供他人任意搜寻。近几年，网络上流行的“人肉搜索”事件即是一例，网络用户从一点蛛丝马迹便可以在网络上搜寻与当事人或事件相关的所有信息，经过网友搜集、整理与组织归纳并且公之于世，网络用户的身份已经越趋向真实与固定，网络上的匿名似乎已没有太大意义。然而“人肉搜索”的兴起也不全然负面，更多的网络用户因此对自己的网络行为更加谨慎。此外，网络意见领袖兴起，这也使得网络上信息流动发生不平衡情况。虽然网络上随时有上百万条信息流动，但仔细分析后可发现真正能形成舆论的有用信息量并不多，而这些有用信息往往来自网络意见领袖。由于网络用户的知识、能力与关心的话题都不一样，因此很容易出现跟随情况，尤其在个人化的博客、微博或网站论坛中经常可见到参与度高、批评强力且主动积极的知名评论者出现，他们发表的言论浏览率高、被转载率高，甚至成为大众媒体引用的评论来源。曾有学者尝试分析各类的网络媒介上的意见领袖群，结果发现存在于博客、微博或社群网站上的意见领袖真实身份多为学者、专家或媒体工作者，这些人比一般大众具备更高教育水平且对时事具有独立意见，他们通常写作能力强、反应快并且洞见深远，写出的评论文章往往能帮助其他网友累积知识，甚至具有新闻附加价值的作用，因此吸引更多网友点阅流传，或成为固定阅读群众。[39]网络意见领袖兴起对于传播特征与网络舆论产生复杂作用，过去网络研究者认为的网络信息平等传播的特质似乎正发生变化，因为有网络意见领袖让信息的流动方向从较有信息制造能力的精英往一般大众流动。

（三）金属污染危机的案例研究

在中国城市化的进程中，金属污染在现阶段除了传统的由水、大气和土壤造成的传统型邻避危机外，还出现了一种新兴的邻避危机，即与人们日常生活密切相关的食品药品类问题引发的邻避危机[40]，本案例以L药业集团的金属污染为经典案例展开分析，特别是结合全媒体社会的冲击影响，就该邻避危机案例的经验教训进行探讨。

1. 案例背景、缘起与特征

2012年4月15日，央视《每周质量报告》播出“胶囊里的秘密”，曝光胶囊厂使用工业明胶制作药用胶囊，并售给各大制药企业，而这些制药厂没能尽到对药品原料的把关责任，用这些毒胶囊做成了各种含重金属铬超标的胶囊产品。[41]L药业集团股份有限公司名列其中，其生产的羚羊感冒胶囊所用药用胶囊含铬量被检出为每千克4.44毫克，为国家标准2010版《中国药典》中规定含铬量上限每千克2毫克的两倍多。节目播出后在全国立即引起强烈反响，成为公共舆论的关注热点。4月15日至5月1日，涉及问题胶囊的舆情在半个月时间内持续发酵，在新闻中不断被爆料，各论坛持续热议，在全国引起强烈反响。其舆情冲击与走势分析具有以下特点。

其一，持续时间长，媒体参与度广，社会影响大。从4月15日开始，到月底事件平息，历时半个月，持续时间长。

（1）主要门户网站、新闻网站专题置顶报道。新浪、搜狐、网易、腾讯等主要门户网站，新华网、人民网等主要新闻网站在4月15日央视刊播《胶囊里的秘密》后，立刻就以专题的形式报道问题胶囊事件。从事发至4月23日，相关的专题一直置顶在新闻头条，热度持续不退。

（2）央视多次现场连线报道事件进展。从事发当天下午开始，央视直播连线的卫星车一直驻扎在L县，相关工作人员一直到4月23日才离开L县。央视著名新闻节目主持人白岩松、张泉灵等相继对问题胶囊新闻进展进行播报、点评。4月15日央视首次和在L县采访的记者李晶晶连线播报事件进展后，相关L县的报道和现场连线多达七次，内容涉及车辆频繁进入工厂内运输纸箱货物、对犯罪嫌疑人采取刑事强制措施、对生产线和原料成品仓库的查封、100批次成品胶囊的“铬”含量检测、对监管部门责任人问责等情况。

（3）媒体记者云集L县现场采访。据不完全统计，在舆情爆发期，来L县采访的媒体记者共达到52家106人次。在L县采访的记者人数、媒体家数和舆情的发展呈正相关关系，4月16日，22家媒体33名记者就集中赶赴L县采访报道，16日之后虽逐渐减少，但始终保持一定的数量，一直到5月1日，前来报道问题胶囊的媒体记者全部撤离L县。

其二，热点转换速度快，新闻关注度高，应对难度大。问题胶囊舆情在半个月时间内热点多次切换，向上涉及明胶产业、向下涉及制药企业，消费终端涉及广大的病人，关注的焦点始终在各个行业中游走。

（1）新闻热点涉及面广，转换频繁。根据舆情监测分析平台的分析，新闻主题关注度最集中的是“央视曝光质量门利好两家明胶公司”，新闻报道数量和传播流量值达到 1 082 篇条，在整个新闻主题报道中排名第一。药企是此次新闻主题关注的焦点，以“L 药业等药企胶囊产品涉嫌铬超标被紧急叫停”“9 家药企 13 个批次胶囊铬超标停售使用”“L 药业官网被黑”等为主题的新闻报道数量和传播流量值达分别达到 1 013 篇条、386 篇条、211 篇条，在整个新闻主题报道的排名第二、第四和第五。“河北明胶厂经理纵火销毁证据”在新闻主题的关注度中排名第七位，新闻报道数量和传播流量值达到 166 篇条。16 日晚白岩松主持的央视“新闻 1+1”之“问题胶囊：你狠毒”访谈节目在新闻主题的关注度中排名第八位，新闻报道数量和传播流量值达到 117 篇条。L 县在 15 日晚刊发的通稿《L 县紧急查封问题胶囊企业，生产线仓库等均被查封》在新闻主题的关注度中排名第九位，新闻报道数量和传播流量值达到 93 篇条。

（2）涉及 L 县胶囊产业舆论热点转换快，应对难。4 月 15 日《每周质量报告》节目播出之后，16 日涉及 L 县的舆论集中在“J 华星胶丸厂在质量报告节目播出后的 90 分钟里出现了 10 余辆车辆频繁进入工厂内运输纸箱货物”。17 日涉及 L 县的舆论集中在“J 刑拘 22 人”。18 日涉及 L 县的舆论集中在首批样品检测结果中，“100 批次中有 33 批样品重金属铬含量超标”。19 日涉及 L 县的舆论集中在药监总局的问责通告。20 日涉及 L 县的舆论集中“涉及问题胶囊的企业增加至 7 家”，以及“药监局局长停职接受检查”。24 日涉及 L 县的舆论集中在“涉及问题胶囊的八家企业年产能达到 225 亿粒”“郑州水沟胶囊来自 L 县”和“微博威胁央视人身安全问题”。热点的不断切换增加了应对工作的难度，舆论引导被新闻热点洪流裹挟着前行，新闻通稿的刊发很多情况下只能是对前一两天热点问题的被动说明和解释，难以发挥明显有效的引导作用。

其三，舆情顺趋势发展，新媒体参与度低，未发次生舆情。在此次舆情危机中，和其他处于舆情中心的地方相比，L 县对整个舆论把握有度，对次生的热点新闻应对得当，没有酝酿发展成为次生的大舆论。

（1）整个舆论顺时顺势发展，没有出现反复。从整个事件的舆情信息总量看，由于舆论应对得当，信息的最大值出现在 4 月 16 日，之后呈现单边下跌现象，没有产生次生舆论把舆情热点推向新的高点。

（2）其他省市舆论应对不当，促使热点向外转移。4 月 15 日在央视连线过程中河北衡水企业火灾、江西弋阳企业继续生产并拒绝央视采访等事件，16 日河北省衡水市阜城县副县长在央视“新闻 1 + 1”连线时只讲成绩不讲责任的报道。这些在事件处置过程中不当的应对，使舆情的热点向外转移，适度减轻了对 L 县的舆论压力。

（3）有效应对针对胶囊产业的舆论热点。从不同阶段的舆情节点看，每一次新闻的报道热点针对 L 县胶囊产业的时候，L 县县委宣传部都能及时作出反应，发出自己的声音，有效加强对舆论的引导。4 月 15 日央视《胶囊里的秘密》节目播出后，L 县县委、县政府反应迅速，处置果断，在央视连线中应对得体，为事件处置赢得了主动和先机，整个事件的舆论引导奠定了很好的基础。对之后涉及 L 县的各个新闻热点，L 县县委宣传部一方面积极与有关媒体沟通协调，对不实报道公开澄清，消除影响；另一方面及时查明情况、核实信息，利用新闻通稿和官方微博及时作出回应。

（4）新媒体、自媒体参与度低。热点新闻不停爆料是舆情向前推进的主动力。根据舆情采集系统的数据分析，相关新闻报道达到 23 991 篇条，在新闻、博客、论坛等多种传播平台的舆情总量中占据 73.8%，是舆情的主推手。论坛和博客等新兴媒体在舆情的膨胀发酵过程中参与度低，涉及问题胶囊的博客数量只有 377 篇条，占舆情总量的 1.1%。境外媒体相关的报道只有四篇，基本没有参与事件的报道。

2. 全媒体视野下金属污染事件的经验得失与启示借鉴

铬超标事件发生后，当地政府立刻启动应急预案，迅速成立工作机构，积极争取上级部门的支持，通过主动发布信息、真诚沟通媒体、收集研判舆情，舆论逐步趋于理性和平静：

（1）迅速启动应急预案。接到央视新闻频道《每周质量报告》即将播出 A 胶囊内容的通知后，县委、县政府立刻启动突发公共事件新闻应急处置预案，并及时向上级市委宣传部汇报。L 县县舆情引导组第一时间制定了新闻应对工作方案，组建了媒体接待小组、新闻通稿小组、舆情监测小组、后勤保障小组，按照“导向正确、以人为本、及时准确、公开透明”的总体要求，坚持事件处置与新闻报道、新闻发布、网上舆论引导同步安排、同步推进的原则，迅速开展各项工作。

（2）正面对接央视记者。节目播出同时，央视两路记者分别赶赴L县县政府和曝光企业，观察当地反应动向。媒体接待小组及时赶到县政府与央视记者做好沟通对接工作，通知有关领导收看节目，建议相关部门立刻赶赴曝光企业现场、控制企业现场和相关人员。随即，媒体接待小组陪同央视记者赶赴A采访曝光企业的现场查封工作，协调药监局新闻发言人第一时间在现场接受了央视的连线采访，在央视发出了职能部门正面声音。当晚，接待小组主动沟通央视记者，以现场记者口播形式连线播出了县委常委扩大会议精神，及时向全国人民进行了表态。

（3）正确接待新闻记者。铬超标被央视曝光后，立刻引起了媒体的高度关注，新华社、中新社、东方卫视、《南方都市报》、教育科技频道等来自全国各地52家媒体106人次先后赶赴L县进行采访报道，给媒体记者接待工作带来了空前的压力和挑战。媒体接待小组按照统一要求，抽调有关人员，在县城和A镇成立媒体接待中心，按照开放与有序并重、服务与管理并举的原则，确保前来的新闻记者有专人接待、引导和服务，有力保证了采访活动的有序开展和新闻通稿、背景资料的有效传递。

（4）全面收集舆情信息。借助网络舆情监测系统，利用各类搜索引擎，扩大舆情收集范围，加大舆情收集力度，全面收集了解国内重要报纸、电视台、新闻网站、论坛的最新宣传报道情况和舆论动向，并落实专人收集电视媒体、博客、微博的相关舆情。同时，及时对各类媒体、网络信息，科学作出分析研判，梳理热点难点敏感点，分析舆情走势，预测报道方向，并整理编印舆情专报20多期，为事件的有效处置提供了决策依据。

（5）及时发布权威信息。紧跟事件的处置步伐，全面分析新闻媒体和网络舆论动向，新闻通稿组紧紧把握案件处置进展这条主线，组织撰写新闻通稿，并通过央视、新华社、中新社等主流媒体及时发布，主动发生抢占话语权。同时，通过QQ、电子邮箱等渠道，将权威信息同步向其他媒体提供，较好地掌握舆论主动权。

（6）努力开展网络引导。整个事件的舆论应对工程中，面对《L县涉问题胶囊8家企业年产225亿粒胶囊》《被遗弃空壳胶囊已清理　现场扒出火车票和销售员名片》以及“以毒攻毒”微博等不实报道和恶意炒作行为，舆论引导组一方面积极与有关媒体沟通协调，对不实报道公开澄清，消除影响；另一方面及时查明情况、核实信息，利用官方微博和新闻媒体及时正面回应，并组织网评员对网易、腾讯、新浪等网站上的相关信息及及时作出回复，正面开展引导。

（7）积极寻求上级支持。事件发生后立即向J省委宣传部和S市委宣传部汇报，并请求上级帮助。市委宣传部领导多次带领市外宣处、网宣处赶赴L县，帮助分析研判舆情，指导新闻媒体不得炒作，快速协调跨地区媒体撤离L县采访，并及时通稿撰写，指点舆论引导工作。在上级宣传部门的大力支持和帮助下，舆论应对工作更加有序有力，确保了事件的稳步妥善解决。

从金属污染事件看全媒体对金属污染事件的挑战与冲击，其在实践中表现出如下挑战：其一，媒体报道增加危机处理的困难度。其二，媒体成为邻避危机事件中各方利益的角力场。媒体就像是一个舞台上的探照灯，为了能保有邻避危机发生时的发声地位，各方利益为在媒体镜头竞逐解释权。因此，就金属污染事件而言，全媒体时代的舆情应对与媒体关系处理而言可以有如下启示借鉴。

第一，将全媒体的舆情应对与媒体关系处理与领导干部的选拔培养相结合。网络时代的今天，任何邻避危机事件的发生，都不可能脱离新闻媒体的关注报道，所以任何回避媒体，意图“藏、瞒、封、堵”的愿望和行为注定会以失败而告终。各级党委政府应顺应全媒体时代的发展大势，对照全体干部的实际情况，采取有力措施，切实提升新闻意识和应对能力，才能确保工作更好地适应目前及将来经济社会发展趋势。应当将新闻业务知识的学习纳入机关干部日常学习的必修内容范围，通过学分制考核等方式，促进党员干部掌握基本的新闻业务知识，避免“拒绝采访”“害怕、回避记者”等不该出现的现象出现。要建立长效机制，主要领导带头学新闻知识，切实形成党员干部常学舆情应对与媒体关系处理的机关氛围。要将舆情应对与媒体关系处理能力作为干部提拔的一项重要能力要求进行考核，对于舆情应对与媒体关系处理能力欠缺的机关干部，不提拔或者暂缓提拔，以促进广大党员干部自觉学习新闻知识、提升应对能力。

第二，充分重视邻避危机事件中信息公开工作，科学配置专业化的新闻发言人和网络评论员队伍。突发性公共事件一旦发生，相关单位的新闻发言人就会被各个层面的新闻记者包围，遭受轮番的采访，所以做好新闻舆论引导工作，新闻发言人最为关键。只有配备一支政治强、业务精、能力全的新闻舆论应对队伍，才能保证突发性公共事件新闻舆论应对工作的成功开展。要建立健全新闻发言人制度，保证单位政府部门（包括重要龙头企业）必须配备一名由分管领导担任的新闻发言人，专门负责单位新闻发布有关工作，并保证工作的相对稳定性和独立性。定期组织新闻发言人业务培训班，组织安排模拟发布会等情景模拟活动，并由专家点评，通过模拟实战切实提升新闻发言人队伍的临机应对能力。

值得指出的是，突发性公共事件新闻舆论应对工作是一项涵盖全面的复杂工作，除了社会舆论、新闻媒体外，还必须十分重视网络舆论。只有全面收集掌握网络舆情动态，切实开展网络舆论引导工作，才可能保证整个新闻舆论应对工作顺利圆满。只有配备强大的网络发言人队伍，才可能实现对网络舆论的有效把握和引导。在实践中至少应确保党委政府每个大口配备一名网络评论员，鼓励多配备，倡导单位内建设网络评论员队伍。注重政治、业务的双重考核，挑选精干力量建成核心网评员队伍，积极在重要网站论坛形成影响力。在考核用人、干部提拔上适当考虑工作优秀的网络评论员，不断提升工作积极性。

第三，构建网络舆情监测研判机制，优化推进公务微博建设。网络舆情是邻避危机应对的重要组成部分。危机事件处置部门应在第一时间整合部门资源，以联席会议等形式共同研判舆情、商讨对策、出台措施。敏锐发现和整理网上和手机等网络上的舆情信息，建立系统、科学与合理的正确甄别筛选和协调落实、动态跟踪工作机制。

在原先政务微博开通单位的范围基础上，有计划地扩大开通范围，保证民生关联度大的政府单位全部开通公务微博，扩大公务微博阵容。建立健全公务微博开通管理制度，保证开通一个报备一个，并及时纳入公务微博矩阵，发挥集聚优势，扩大影响力。明确每个单位至少有一名领导和一名工作人员负责公务微博的日常管理和运行，保证信息发布在法律规定的范围内。科学设置对公务微博信息发布的考核，规定每个月至少发布与工作相关的信息条数，杜绝应付，防止出现“摆设”现象，便于在日常生活中提升微博的知名度和影响力，以利于关键时刻发挥奇效。

第四，提高邻避危机应急预案的实效性和针对性，注重与“意见领袖”的沟通交流工作。在特定的社会发展阶段，由于突发性公共事件的多发频发，虽然越来越多的单位开始将舆情应对与媒体关系处理列入邻避危机应急预案，但很多只是流于形式，追求表面重在应付，所以必须提高邻避危机应急预案的实效性和针对性。应当强调信息共享制度，明确规定各有关单位发生突发性公共事件后，在第一时间报备党办和政府办的同时，必须同步报送宣传部门，以利于第一时间启动舆情应急预案，做到早发现、早报告、早处置。应强调事发单位为舆情应对第一责任的原则，明确宣传部门指导协助相关单位做好舆情应对工作。特别是要做到口径的统一，包括机关内部统一口径的同时，有效统一事件相关人员的口径。

在全媒体视野下邻避危机应对的实践中，社会网站论坛因为其信息发布和来源的多元化和随意性，所以其有官方网站不可替代的优越性，很多新闻媒体记者往往会借助社会网站和论坛了解地方的相关信息，邻避危机发生之时即是如此。所以，应完善社会网站论坛负责人和管理员备案制度，便于关键时刻的联系沟通。注重构建日常联系制度，注重平时的人情交流和沟通，注重对网站论坛和民间“意见领袖”的联系沟通工作，积极倡导理性客观的全媒体舆论氛围。

三、 基于公共性问题的PX案例

在中国城镇化进程中的邻避危机案例中，PX 事件也具有典型意义和研究价值。PX项目为何极易演化为危机事件？这与其极具公共性问题的性质密不可分。公共性问题是极易引发群体关注的问题，也往往常成为危机与冲突的导火索和催化剂，本部分拟从公共性问题出发探讨PX的典型案例，在探讨公共性问题学术脉络的基础上，结合PX案例进行分析和研究。

（一）从公共到公共性

"公共"一词，已经成为现代社会适用频率最多的词语之一，也是社会科学领域探讨较为活跃的焦点之一。尤其是究竟何为"公共"，有关"公共"的理论是什么？有什么核心观点？在诸多研究中国公共问题的著作中，先后曾分别有梁启超在《新民说》指出中国缺乏公共观念[42]，林语堂在《吾国与吾民》一书中标示出中国人"公共精神的缺乏"的现象，中国人的生活与思维从来就欠缺"公共性"的概念。[43]值得指出的是，在中国学者的研究中，主流观点倾向于中国历史上并无清楚的公共领域概念，公私界限往往混淆不清。这类观点认为，"公""私"在中国是一相对的范围，其"界限"与"对立性"不易建立，而中国原初观念中天人合一与自然秩序的和谐观，使"公域"的涵盖度几乎可以无限推广，最终会遮盖"私域"的衍生空间，即使有时讲究"私"，往往非维护个人主义式的个体隐私，而是在家庭、家族与邻里规约下保持"私域"的合理存在。[44]此正如费孝通所提"差序格局"说的看法，中国的社会结构是由己向外推出去和自己发生有亲疏远近的一圈圈关系网络，这个网络关系的范围是可以由"己"来放来收，是具有相对性的。

实际上，所谓"公共"（public），其古典的意义有两个来源，一为希腊字pubes，本义为成熟（maturity），衍生而成公共（public），指的是"成长为成人，并能了解自我与他人之间的关联性"；另一为希腊字koinon，英文字的"共同"（common）由其衍生，而koinon又是从另一个希腊字kom-ois衍生而来，本义是"关心"（to care with）。有关"公共"的词语，"公共性"或"公共领域"，这些词汇在政治、法律、社会、经济、大众传播、文学、艺术，甚至科学领域中都被广泛地应用与讨论。这种跨学科的复杂性，相当程度是因为“公共领域”（公共性、公开性），及其相对的概念“私领域”（私人性、隐私性）的区别，涉及对人类社会生活组成形态的各个面向与相互关系的理解。实际上，从学理上细细梳理，“公共”是一个语意内涵广泛、定义暧昧不明，甚至不断丰富的复杂概念。

公共性概念本身具有久远的历史，在公元前 5、6 世纪的希腊半岛，以雅典为首的城邦所采取的平民大众统治形态，有别于仅以贵族或少数人群所统治的形态，呈现的公共生活可以说就是公共性的渊源所在。然而，古希腊式的民主与当今的民主观念相差很多，关键在于真正能参与公共事务活动的人口仍然占于城邦中总人口的少数，妇女以及占大多数人口的奴隶均无任何参政权。可以说，古希腊式的公共性对于当今的民主社会而言，尚未建立在一个普遍的合法性基础之上。直至 17 世纪末叶、18 世纪期间，以随后爆发的法国大革命为其巅峰的启蒙运动，在其特有思潮的推动下则进一步促进了公共性理念。这段时间杰出的思想家人才辈出，其中包括洛克、孟德斯鸠、狄德罗、卢梭等等，也有学者称其为启蒙哲学家，他们均持有发扬理性、探究人的主体性、以科学探究自然、相信人类的善良禀赋以及社会无限进步的可能。[45]在社会实践过程中，启蒙运动提倡破除中世纪以来宗教上的迷思、建立民主政治，并致力于经济上的改革。总而言之，18 世纪的启蒙运动对于之后的西方世界，甚至全球人类思想、实践层面，在政治、经济、社会各层面均有深邃、广泛、持久的影响。启蒙思潮之下的公共性论述，正如著名的德国哲学家康德认为，公共性既是启蒙的方法，又是启蒙的中介，启蒙必寻得公共性以作为本身完善的可能[46]，至此，公共性与启蒙便结下密切的连带关系。从学理上而言，康德对于公共性理解的影响力并未仅仅止于启蒙时代的公共性。在哈贝马斯的《公共领域结构转型》中，康德的思索成为哈贝马斯哲学思考的出发点，奠定了 20 世纪 60 年代早期对于公共性理论建构的基础。

自从 17、18 世纪以来，自然科学、经验主义、理性主义思潮的兴起，加上文艺复兴时期的人本主义思想，启蒙运动便以革命性的姿态展现于人类历史中。启蒙时代的思想家众多，如培根奠基于归纳法的使用，人们就此剔除人云亦云的盲从状况，利用科学的方法，破除事物的假象。牛顿认为，世界的运作乃服从于一套严整、系统性的力学规则，而人类可以在力学规则当中认知世界，甚至可以经由数学去精准掌控。理性主义学者进一步的阐释则充分表明对于人类的理性具有信心，人类自身可建立一套精确、系统的数学规则，以掌握外在的世界环境，换句话说，主体拥有掌握外在世界实在性的能力，所以，理性主义学者确立了人作为主体本身，依靠自己的能力以揭示混沌未清的现象。

从启蒙哲学家思考中，我们可以知道，启蒙代表着对于神权支配势力的质疑，认为世界的秩序是按照合理的原则进行运作，而人在当中的角色，就是要利用本身具有的能力去发觉、掌握这些规律，通过理性的不断反省，破除既存的假象、迷障、混沌的现象。所以启蒙具有相对于混沌未清之意，启蒙的理念意指去除遮蔽、将混沌不清的现象照明，并建立一个具合理秩序的理想社会。由此可见，启蒙运动亦具有科学主义以及乐观主义的倾向。

那么，启蒙又如何与公共性联系上关系？康德 1784 年发表一篇题为《答复这个问题："什么是启蒙运动?"》的文章，在他看来，启蒙就是人类脱离自己所加之于自己的不成熟状态。不成熟状态就是不经别人的引导，就对运用自己的理智无能为力。当其原因不在于缺乏理智，而在于不经别人的引导就缺乏勇气与决心去加以运用时，那么这种不成熟状态就是自己加之于自己的了。要有勇气运用自己的理智！这就是启蒙运动的口号。该文中明确表述康德对于启蒙概念的认知：未启蒙状态表示着人类加诸于自我，致使自我仍存留于不成熟的状态[47]，换言之，对于人类原赋有的理性，因为怠慢、懦弱原因，使个人未加以利用此天性，而沉沦于不成熟的状态即未启蒙的状态。在康德的哲学中，这里的人类作为主体，表达了主体的能动与自律性，换句话说，康德的主体理性观是其讨论启蒙概念的出发点。

另一方面，康德认为，任何一个人要从几乎成为自己天性的不成熟状态中奋斗出来，都是很艰难的；然而公众要启蒙自己，却是很有可能的，个人可以在世界全体公众面前，就其理智做公开性的运用。所以，在哈贝马斯理解中，康德的启蒙强调集体面向，是一种普遍性的启蒙，若依循独白式的自我启蒙方式，要脱离几乎成为自己天性的不成熟状态是相当困难的。[48]再者，虽然理性为人类天生所赋有，但是康德仍然担忧既有权威的存在。而这里的权威作为现实中的权威体制、意识形态，成为产生控制或压制力量的来源，而导致需被启蒙者无法达到启蒙的状态。

总而言之，康德的启蒙观，尤其是在哈贝马斯的理解中，就是一种自由、公开地运用自己的理性。总结如上探讨，康德的启蒙概念可以归纳如下：一是理性为人类所天生赋有：要脱离启蒙，必须由个人本身的勇气与决心加以达成。这里另一方面强调着康德的主体理性哲学观。二是公开地运用理性：强调一种集体性，一种主体共存而非个人独白式的启蒙。三是既有权威成为压迫来源，导致人们无法达到启蒙状态。

现代学术界对于公共性理论的探讨，以哈贝马斯的公共性理论最具代表性。哈贝马斯于20世纪60年代的公共性讨论，以康德的哲学思考作为基础出发。在公共性理论建构中，他回顾了18、19世纪的资产阶级公共领域，以历史性的角度分析了资产阶级公共性的兴起以及20世纪职能上的转换。关于哈贝马斯早期的公共性概念，大体上可以区分为在具体以及抽象的层面上作讨论。以具体层面来看，公共领域作为公共性具体实践的场域，是公众以理性批判论辩精神构成的领域，包括政党、媒体、报纸杂志等。公共性作为一个公众参与的场域，它衔接了国家机器与私人领域，调和国家与社会的需求，正是因为公共性而使得决策变得透明。实际上，回顾18世纪欧洲兴起的资产阶级公共领域，即表现为一个私人运用理性，在论坛中进行理性讨论、公开论辩的领域。

从抽象层面来看，正如上文所述，哈贝马斯延续了康德的讨论，公共性突出体现了启蒙的理念，将混沌不清的现象变得更为清楚。哈贝马斯的公共性观点延续康德的观点，同样聚焦于能成就一个自由、平等、开放的交往领域，都希望有一个自由开放的公共性与公共领域，通过理性言说，达到启蒙的解放理想。粗略地说，康德的启蒙理念为哈贝马斯早期的政治哲学思想奠定了基础，启蒙——自由、公开运用天生具有的理性，作为公共性的根本理念，哈贝马斯自始至终均保持了对于自由、平等精神保障性的姿态，启蒙的解放理念贯彻了哈贝马斯的思想脉络。而公共性概念又贯穿了哈贝马斯的公共性理论架构，公共性成为公共领域的核心概念，公共领域则作为公共性的实践场域。哈贝马斯的公共领域无法脱离公共性的讨论。就哈贝马斯对于公共性的讨论，我们还可以就其观点作如下深入分析：

一是关于代表型公共领域。代表型公共领域出现于中古欧洲封建时期，此种代表型公共领域并不是一个社会领域，代表型公共领域作为一个公共领域，或者说是一种地位标志，或者根本上是一种特权的体现。[49]代表型公共领域与哈贝马斯所认为18世纪资产阶级的公共领域是截然不同的，因为此种公共领域实际依附于封建领主，他们在民众面前所代表的并非民众，而是其所有权，可以说，在欧洲中世纪讨论所有权与公共性之间进行区分是没有意义的，基本上，并不存在私人领域与公共领域之间差异的情况，这说明了中世纪欧洲的公共性即意味着领主占有。换句话说，代表型公共领域里并无提供主体间的理性讨论的空间，其内容终究是封建领主、王公贵族个人地位、权力的展现，人民充其量是作为他们的背景。因此，王公贵族俨然成为公共性的承载者。对于哈贝马斯而言，代表型公共领域所展现的仅仅是一种在公共性意义的比较意义，中世纪欧洲的代表型公共领域并未呈现任何公共性的意义。

二是关于资产阶级公共领域兴起的历史背景。资产阶级公共领域的兴起发源于自公元16、17世纪重商主义的兴盛。由于现代民族国家的发展，货币制度的出现、对外贸易的扩张之下，租税成为政府的主要财源。另一方面，自美洲新大陆发现后，开启海外贸易、拓殖竞争的趋势，为了运用国家强大力量以应付海外竞争者，专制集权的君主、统一的民族国家随之诞生。因此，通过国家的富庶、强大以保护贸易商业的来往，民间经济活动有了保障，政府的财源才能源源不绝。换句话说，其受到了重商主义经济政策、政治思想的影响。重商主义思想另一个重大的影响便是国家的财政开始脱离封建贵族的管辖，成为独立于宫廷之外的财政官僚体系。这样一个转变，当时所谓公共已经不在涉及代表性质的宫廷，从而与国家具有同样的意义。现代意义上的公共领域，即公共权力领域，因此取代了中古以来的代表型公共领域。

哈贝马斯在论及资产阶级公共领域的兴起，除了上述远程贸易的兴起，另一个重要因素便是新闻的出现，其具体表现为报纸、杂志。新闻刚开始只是刊登相关文章、政府法令等消息，甚至曾被作为政府的统治工具，用来维护统治的合法性。值得注意的是，政府部门发布消息的同时，因为有对识字能力的要求，无形中划分了市民当中有教养的阶层与手工业、小商人阶层。其中有教养的市民阶层与传统意义上的市民不同，这个阶层拥有自己的特殊意识，意识到他们是社会中坚力量。他们刚开始作为阅读群体，对文艺上作讨论，后来逐渐涉及政治性议题，对其进行批判。

由此可见，作为公共性的实践域场，哈贝马斯关于公共领域的特点可归结如下：（1）公共性为公共领域的核心概念。（2）公共领域中参与成员一律平等，一个人的身份地位在当中被以存而不论的态度面对。（3）理性论辩成为公共领域当中的唯一仲裁者。（4）公共领域中讨论议题具有开放性，即任何受到成员共同关心、有兴趣的事务，都将被列为公开讨论的对象。（5）公共领域的接受的参与成员日趋广泛，具有包容性，越来越多的人可以接近文化产物，使文化产物普及化。

如前文所述，就哈贝马斯而言，康德对他的早期的公共理论实在影响深远，康德启蒙的格言“要有勇气运用自己的理智”就明白表示了康德对于人作为主体的价值的肯定。[50]正如其他启蒙哲学家的思考，在康德那里，人是作为认知的主体、价值的主体。康德对于主体的最彻底、根本肯定，可以在他的三大批判中一览无遗：在《纯粹理性批判》中讨论主体的认知；在《实践理性批判》中谈到道德于主体当中的基础问题；而在《判断力批判》中，则论及美感、艺术、人生目的在主体当中的基础。因此，主体在康德哲学中呈现出举足轻重的地位。承续康德的观点，哈贝马斯关于公共性理论的讨论，当中的主体自然成为康德式的理性、能动与自律主体。在这里，哈贝马斯受到康德的影响，特别提出一个起源于启蒙时代的重要概念——论理（Raesonnment/raesonieren）：所谓论理，就是运用人类天赋的理性能力，就事论事地进行讨论。并且哈贝马斯也承续了康德主体理性的公开使用原则。康德认为理性的运用唯有在公开论域中始得以可能，任何一个人要从几乎成为自己天性的不成熟状态中奋斗出来，都是很艰难的；然而公众要启蒙自己，却是很有可能的，康德强调着一种集体而非独白式的理性运用。不难看出哈贝马斯关于公共性的思考覆盖了浓厚的康德色彩，所以可以说，康德之于哈贝马斯，致使哈贝马斯的公共性理论其理论概念是从主体理性原则出发的，早期的公共性仍归属于意识哲学（philosophy of consciousness）层面的思考。[51]然而，康德的理性主体虽然在哈贝马斯的早期的公共性理论中得到了青睐，却与哈贝马斯公共性原初的普遍原则相矛盾，公共性理论更无法现实于中得到实践。然而，反省哈贝马斯所界定的公共性概念，经过严格的审思，我们会发现哈贝马斯的公共性似乎呈现的是一种资产阶级意义下的公共性：资产阶级公共性依然会以其特定的教育、经济条件作为参与资格的限制，这里侧重限制以及特定历史空间下的考虑。这代表着，哈贝马斯的资产阶级公共领域尚未对所有他人进行开放，这基本上是与公共性原意相冲突的，换句话说，其资产阶级公共性理论并无法突破特定社会脉络与时间之下的限制，这个矛盾成为他被其他学者诟病之处，而（势必）作为他日后自我超越的重点所在。虽然如此，本书认为仍可将重点放置哈贝马斯欲强调的公共性理念，它代表着启蒙解放大业，构建自由、公开、平等论域的企图。纵使缺乏实践性的公共性理论，依然不减我们对于哈贝马斯忠于启蒙解放理念的肯定。

由此可见，哈贝马斯前期对于公共性详尽的历史分析，却无法脱离自己理论上的矛盾。关于哈贝马斯公共性理论的矛盾可以分为两个方面：第一个矛盾在于与公共性普遍原则的矛盾：哈贝马斯前期的公共性并非对所有开放，其中仍受制于教育水平、财产，甚至是性别上的限制，这与原先强调的普遍性原则相冲突。第二个矛盾在于与实践之间的矛盾：从社会现实面考察，国家公权力领域与商业私人势力的侵入，致使公共领域无法发挥应有的效能，哈贝马斯的公共性理论并无法对于实践进行指导，即哈贝马斯的公共领域无法保证提供一个无曲解、独立性、自由开放的言谈论域。

实际上，哈贝马斯前期公共性理论缺乏普遍性与缺乏实践性的双重矛盾：一方面受制于身份限制或现代性主体的极端，平等、包容精神无法真正获得开展；另一方面，在商业化和技术统治论的影响下，公共性理论自身无法保证一个无权力、金钱介入的理想的言谈领域。这致使哈贝马斯的公共性理论遭到实践上的困难，致使公共性理论沦为悲观的结果。于是，从 20 世纪 70 年代开始，哈贝马斯试图寻求一个普遍性的理解，希望通过普遍性的理论以修正早期公共性理论的偏颇，来修正、提升自己早期公共性理论的不足。

在哈贝马斯后期的论述中，将深化后的公共性与沟通行动理论置于民主政治的关怀下进行政治理论的构建工作，即审议政治理论的构建，最终达成的审议共识对于权威产生特定的监督、制衡的作用，表现了哈贝马斯浓厚的民主的程序主义（democratic proceduralism）意味，即公共性深化后的结果。[52]

另一方面，在哈贝马斯带有浓厚的交互主体性哲学意味的世界公民理想中，哈贝马斯提倡的世界公民的认同基础在于政治文化（political culture）本身，并且基于交互主体性理念，同时又不失对各民族国家之下特殊、异己、多元文化的尊重。相对于 20 世纪上半叶的民族国家的战争与纷乱，对异己民族的残暴行为与歧视作为而言，哈贝马斯提出了审议政治（deliberative Politik）理论的构建。

哈贝马斯关于政治语言的公共性概念依然承续了康德的想法。哈贝马斯与康德一样都希望有一个自由开放的公共性与公共领域，其中人们通过理性的讨论，排除所有外在既存的体制势力介入，由此达到舆论领域，其中启蒙的理念根本表现在语言的反省特质上。后期哈贝马斯的政治理论研究，即依循反省性的语言为核心，成就其审议政治理论。哈贝马斯的审议政治表现为：反对一切强制形式、强制规范为目的，其中公共意志的形成，必须包容所有人的不同意见，通过理性的争论，以平等身份成员对话关系，求得主体之间的共识。审议政治实质上就是民主意志的形成，通过反复进行政治话语的过程，市民制约了公权力本身。政治性语言同样贯穿了哈贝马斯论及合法性的讨论。在这里，合法性是民主政治统治的基本要素，即民主政治要求着政府公权力的行为必须具有合法性的依据。哈贝马斯认为，对于民主政治而言，政治合法性的主要来源不是法律、规章、制度和传统的内容本身，而是产生这些法律、制度的程序。对于宪法，看重的应该是它的制定过程，即这部宪法是由谁制定的以及怎样被制定的。哈贝马斯在《事实与规范之间》（*Between Facts and Norms*：*Contributions to a Discourse Theory of Law and Democracy*）一书中比喻：民主就像一个旋转的陀螺，重要的是旋转的过程。[53]法治的观念就是使法律的应用机制这个陀螺旋转起来，由此可知哈贝马斯的政治理论带有着浓厚的民主的程序主义色彩。

总而言之，公共性的体现应在于以互为主体、相互尊重、包容异己的态度为前提，在于程序理性的实践过程，通过批判性的政治语言进行理解、论辩与协商。哈贝马斯公共性的体现在于主体之间公开性地进行论辩，重点应置于批判的程序，而非共识的必然达成。而交互主体性的社会哲学观则提供了批判程序一个正当性、合法性的基础。

通过分析与探讨，我们可以结合前期哈贝马斯对于公共性理论的开创和后期对其的反思与超越，将哈贝马斯的公共性理论概括为：一是公共性以交互主体性为前提。公共性必须置于交互主体性的语言交往之上才可以进行理解，世界上并不存在的私自的语言，没有一个人可以脱离社会而使用语言进行交往。在这里，哈贝马斯进一步赋予交互主体性社会学的意义，要求了参与成员持尊重、包容、平等的精神与异己者进行对话，扩大了公共领域中参与成员的范围。二是公共性以批判性语言作为沟通的媒介。语言在哈贝马斯那里负起了启蒙之责，语言并非语词、语句，而是关注于语言的使用性或实用性，即人际之间、主体与主体之间的语言使用，是以，语言具有对象性。另一方面，哈贝马斯提高主体之间语言的批判性，致使语言有其反省性、批判特质，要求人们使用批判性的语言，在理想言谈情境中，对于共同关心的事务进行不断的反省与论辩，并依循四个有效性宣称，以较佳论据达成主体之间的共识。在交互主体性间，主体们共同通过批判性语言进行沟通交往，并以此脱离蒙智未开的状态。也可以说，通过交互主体的使用批判语言进行交往，公共性始得以彰显。三是公共领域作为公共性的实践场域。公共性作为公共领域的核心概念，而公共领域作为公共性的实践场域，它包括了政党、报刊、媒体等机制，它们应作为公众的喉舌，成为舆论的承担者，这里的公共领域与舆论领域乃是同一的。早期哈贝马斯以历史性的角度分析了资产阶级公共领域的公共性，之后，即转向交互主体以寻求扩大性的解释，网络公共性的考源、批判与重建，并由此构建一个不受特定历史、空间的限制的普遍性公共领域理论。四是公共性根植于生活世界基础。生活世界是各个行为主体在当中进行相互理解、互相交流的领域，是一切理论生活和科学生活赖以为生的前提，一切科学均是生活世界的沉淀物，储存了先辈们以前所做的解释成就与知识。借着储存下来的知识，沟通行动的主体在生活世界的范围内，以语言为媒介进行交流、互动，达到相互的理解。可以说，每个言说主体，其理性本能、教育培养、文化的养成均根植于生活世界，其中必须强调主体之间的共存意义，着重参与者以交互主体共同参与、构建生活世界。所以，进行言说的主体共同成就公共性理念，是必须奠基于生活世界本身。在这里公共性被提升为一种普遍性的理论。

（二）政府、市场与公共权力：公共性问题的实践解读

城市化进程的中邻避危机之PX事件因植根于公共性问题的基本学理，这一问题从实践层面涉及政府、市场与公共权力的关系问题，这一研究视角也可以从公共行政学的角度就公共性问题的实践进行深度解读。

公共行政学自1887年威尔逊（Woodrow Wilson）发表《行政的研究》（*The Study of Administration*）以来，其发展的方向大体是朝向成为一个能独立自主的学科（discipline）迈进。尼古拉斯·亨利（Nicholas Henry）在其所著公共行政与公共事务（*Public Administration and Public Affairs*）一书中，曾就公共行政学的范式变迁（paradigm shift）区分为五个时期，依序分别为政治与行政分立时期（1900—1926年）、行政原则时期（1927—1937年）、公共行政学即政治科学时期（1950—1970年）、公共行政学即管理学时期（1956—1970年）、公共行政学即公共行政学时期（1970—　）。[54]由此清晰可见公共行政学自20世纪70年代起，正在经历一场试图由其他学科的附庸，转变为寻求以公共行政本身为主体构建学科的范式革命。

这一波始于1968年德怀特·瓦尔多（Dwight Waldo）开始倡议新公共行政学的范式变迁，不仅在方法论方面分别有拉里·科克哈特（Larry Kirkhart）于1971年首度将现象学的研究观点引进公共行政的研究中，登哈特夫妇于

1979 年将批判理论带入公共组织的研究中，全钟燮（Jong Jun）于 1986 年以实证论与后实证论范式的不同比较传统与未来的公共行政学；而且在研究范畴方面，将任何有关公共部门实质的议题均予列入，并将民主行政、公共性、公共哲学及公共利益列为公共行政理论的核心。换句话说，对于公共行政长期以来存在的理论正当性危机（crisis of legitimacy）、研究质量危机（crisis of research quality）、学科认同危机（identity crisis），及其实践上所遭遇的信任危机（crisis of confidence）、不可治理危机（crisis of ungovernability）[55]，当代许多公共行政学者已能体认，这些危机的解决无可避免地必须重拾对公共行政公共性的关注。除了大卫・K.哈特（David K.Hart）曾沉痛地指出，长久以来公共行政学术或专业地位一直未受到相当尊重，实可直接归因于公共行政忽略了其存在的合理判准与依据——公共性之外，近年来更有大批学者对于公共性的沦丧及其重建进行深刻地反省与探讨，其中著名学者如迈克尔・哈蒙（Michael Harmon）、H.乔治・弗里德里克森（H.George Frederickson）、全钟燮、特里・库珀（Terry Cooper）、罗伯特・登哈特（Robert Denhardt）等人。以至于昔日行政理性模式（rational model of administration）的代表人物赫伯特・西蒙（Herbert Simon）于 1997 年美国公共行政学会年会中就以《为何要有公共行政?》（*Why Public Administration*?）为题发表演讲，恳切地陈述当代政府组织与公共服务中公共性存在的必要性。[56]

同时，就当代公共行政学的热门研究议题——政府再造——来看，学术界对于各国政府再造目前所遭遇瓶颈的相关研究，基本上是将此类瓶颈的产生归咎于公共性概念未能在政府再造工程中扮演关键性的角色。以美国克林顿政府自 1993 年起大力推动的国家绩效评估（National Performance Review）而言，先后分别有罗纳德・莫伊（Ronald Moe）批评。美国前副总统戈尔（Al Gore）所提出的报告偏向采取企业管理的范式，忽视了政府机关的属性及民众的真正需要；詹姆斯・汤普森（James Thompson）与弗农・琼斯（Vernon Jones）针对国家绩效评估的执行从事实地研究，发现由于改革的本身欠缺具一致性的理论基础，且未能找出问题症结所在，导致改革的过程充斥着混乱与矛盾；H.乔治・弗里德里克森将新政府运动（reinventing government movement）与新公共行政（new public administration）加以比较，发现二者虽然都强调对当代重要议题的响应性（responsiveness），但新政府运动偏好采取市场途径提供公共服务，与新公共行政关注于民主行政显有差异，此种偏好在获取短期性地效率提升的同时，却可能付出失去行政能力与社会公平的长期代价；大卫·K.哈特与大卫·W.哈特（David W.Hart）认为国家绩效评估的改革努力，将可能由于未考虑某些根本性的问题而导致失败，这些问题主要包括忽视公共利益，贬抑公共服务及公民资格的价值等。[57]

上述研究者对于美国政府再造所持的看法，大体上是认为主其事者犯了公共政策学所称的第三类型错误，即以正确的政策工具试图解决错误认定的政策问题，将政府再造视为从市场的角度诊治政府内部结构及其功能的过程，政府部门原本所具的公共性反而未受到应有的重视。事实上，类此看法不仅出现于美国，针对20世纪80年代以来全球性的政府改革浪潮，英国学者布伦丹·马丁（Brendan Martin）的研究也进一步指出，私有化（privatization）并不是万灵丹，市场化的结果未必符合公共利益，反而造成政府难以对财富的大量集中进行管制。[58]无怪乎著名的领导学者德鲁克就此主张，政府再造之前，应先再思。[59]所谓再思（rethinking）即在于分析：政府的角色与任务为何？在国家与社会的互动过程中，政府与人民之间应有的关系为何？具体而言，政府再造究应采取以公民为顾客（citizen-as-customer）的模式，还是采取以公民为主人（citizen-as-owner）的模式？美国学者欣迪·劳尔·沙切特（Hindy Lauer Schachte）在其所著《再造政府抑或再造我们自己》（*Reinventing Government or Reinventing Ourselves*）一书中，明确地对新政府运动将人民视为顾客的观点深表不以为然。她认为政府机关效率与响应性的增进，根本之道在于重新塑造积极公众（active public）的活力，而获得此种积极公民资格（active citizenship）的策略，包括良好的公民教育以及提供公民参与所需的信息。无独有偶，国内学者在政府再造议题方面也提出了类似的反省与建议。从这些学者试图彰显公共性概念于政府再造工程所应扮演角色的努力中，我们当能更为深刻地体认到此时探讨公共性的概念意涵，实有其重大的意义。

在公共行政理论的分析层次上，公共性的概念、公共利益的理论与实务、公民及公民参与在公共行政的角色、国家、政府角色的理论及其存在对公共行政的意涵等议题，通常可归属于公共行政与社会的分析层次。对于此一分析层次进行的研究，往往需在国家与社会之间呈现互动关系的基础之上进行观察。从国家与社会之间互动的角度来看，在公共行政学的研究中，最常见的研究领域可包括公共部门、私部门、第三部门（即非营利组织）等。就公共行政学的研究而言，公共行政既然可被认知为社会设计（social design），而理论指的是对生活的特定面向所做观察的系统化解释[60]，则公共理论的构建除了公共行政学术社群责无旁贷之外，政府部门及非营利组织对于公共、公共性等概念的诠释，均在此项构建工程中扮演了不可或缺的角色。至于私部门方面，原本归属于市场领域的工会联盟、雇主公会等，因其具有能在团体之间发挥自律或协商的功能，亦可同时归属于公的领域。

就公共政策学者威廉·邓恩（William Dunn）所提出政策分析的三种途径而言，经验的途径（empirical approach）、评价的途径（valuative approach）、规范的途径（normative approach）各自关注于事实、价值、行动等不同的面向[61]，本书认为这些途径的共同采用应可解决上述难以体现既有理论的困境。换言之，基于公共权力运行中公共性的落实不能不先针对公共行政学视野中“公共性”的发展脉络为前提，我们也有必要从学术史的视野探究公共行政学视野中“公共性”的发展历程。

1. 公共权力运行中公共性的萌发与生成：近代公共行政中“公共性”探究

就公共权力运行中公共性的相关议题进行探讨，从公共行政学的角度来看，就西方学术界的文献追溯而言，至少可于美国建国初期所存在的主要思潮中分别找到根源。归纳起来，其主要思潮大致分成联邦主义派（Federalist）及反联邦主义派（Anti-Federalist）两类，前者可再分为偏向主张集权（centralization）的汉密尔顿主义者（Hamiltonian）及偏向主张分权（decentralization）的麦迪逊主义者（Madisonian），而后者也可称为杰弗逊主义者（Jeffersonian）。[62]具体而言，对于公共权力在美国社会所扮演的角色，先后有麦迪逊于1787年提倡以微妙的权力平衡（即分权制衡）及有效的利益竞争，作为避免政府机关权力过分集中的最佳护身符；汉密尔顿于 1791 年倡导积极国家要有强势的行政部门，以使其可以达到已获公共决策界定的施政目标。虽然他们两人的看法互有冲突，并分别成为后来多元主义（pluralism）及强大国家政府（stronger national government）两种观点的起源，但他们都同意公共服务与人民之间必须有所区分，知识不足且热情冲动的大众应由能高瞻远瞩的领导者加以保护，而这种区分需要通过间接选举、开放长期任公职的机会及政府部门之间互相制衡等设计予以达成。至于托马斯·杰弗逊（Thomas Jefferson），他认为人并非只是如洛克所言有天赋的平等权利，而且应将之置于社会性的自然状态中加以了解：依其承袭自公民共和主义（civic republicanism）的理念，人类所拥有的能力只有在积极参与公共事务并培养参与所需的公民美德（civic virtues）时，才能达到圆满的境界。[63]相对于联邦主义派主张政府应由少数的精英统治，杰弗逊认为政府应由群众来统治，而群众是理性的、可以教导的，群众集体的智慧弥足珍贵。长远看来，杰弗逊的民主思想对美国社会的影响，较联邦主义派的理念更为深远，因此，也有学者认为，当其于 1801 年获选为美国总统入主白宫时，有人认为这种思想也赢得了全面性的胜利。

19 世纪的下半叶，美国因工业化及大企业的兴起带来许多问题，企业家获得优厚利润，而贫富差距也在不断扩大，普通老百姓在生活边缘挣扎。因此，自美国南北内战以来，美国改革的风气逐渐勃兴，而至 19 世纪 80 年代以后，改革的浪潮愈来愈盛。实际领导改革运动的进步运动者（Progressives）要求政府主动推动改革，让普通民主也能享受工业化的福利。就在此一时期，伍德罗·威尔逊（Woodrow Wilson）于 1887 年发表《行政学研究》一文。他认为制宪的工作已告一段落，以往着重民主宪政目的的公共讨论，其焦点应予转变至如何达成此项目的的手段问题，尤其是当政府的运作变得更为复杂之时。因此，他主张政治和行政应当分立，政治是政治，行政是行政，在政治范畴中，辩论议题并决定公共政策的方向；在行政范畴中，由中立且专业的公共权力的行使者执行政策。为需求在这一领域的新突破，威尔逊认为应当可以借鉴企业管理的原则，以指导政府机关的运作。值得注意的是，他特别指出，领导者在借用企业管理的技术时是有先决条件的，亦即，构成企业管理基础的道德价值必须以构成公共行政基础的道德价值进行取代或加以修正。换句话说，他认为“公共行政”当中的形容词“公共的”（public）是相当重要的，因为这是公共行政中最重要的道德基础。[64]事实上，包括威尔逊在内，早期的公共行政领域的学者所从事的还是在构建可行的与民主系统相匹配的基础理论工作，他们认为公共行政的研究必须留意正义、自由与责任等规范性论题，而在公共行政学的第一本教科书，莱昂纳德·怀特（Leonard White）于1926年所著《公共行政研究导论》（*Introduction to the Study of Public Administration*）一书中，即清楚地呈现出此一论点。一直到20世纪40年代初期之前，这种同时重视公共行政内部议题（以组织、管理为代表）及外部议题（以行政责任为代表）的情形依然存在，而E.彭德尔顿·赫林（E. Pendleton Herring）于1936年所著《公共行政与公共利益》（*Public Administration and the Public Interest*）一书亦为研究后者的代表性著作。根据赫林的看法，由于立法机关所制定的法律通常因辩论妥协的结果而带有模糊性，实际执行法律的公共权力的行使者在发布补充规定时，即扮演了界定公共利益的角色。赫林虽然十分强调公共权力的行使者具有举足轻重的地位，但他的主张属于团体理论（group theory）的观点，认为领导者的基本任务只是与各个利益团体保持良好关系并于当中发挥调和功能而已。[65]相对于威尔逊、怀特等人的著作同时具有上述汉密尔顿主义者、麦迪逊主义者、杰弗逊主义者等三派公共哲学的色彩，赫林的著作则是以麦迪逊主义者所持消极有限政府的观点为其核心理念。

2. 公共权力运行中公共性的发展与重构：现代公共行政中“公共性”探究

历经以上所述近代公共行政中“公共性”探究，西方公共行政学在公共性理论的建构方面并未显现具体的成果，此一情形直到20世纪40年代中期才开始有所转变。就在1945年及1946年，著名学者赫伯特·西蒙的代表作《行政行为》（*Administrative Behavior*）和德怀特·瓦尔多的代表作《行政国》（*The Administrative State*）相继出版，两人之间彼此南辕北辙的看法分别构成当时公共行政学的重要论点。西蒙在行政行为的研究上紧扣着逻辑实证论

（logical positivism）的观点，主张事实与价值分立，批评早期行政学者所提出的行政原则只是谚语而已。在他所建立的理性模型（rational model）中，理性等同于效率，因而行政理论所关切的重点是组织如何构建与运作以有效率的完成其工作。而对西蒙而言，所谓“公共利益”只是一种迷思或艺术的用词，内涵充满着矛盾，也不具指引行动的功能。而瓦尔多在《行政国》一书的结论中，严词抨击“将民主与效率画上等号”“政治和行政应予分立”等想法过于天真，并认为行政理念的讨论不应只是在集权与分权之间做文章而已。因而，他主张公共行政应由工具主义哲学（instrumentalist philosophy）当中解放出来，并应当重视以民主为目的的政治哲学。[66]根据瓦尔多的看法，政府中的领导者仅系广大群体之中的样本，公共行政专家只不过是具有分配社会价值的特殊能力而已。

在这一公共性理论的发展时期，除了西蒙与瓦尔多分别带有汉密尔顿主义者与杰弗逊主义者两种公共哲学观的论点之外，同时存在的还有支持麦迪逊主义者观点的两种学说——多元主义与公共选择（public choice）。[67]主张多元主义的学者大卫·杜鲁门（David Truman）于1951年出版《政府过程》（*The Governmental Process*）一书，指出民主政治的实际是利益团体的互动过程，利益团体已成为公共政策的真正决定者，也是政策研究的焦点对象。而公共选择学派的代表人物之一——安东尼·唐斯（Anthony Downs）于1967年出版《官僚组织内部》（*Inside Bureaucracy*）一书，他将市场经济的理论引入公共行政，认为官僚组织也像个人一样，基于自我利益从事理性抉择，其对于社会提供的利益是整体的，而非特定的“特殊利益”（special interest）。事实上，对于这些植根于自由主义（liberalism）的主张，已有学者在此一时期从公共哲学的角度展开深刻的反省，其中西奥多·罗威（Theodore Lowi）于1969年出版的《自由主义的终结》（*The End of Liberalism*）一书颇具代表性。他在书中批判“利益团体多元主义”（interest group pluralism）对民主政治所造成的瘫痪效应，认为有力的利益团体并非为公共利益，只是为达成私人目标而运作，此时的政府将难以在相互冲突的价值之间进行抉择，并因而失去从事此规划的能力。[68]

1968年9月，正当美国公共行政学对于公共性理论的发展尚未建立共识时，在瓦尔多的赞助下，一群年轻的学者齐聚纽约州的雪城大学（Syracuse University）明斯布鲁克会议中心（Minnowbrook Conference Center），举行了一项讨论公共行政所面临问题及未来发展方向的学术会议。会议的研讨成果经由弗兰克·马里尼（Frank Marini）汇编为《迈向新公共行政：明斯布鲁克的观点》（*Toward a New Public Administration*：*The Minnowbrook Perspective*）一书，并于1971年出版。尽管这次会议所发表的论文彼此之间存有观点上的差异，但重视社会公平（social equity）的“新公共行政”运动自此形成，并影响至今。根据会议代表人物H.乔治·弗里德里克森当时的看法，新公共行政的主张是对于公共更有响应性的（responsive）、更具说明性的（prescriptive）、更具顾客影响取向的（client-impact oriented），及更具规范性的（normative）特性。

在这一公共性理论的重建时期，虽然多元主义与公共选择的主张仍继续存在，但自20世纪80年代起，不少的学者展开了对这种主张的批判。以公共选择学派另一代表人物文森特·奥斯特罗姆（Vincent Ostrom）在其所著《美国公共行政的知识危机》（*The Intellectual Crisis in American Public Administration*）所提出的民主行政（democratic administration）为例，理查德·J.斯蒂尔曼二世（Richard J.Stillman II）批评奥斯特罗姆试图以权威分散与管辖重叠的多重组织安排满足消费者的选择，其结果将造成衰弱及几乎不存在的国家；罗伯特·登哈特认为分权化的结构并不能确保产生民主的结果，也不能确保产生公平或正义。[69]再者，此时对于公共性理论重建的努力，明显地呈现出重视公共行政所具道德性格的一面。1983年，在弗里德里克森与大卫·马修斯（David Mathews）的发起下，一群学者于纽约召开了以“公民资格与公共服务”（Citizenship and Public Service）为题的研讨会，就公民资格与公共行政、专业公务人员、社群（community）等之间的相关议题进行讨论，会议的研讨成果并刊登于1984年3月发行的《公共行政评论》（*Public Administration Review*）专辑。大卫·K.哈特在此次研讨会发表的论文中鲜明指出：“公共行政必须被视为一种道德努力（moral endeavor）的形式。”拉尔夫·钱德勒（Ralph Chandler）更进一步于研讨会的结论中强调，公共行政的任务是使公共制度更能反映正义与公平等具有传承性的社群价值（communal values）[70]，这些将公共权力的行使者视为代表性公民（representative citizen）的看法，清楚地显现出公共行政必须奠基于道德之上的基调。

1988 年 9 月，就在新公共行政运动的起始会议召开 20 年之后，60 位公共行政与政策科学的相关学者及实务界人士再次于同一地点举行所谓的第二次明诺布鲁克会议（Minnowbrook II）。在当时深受资本主义私利价值观冲击的社会环境之下，会议的目的是要就 20 世纪六七十年代公共行政参与者的理论观点加以比较，并讨论这些对照观点对政府事务推动所产生的影响，会议的研讨成果后来分别由《公共行政评论》（*Public Administration Review*）及《国际公共行政期刊》（*International Journal of Public Administration*）于 1989 年及 1997 年编成专辑出刊。虽然这次会议的主题仍包括许多前次会议所重视的议题，尤其是伦理、社会公道、人群关系、公共行政与民主政治的调和，以及对学科发展状况的关注等，但会议的风格已由前次较具争论性、对抗性及革命性，转变为较具有平民性（civil）且务实（practical）。[71]

整体而言，新公共行政运动于公共性理论的重建上实扮演了关键性的倡导者角色，此不仅可由以上三次学术会议的研讨主题中显现出来，在黑堡宣言（Blacksburg Manifesto）被称为奠基于制度之明诺布鲁克观点（institutionally grounded Minnowbrook Perspective）的用语当中，亦蕴含相同的意义。依据 1984 年所发表“黑堡宣言”的看法，行政价值的重塑与社会变迁的推动，均需经由集体怀抱的价值、认知、态度及行为着手改变，从个人与结构两方面双管齐下，才能提升行政能力，善用行政权威，符合公共利益。基本上，“黑堡宣言”观点与新公共行政运动除了都强调公共行政是社会性构建的（socially constructed），必须重视社会公平的实现之外，两者也都同意公共行政是治理过程的核心，公共行政正当性的各种确立方式最终即在强化公共行政的民主性。至于两者不同之处，黑堡宣言观点的学者认为，新公共行政运动于具有良好意向的同时，在规范性关注与治理制度两方面的基础仍有所欠缺[72]，大体可见“黑堡宣言”观点对于制度方面的高度重视。总而言之，此一时期美国公共行政学对于公共性理论的重建，虽然在达成公共目的的方式上存在部分不同的见解，但重建的努力主要是以杰弗逊主义者公共哲学观矫正以往过于忽视社群价值的偏差情形，则是无可否认的事实。

（三）PX案例的实践研究

PX项目是当今中国城市化进程中邻避危机的热点和难点问题。作为化学品的PX即对二甲苯，这是一种无色透明液体，具有芳香气味。比重0.861，熔点13.2摄氏度，沸点138.5摄氏度，闪点25摄氏度，能与乙醇、乙醚、丙酮等有机溶剂混溶。可燃，低毒化合物，毒性略高于乙醇，其蒸气与空气可形成爆炸性混合物，爆炸极限1.1%—7.0%（体积分数）。[73]根据《全球化学品统一分类和标签制度》和《危险化学品名录》，在包括美国、澳大利亚在内的很多国家，PX属于危险化学品，PX同时属于有害品，是因为当人体吸入过量PX时，对眼及上呼吸道有刺激作用，并会出现急性中毒。[74]长期反复直接接触PX会使皮肤脱脂，并有可能对中枢神经系统或听力产生影响，也可能对人类生殖或发育造成毒性。

PX主要用于制造对苯二甲酸，可用于化工及制药工业等。也是用于生产聚对苯二甲酸乙二醇酯（PET）的重要中间体。PET纤维又称聚酯纤维或涤纶纤维，是一种常用的化学合成纤维。PET树脂是一种重要的透明塑料原料，用于生产饮料、食用油脂包装，平板显示器基材，车用和建筑用太阳膜，等等。

从现有分析来看，PX广泛用于聚酯的生产，胶片片基、磁带片基、电容器膜、光盘、磁卡等电子信息产品都会用到。PX还是生产涤纶和塑料的重要原料，2010年我国涤纶产量占化学纤维产量的81.4%。我们的衣服、矿泉水瓶等日常消费品的生产都离不开PX。所以说，PX已成为不可缺少的重要化工原料。

PX解决了自然纤维与粮食争地的问题，也是提高汽油品质的必需品，而且，就像现代社会离不开汽油一样，我们也离不开PX，它已经成为我们生活的一部分。中国是一个人口众多、耕地资源相对匮乏的国家。每万吨合成纤维大约相当于7万亩耕地所产的自然纺织纤维。比如，2012年，中国生产合成纤维约2 800万吨。如果生产同等数量的自然纤维，则需要耕地近2亿亩。中国正在进入汽车社会，而汽油中5%左右的成分是PX。PX不但是汽油的重要组成部分，也是生产高品质汽油的必需品。中国许多城市饱受PM2.5之苦。减少城市雾霾的重要途径之一，就是加快汽油质量的升级，降低汽油中的硫含量，提高汽油中的辛烷值。从目前技术而言，提高汽油辛烷值最好、最环保的办法，就是加入芳烃。若不考虑毒性、致癌性，苯是首选。现在，PX成为最优选择。由此，未来汽油中PX的含量，将占比更多。[75]

鉴于PX的应用十分广泛，正处于工业化、城镇化快速发展中的中国对PX的需求量逐渐猛增。

1. PX项目的选址之惑

回顾历史，中国的PX发展经历了三个阶段：2000年以前，发展比较缓慢，但供需关系相对平衡，2000年国内自给率为88%；2000年到2010年，中国PX项目迅速发展，生产能力一跃成为世界第一；2010年至今，国内市场需求持续走高，而PX建设却步伐放缓，产能开始无法满足需求。[76]比如，2012年，中国对PX的实际需求为1 385万吨，已经成为全球最大的PX消费国，占全球消费量的32%，但中国PX总产能仅为880万吨，自给率只有63%。近年来，国内PX产能以每年10%左右的速度扩张，2011年扩展了100万吨，2012年扩展了290万吨，还是不能满足当前国内的需求。[77]当时有专家预计，如果停建或者缓建现在的PX项目，未来，国内PX自给率将降至50%以下。原料受制于人，导致了化纤产业链的利润整体前移，更多地向PX环节聚集。换言之，海外原料供应商获得了更多的利益，而民族制造业备受挤压。实际上，日本、韩国等国向中国出口PX产品，较国产材料价格都要高出很多。凡是和PX有关的产品价格都会传递到终端环节，最终还是转嫁到消费者身上。

正是由于PX的下游产业如此繁荣，它才成为化工领域的一个重要角色。从20世纪90年代起，全球对PX的需求量便一直呈增长趋势。从1990年到2004年，PX的年均需求增长率为8.4%。目前，世界PX需求的年增长率约为5.8%。到2014年，世界PX需求量增加到3 480万吨。截至2016年年底，中国PX需求量超过每年2 000万吨，供需缺口每年1 230吨，进口依赖程度达57%。世界的PX产能主要集中在亚洲地区，早在2008年，亚洲的PX产能就已达到每年2 460.5万吨，占世界总额的74.15%。[78]而亚洲的主要PX生产国为中国、韩国、日本、印度和泰国，未来几年新建PX装置也主要集中在亚洲。除亚洲外，美国也是PX的主要生产国和出口大国；而中东地区由于富含石油资源，也是未来PX及其相关产业的新兴增长区。由于下游PTA（精对苯二甲酸）产能发展迅速，国内PX生产处于供不应求的局面。

中国已投产的PX项目，总产能为每年876.5万吨。"十二五"期间，有四个项目上马，其规模都在60万—80万吨之间。为促进PX产业的发展，2006年，国家发改委曾分别制定了对PX和PTA的"十一五"建设项目布局规划，专门对二者的生产作出部署。目前，国内PX项目的核心生产工艺都需从国外进口，由于PX的主要工艺被UOP等国外大公司垄断，由此带来的专利费高得惊人，占到总投资的10%—15%。为解决这个问题，近年来，国家对PX产业的支持侧重于工艺研发层面，以提高PX生产装置的国产化率。但是，由于反建PX项目的环保压力较大，且多数PX项目是炼油一体化的联合芳烃装置，审批及建设周期较长，产能增速有限。因此，在中国PX需求缺口逐渐增大的同时，韩国、新加坡及沙特阿拉伯纷纷建设PX装置，主要用于出口中国市场。

在工业上，PX的产业链简单清晰：它来源于石油，主要用途就是生产PTA，而绝大多数的PTA又都用来生产聚酯，包括聚酯纤维、薄膜和瓶片。在生产过程中，PX与石油是密不可分的。PX的生产步骤一环扣一环，都发生在一个名叫"芳烃联合装置"的整套设备里。由于这一系列工艺需要用水，再加上为了便于运输，因此，PX项目多依水而建，而这些地方往往都是资源丰富、人口稠密的经济发达地区。相比生产过程，PX的储存与运输环节可能蕴含更大风险。这是因为，PX既是易燃液体，同时也容易凝固，凝固点只有13.26摄氏度。[79]因此，贮运时既要远离火种、热源，避免阳光直晒，又要有保温设施，并防止泄漏。国内某PX项目虽然距离上游产业较近，但由于附近没有 PTA 产能，产品只能外运，于是在运输过程中频频出现凝固问题，并导致工厂时时停工。由于 PX 易燃，因此凝固后再融化就存在一定危险，并且也增加了成本。由此可见，单从 PX 项目自身特点出发，其选址的原则有“三近”：离炼油企业近，离下游 PTA 工厂近，离大江大海近。国家发改委的规划就明确要求：新建 PX 项目必须以大型炼化厂为依托，并尽量与 PTA 企业的分布相匹配。这正是从整个产业链来考虑 PX 的布局。

化工石化行业在开始布局时考虑经济发展多，考虑环境保护少，尤其是在规划决策阶段未能从区域、流域整体考虑产业布局的环境风险。早在 2006 年，国家环保总局（现环保部）对各大水域价值 4 500 亿的化工石化项目进行了一项环境风险排查。结果显示，中国各大水域石化化工行业布局不合理的“先天性”环境风险隐患突出。一些化工石化区和大型企业布设在城市水源上游或紧邻居民集中区，对社会生产和群众生活安全构成威胁。[80]同时，一些地方不顾资源环境条件，争相加速新建、扩建化工石化区，个别地方重要江河沿岸密布着大大小小的化工石化区和危险化学品码头、港区。环保部在这份报告中指出，这种布局性的环境风险一旦形成，短期内无法解决，因为搬迁的成本太大，只能采取一些被动的补救措施。一方面 PX 项目要求尽可能地靠近江海、港口，另一方面，在此种条件下，如果贮运中发生泄漏，后果更为严重。这两者之间存在矛盾，对于决策者来说，就是一个利益与风险的权衡问题。

国内一些包括 PX 项目在内的化工园区，离市区太近。这很大程度上是由历史原因造成的。国内的 PX 项目多是在 2004 年以后才发展起来的，大多建在大型化工厂早年预留下来的场地上。这些化工厂在当初建厂时，都选在了相对较偏远的位置，但几年下来，市区就已扩张到化工园区的附近。由此可见，化工厂建在市区附近的问题，实质上变成了市区建在化工厂附近。

国际组织规定，PX 工厂与居民区的安全距离为 100 公里。但事实上，国外很多 PX 工厂跟居民区都相隔很近：美国休斯敦每年 280 万吨 PX 装置距 6 万人城市的距离为 1.2 公里；新加坡裕廊岛埃克森美孚炼厂每年 37 万吨 PX 装置与居民区距离为 0.9 公里；日本横滨 NPRC 炼厂每年 35 万吨 PX 装置与居民区仅隔一条高速公路。[81]就国内而言，根据国家石油和化学工业局制定的《石油化工企业卫生防护距离 SH3093-1999》标准，依据风速和污染物的不同，防护距离有所不同，但标准中的推荐值一般都在 1 公里以下，PX 当然也不例外。

就石油化工整个行业来说，PX 远远并不是毒性最强的，甚至可以说，它还算是其中相对较安全的。不过，值得指出的是，单纯只用目标产品的毒性衡量化工行业的污染水平是远远不够的。比如冶金的最终产品——金银铜铁等金属单质几乎不具有毒性，但生产过程中的严重环境污染已成为共识。尽管 PX 本身毒性很小，但其生产过程中会产生许多种副产物，如苯、乙酸、乙酸乙酯等有机物，以及石油中含硫杂质经化学变化产生的硫化氢，这些物质的毒性都很大。[82]在世界范围内，PX 项目存在着由发达国家向中国、印度等发展中国家转移的趋势，这固然与上下游产业发展有关，但发展中国家的环保压力要比发达国家小，这显然是一个不容忽视的重要因素。因此，人们对 PX 项目是否能保证在生产过程中的污染控制和出现危机情况后应急处理是否有信心，才是一个大大的问号。但是，近年来随着中国民众对居住环境质量要求逐渐提高，民众对于政府兴建可能毒害人体疑虑的化学工厂越来越反感，PX 选址之惑背后蕴含着邻避危机背后的公共性问题：公信力、公共决策、公众参与、经济发展与环境保护的关系问题。

2. X 市 PX 事件[83]

X 市是中国重要的石油化工基地。X 市石化始建于 1955 年 5 月，原油一次加工能力超过每年 2 000 万吨，乙烯生产能力每年 100 万吨，是中国首座产能达到每年 100 万吨的乙烯生产基地。

X 市反对 PX 立项大游行，再一次把 PX 推向舆论的风口浪尖。近年来在公众抗议声中，PX 项目或立项停摆或别处复出，已经到了谈 PX 色变的地步。作为服装行业的原料，PX 成为公众眼中高毒高危产品。中国是全球最大的服装制作及出口基地的现实，使中国成为亚洲最大的 PX 消费地区。长期 PX 产业高盈利和定价让位日韩的现实，催生近年中国众多 PX 项目上马，但到目前为止，国内供需仍然未能平衡。

从 2007 年 S 市 PX 项目因市民反对搬迁至某地，到 2011 年 M 市 PX 项目引发大型群体性事件，等等。PX 作为这些群体事件的导火索，已经被舆论严重妖魔化，成为地方政府引资的摇钱树，成为民众眼里的猛虎野兽。

2012 年 10 月，X 市 PX 项目正式获得国家发展改革委批准，由 X 市市政府与 X 市石化公司采取合资方式共同建设。X 市 PX 项目包括新建每年 60 万吨装置，配套建设原料及成品储罐、火炬设施，总投资 350 515 万元。

2014 年 3 月 17 日，X 市市委宣传部向当地主要网站、三大运营商负责人布置了任务。当地还加强了网络舆情监控和引导：一是核心网评员严阵以待，引导网民理性看待 PX；二是督促网站对敏感负面信息进行坚决屏蔽；三是会同有关部门对发表过激言论的网民进行身份核查，进行教育训诫和稳控。3 月 18 日，X 市市委召开石油产业专题学习会，邀请中国工程院院士，清华大学化工工程系教授、化工科学与技术研究院院长对 X 市 PX 项目解疑释惑。

3 月 20 日，X 市下辖区县召开推进会议，推进 PX 项目成为 X 市各地、各单位的“头等大事”，X 市部分学校、单位要求签署《支持芳烃项目建设承诺书》，这种“硬性摊派”被认为违背了市民对 PX 项目的真实意愿，但沟通工作还未开启，已引发群众的抵制，成为这次矛盾爆发的燃点。

2014 年 3 月 30 日上午，X 市市区一些群众为了表达对拟建 PX 项目的关切，在市委门前大草坪聚集，并在个别路段慢行，整体情况理性、平和。下午，有小部分人上路堵塞交通，后逐步散去。但晚上 10 点半之后，小部分闹事者开始骑乘摩托车扔石头、矿泉水瓶等破坏公共设施，公安机关迅速行动，果断处置，有效控制了局面。

事件发生后，X 市市政府在一场发布会公布调查结果，称：“30 日下午，在中心广场聚集的极少部分挑事分子带头向警察扔矿泉水瓶、鸡蛋等杂物，同时鼓动部分不了解情况的市民群众到街上拦截车辆，造成公路严重堵塞。当晚 8 点多，约 40 多名不法分子窜回市委对面中心广场，先后拦停两辆社会车辆，实施了打砸行为，并推翻其中一辆汽车，还追打上前劝阻的民警。到晚上 10 点，这伙不法分子纠集部分社会闲散人员用石块、玻璃瓶袭击市委门口，被警方驱离。随后，不法分子继续在市区多个地方打砸沿街商铺、广告牌，纵火烧毁一辆执勤警车。”X市副市长说，少数不法分子借反对PX项目之机，在市区故意实施打砸烧等违法犯罪行为，为避免事态恶化，维护社会公共秩序，保护人民群众生命财产安全，公安机关迅速行动，依法果断处置，有效控制了局面，事件中没有人员死亡。同时，X市市政府发布通告，称市区少数市民受不法分子挑唆，未经申请针对拟启动的PX项目举行集会游行示威，属严重违法行为，市政府坚决反对。针对广大市民表达的意见和诉求，市政府在项目论证的过程中，一定会落实群众的知情权、参与权，如实向国家有关部委和专家反映情况，切实做到项目建设实事求是、依法依规。X市民关心X市这座城市，说明城市发展大有希望。

3月31日，X市市政府新闻发言人接受采访时表示，广大市民关心PX项目市政府十分理解，该项目仅是科普阶段，离启动为时尚早。在考虑项目上马时一定会通过各种渠道听取公众意见再进行决策。如绝大多数群众反对，市政府是不会违背民意进行决策的。请广大市民理性表达意见，共同维护社会稳定。

4月1日晚，有民众在X市市政府门前聚集，警方除了施放催泪弹，还使用水枪驱赶民众，并有X市市民到省政府外请愿，但很快被警方驱散，有数名请愿者被带走调查。网上还传出一些X市中小学向学生发放要求学生不参与妨碍政府推进重大项目建设的承诺书，并要求学生签字。

4月2日下午，X市市委党校市情研究中心诚邀一批知名网友在市委党校召开恳谈会。X市市委副书记以一名普通网友的身份参加恳谈会，并与网友们敞开心扉一起交流探讨了近日发生的涉PX项目聚集事件。

4月3日下午3点，X市市政府再次召开X市PX项目新闻发布会。主要内容如下：第一，市委、市政府一直高度重视人民群众身体健康和环境保护。当初提出X市PX项目的设想，是立足于PX项目安全可靠这一科学认定以及学习借鉴国内外成功经验做法为前提的。第二，市政府没有制定开工建设芳烃项目的具体时间表。只是处于科普阶段，项目环评、立项等前期工作还没开展，远未具备国家有关部委同意施工建设的基本条件，离启动为时尚早。在这次事件中我们看到，部分市民在这个问题上还没有共识，接下来，我们将尊重民意、民情，在社会没有达成充分共识前我们决不会启动该项目。第三，在项目普及知识阶段，部分群众表达了对这个项目的关切。在这次事件中，绝大多数表达诉求的群众是理性平和的。广大人民群众对 PX 项目所表达的关切和意愿，充分体现了大家对 X 市的无比热爱，对 X 市未来发展的深切关注，与市委、市政府的工作和愿望是完全一致的。但在事件中，极少数不法分子编造谣言、借机闹事，采取打砸烧等暴力手段破坏市政设施，扰乱社会秩序，危害公共安全，既违反了国家法律，又严重背离了广大群众理性表达对 PX 项目关切的初衷。对这些违法行为，公安机关必将依法严厉打击。

考虑到 X 市市民对 PX 项目的关切，X 市市政府表示，没有制定开工建设 PX 项目的具体时间表，环评、立项等前期工作还没开展，在社会没有达成充分共识前不会启动。X 市市政府同时表示，相关部门要区分市民群众合法表达意愿和不法分子借机闹事两种性质截然不同的行为。

从该案例的舆情发展情况来看，3 月 29 日、30 日没有引起网民的注意，仅有《X 市日报》《东方早报》等媒体报道，该阶段处于发酵前期。31 日，随着政府新闻发布会的召开，微博关注度也水涨船高。X 市官方微博“@X 市发布”发出了《X 市市人民政府告全体市民书》。

3 月 31 日，“@人民日报”发声：“30 日，X 市部分民众对拟建的 PX 项目表达关切，并引发冲突。这不是 PX 项目第一次遭到抵制。这个在全球需求量很大的新材料项目，在中国已经成了‘过街老鼠’。公众对 PX 项目焦虑的背后，是对环评、安全和监管的不信任。PX 项目究竟是什么，风险有多大?”其转发数和评论数分别为 18 469 条和 9 708 条。

4 月 1 日，传统媒体报道的逐渐增多，微博平台上网民关注度陡增，更多网友转载和评论的是“@东方早报”的信息内容，但官网的报道被封。在新浪微博和腾讯微博上搜“X 市 PX”，相关微博被屏蔽。

4 月 2 日、3 日、4 日，在网友、媒体和市民的互动与“化学作用”下，X 市 PX 事件再次成为近年来规模较大、舆情争议激烈的群体事件。广大市民在网上发帖时纷纷谴责不法分子打砸闹事的违法行为，并表示“希望政府在处置事件过程中要特别注意区分哪些民众是合理反映诉求的，哪些是蓄意破坏的！”“希望政府在听取民众诉求的同时，快点揪出不法分子，保障人民群众的安全。”

从事后市民反映来看，大多受访市民积极看待政府关于此项目是否上马会充分听取民意才决策的回应，相信政府会公开透明地开展工作。提到小部分闹事者打砸烧等违法行为，以及网络传谣对自己正常生活造成的影响，市民表示，少部分人的违法行为必须受到谴责，依法惩处，相信政府有能力维护好 X 市的社会秩序。

从该案例的处置来看，有很多类似反对 PX 项目的群体事件发生在前，对社会上的抵触情绪，X 市当地肯定也不会意外。可让人奇怪的是，为什么却“知之而不鉴之”，仍然没有做好信息沟通、情绪疏导，直到反对的声音以抗议的形式浮出水面，才发出一纸倡导“合法、平和、理性”的公开信？不管是媒体还是公众，在反思过去围绕化工项目发生的公共事件时，总是把沟通、交流、信息公开摆在最突出的位置。看来，无论说多少，还是说得不够。地方经济发展固然重要，但是，一再发生的 PX 事件，也提醒各级政府部门，在发展经济的同时，不能采取“鸵鸟政策”，也要统筹兼顾各方利益，用现代国家治理方式，解决发展和安全、发展和环境的各种问题。

在 X 市 PX 事件中，表现最为明显的是官民冲突。官民冲突激化的原因涉及体制缺陷、利益纠纷、思维局限乃至传统文化心理等多方面因素。目前，中国已发生多起 PX 群体事件，在很多公众心目中，PX 已与“有毒”“致癌”等联系在一起，使之成为威胁人类居住的代名词。由此来看，公众反对 PX，主要源于政府和企业信任感的缺失。在这样一种片面强调立场，甚至立场高于真相的怪象下，社会舆论对政府要求在常态秩序上土崩瓦解，民众产生恐慌状态下的集合行为，在充满各种不确定因素的情境下，质疑、疑虑、愤怒情绪迅速蔓延成一种强大的集体无理性，呈现出民间舆论场各种传言甚至谣言的发酵与膨胀，而促使群体事件的恶化升级。

由此可见，信息不公开，没有权威专家论证，公众会很自然地将种种疑虑无限放大。在此次 X 市 PX 项目事件中出现的谣言，从根本上看表现出传播交流缺乏对等性而产生。因此，在公关决策过程中，要求政府由始至终保持与民众对话的态度，共同推动政策议程的设置，摆正姿态承认网络民意表达中的合理部分。

四、 国际视野对比下的海湾石油泄漏事件[84]

石油泄漏是近年来常发生的邻避危机之一。C石油公司（以下简称C公司）的某海湾事故作为一起典型的新型邻避危机案例，其事件性质复杂，在国内尚属首次。尽管以往石油企业也曾经针对各种事故做过安全演练，但是，在真正面对溢油事件时，无论是企业还是国家海洋局等监管方都受到了严峻挑战，其至少反映出了三方面的问题：企业与政府相关部门对于公共事件的应急反应不及时，各主体方的协调紧密性不高，当前海洋石油安全应急准备还不充分。或许，只有痛中思痛，积极汲取该类危机事件的经验教训，才可能成为我们下一步迈向海洋更深处的机遇，化解海洋战略中必须面对的新型危机。

（一）矛盾焦点

2011年6月，C公司在某海湾一油田发生漏油事故，该油田属于C公司与中海油的合作项目，C公司为作业方。2011年7月5日，中国国家海洋局发布该事故通告，并介入调查。随后，该事故引起媒体关注，目前漏油源头尚未永久封堵。

8月31日是C公司完成封堵溢油源并清理油污的最后期限。该公司9月2日承认，在该油田C公司平台北侧发现九处海底油污渗漏点。由于一直未得到有效遏制，此次溢油总量已经增加至2 500桶。面对C公司的懈怠敷衍，国家海洋局牵头国土资源部、环境保护部、交通运输部、农业部、安监总局、国家能源局等部门组成联合调查组，彻查事故缘由，对其影响和损失进行评估。联合调查组成立伊始即明确要求，C公司必须尽快偿还“旧债”并保证不出现新的损害。

在溢油尚未阻断之际，公众关心的赔偿问题也难有定论。此前，有传言称，国家海洋局拟就某海湾漏油事故向中海油与C公司发起上亿元索赔。该局旋即予以否认。不过，国家海洋局北海分局已公告，向全社会公开选聘法律服务团队，为生态索赔诉讼作准备。联合调查组在听取了情况汇报后明确要求，C公司必须不折不扣地采取有效措施彻底排查并切断溢油源，彻底排查并消除再次发生溢油的风险，并保证不再造成新的海洋环境损害，对已经造成的损害要切实负起责任。

联合调查组还提出，调查期间，C公司必须积极配合调查工作，无条件地保存好原始数据和资料，并随时按照联合调查组的要求提供相关原始数据和资料。同时，联合调查组强调，C公司必须根据法律的有关规定，及时向社会公众公布溢油事故的相关信息，特别是溢油事故的全过程及造成的影响和损害。

国家海洋局北海分局将代表国家依据相关法律法规的规定，向溢油事故责任方提起海洋生态损害索赔诉讼，并向全社会公开选聘法律服务团队代理此案。北海分局称，将邀请国内法学和海洋专家组成专家考评组，对报名应聘者进行初步审查，从中选取不少于五家应聘机构，进入正式选评范围。对进入正式选评范围的法律服务机构，采取现场集中考评、综合评分的方法，按考评得分结果，推荐由一家主体办理机构、三家到四家辅助办理机构组成的法律服务团队。

法律界则从公益诉讼入手干预。北京华城律师事务所律师向青岛海事法院、天津海事法院以及海南省高级人民法院提起诉讼，要求中海油和C公司设立100亿元的赔偿基金，进行生态赔偿和生态恢复。还向北京市第一中级人民法院提出诉讼，状告国家海洋局行政不作为。

（二）案例始末

2011年6月4日，国家海洋局北海分局接到负责油田生产作业管理的C公司的报告，称某油田B平台东北方向海面发现不明来源的少量油膜。接下去整整半个多月，油污仍在扩散，事故调查也在进行，但真相却一直没有通过任何渠道向社会公开。

直到 6 月 21 日，一条“某油田有两个油井发生漏油事故已经两天了，希望能控制，不要污染”的微博引起了媒体和公众的关注，溢油事实浮出水面。

7 月 5 日，国家海洋局召开第一次新闻发布会，就事故原因、处置情况和对环境的影响等问题进行通报。第二天，作为事故责任方的 C 公司终于跟中海油一起面对公众发布消息。7 月 6 日 16 点，专程来华的 C 公司全球高级副总裁说：“我们对造成的环境影响表示深深的歉意。”

根据 C 公司的解释，发生在 C 公司平台的溢油是因为钻井压力过高出现了井涌，发生在 B 平台的溢油事故缘于海底地缝断层溢油，在中国尚属首次。中海油执行副总裁表示，这样的海底漏油非常罕见，在出现情况后需要从陆地调运专业声呐等设备，还需要更多的时间来确定油是从哪里来的以及对油藏的分析研究，综合各方面因素才能初步判断得出初步结论。这个解释被海洋局接受，并在新闻发布会上作为初步调查结果公布。

7 月 29 日，国家海洋局给 C 公司下了通牒，要求 C 公司采取一切有效措施于 8 月 31 日前彻底排查并切断溢油源，彻底排查并消除再次发生溢油的风险。然而，此后一系列的事实表明，国家海洋局的通牒并没有给 C 公司带来压力。此后，在 B 平台附近海域又出现新的溢油点。

8 月 2 日，检查组赴溢油事故现场检查，C 公司称这个点是原来的溢油点，外侧发现油花是因为集油罩罩错了位置。在责令 C 公司重新探测后的 8 月 7 日，C 公司终于向北海分局承认，这一区域发现两个溢油点，相距 10.8 米，并承认之前未尽力排查溢油风险点。“检查组还对 C 公司对于 B 平台的封堵计划提出严重质疑，认为是治标不治本的措施。”

国家海洋局曾要求，C 公司在 8 月 7 日前完成清污工作，并在 8 月 10 日前提交清理回收效果的评估报告。根据北海分局下达给 C 公司的通知，C 公司提交的油污清理回收效果自评估报告至少包含以下内容：本次溢油事故导致的某油田海底油污（含油基泥浆）分布面积、厚度及数量等情况，已清理和未清理的油污数量等。北海分局的工作人员表示：“虽然 C 公司已提交了新的清污说明，介绍清污情况以及接下来的打算。但由于 8 月 7 日未能完成清污，所以这份报告不能被称为清污评估报告，只是一份说明。”

8 月 16 日与 19 日，国家海洋局两次约谈 C 公司公司。第二次约谈国家海洋局还联合了国土资源部、环境保护部、交通运输部、农业部、安监总局、国家能源局等部门组成联合调查组，以彻底查明某油田溢油事故原因并全面评估事故造成的影响和损失。

8 月 19 日到 24 日，短短一周时间里，C 公司总裁在媒体见面会就漏油事件两度道歉。然而，8 月 24 日的媒体见面会，除了苍白的致歉外，C 公司几乎没有提供比 7 月份第一次发布会更详尽的信息。

C 公司在见面会上声称，截至目前，溢油事故共溢出原油 700 桶，矿物油基泥浆 2 500 桶。现在已对 B 平台通过减压措施进行封堵并计划对打挖新井注入水泥，以保证永久封堵。但是对于这一措施的功效是否被海洋局认同，C 公司不置可否。

北海分局的工作人员表示：“我们已经在职责范围内把行政手段用到了极致。请专家对 C 公司提交的报告进行论证，包括现场指导，我们的 16 名调查执法人员自溢油事件发生开始，就住在平台和搜油船上，监督 C 公司的工作。但是这种执法受到多方因素的制约。海底的情况很复杂，只有像 C 公司这样的专业公司才能下得去，对监测技术手段的要求也很高。”“C 公司一直是被质疑的油公司，对于 C 公司提供的信息和结论，我们也并不是全信，有自己的判断。比如，C 公司说已查清溢油源，B 平台的海底地缝已自然弥合。地层怎么可能自然弥合呢？如果已经彻底解决，集油罩怎么还放在那里？而且里面的油含量很高，这说明油还在冒。C 公司平台的海底油污越清越多，当时我们就怀疑有新的溢油点，果然到 8 月 25 日，在 C 公司平台附近先后共发现渗漏点 16 个。”

国家海洋局副局长在 8 月 25 日对该油田溢油事故处置情况的通报也间接证明了这位工作人员的说法：这次溢油影响主要集中在该油田周边及西北海域。从 6 月 4 日到 8 月 23 日，共有 5 500 平方公里海域受到污染。其中，水质达到劣质的是 870 平方公里。

但是，国家海洋局这种透明公开的质疑方式或许并不被石油公司接受。某国际石油公司工作人员郭先生表示：“就溢油事件本身来说，如果是地质原因造成的溢油，石油公司需要承担的责任小，错并不大。它的错在于，一是拖延了很多天才公布消息，二是事件披露后，虽然采取了一些措施，但表现得并不积极，而且这些措施的效果有限。”在这位工作人员看来，“对中海油、C公司的过度曝光，并没有起到好的效果。海洋局能系统动用的法律法规和技术手段有限，采取的又是下命令，而非疏导的方式，导致油公司不信任，处于自我防御的状态，对处罚只是一味简单应对。海洋局虽然有行政管理的手段，但是缺乏和C公司进行对话的技术能力。无论是从信息的掌控还是专业水准各方面，双方的实力是不对等的。而国家海洋局越被动，相对采取措施更激进，这也更容易导致C公司的消极配合”。

郭先生出示一份关于国外溢油实验的公开报告。“这是由雪佛龙公司提出、23家油公司参与的在挪威北海地区进行的溢油实验，1999年做计划，2000年实施。在美国，由环境保护署牵头，与大的油公司合作，做了很多与溢油相关的课题。这种与油公司互动有度的合作，既便于与油公司打交道，也有利于相关法规的完善。”

“在溢油实验中，假设事故溢油点、输入风况、海况、流向等参数，使用国际通用的几种模型，可以计算出溢油漂移的轨迹。”交通部科学研究院水上污染损害评估与溢油应急处置技术实验室研究员认为，实验的目的一是便于事故处理。海上找油很不方便，按照漂移的轨迹可以做技术回收、围挡。二是决定应对措施，为使用围油栏，消油剂做准备。因为消油剂类似于洗洁精，能将大分子油分解为小分子，加速其扩散，但这样容易被海洋生物吸收入体内，进入食物链。三是便于做事后的污染评估。溢油扩散到多大面积，影响哪些珍稀生物，这些都需要参数，而实验可以收集相关数据。但是，类似的实验“国内仅有科技部和发改委做过相关研究”。

中国石油大学石油工程学院某教授对“海底断层溢油”的说法持怀疑看法。“按照常理，国家海洋局有权让C公司公布施工方案、细节、数据以及相关的材料，但如果你都不知道可以主张的权力内容范围，对方怎么会主动提供给你？中海油有这种专业知识，但它是溢油事件的产权方，和C公司是合作关系。至于专家组，他们要顾忌的东西太多，一般都说得很中性。”

根据郭先生的介绍，中石化、中石油和中海油基于三种原因会拿出一些地块和国际大石油公司合作。“一是技术上无法开采的，或现有技术手段不足以进行高效开采的区块；二是用于国际间项目合作或交换；三是引进外资，合作完成勘探目标。”这种合作采用的是全球石油行业的通用模式产量分成协议（PSC公司），义务和权利均由协议约定。“一般而言，中方负责地方事务的协调、政府审批。外方负责投资作业，并须对安全环保负责。”

8月31日，在众所关注的“大限”之日，C公司向国家海洋局提交了一份综合报告，并向海洋局以及外界确认“C公司已经查明并且封堵了溢油源”，完成了“两个彻底”。对此，海洋局当即表态称将严格核查。由此，这场牵动某海湾的漏油事故将开始另外一场角逐。

9月2日，该油田溢油事故联合调查组作出结论：C公司中国有限公司没有完成“两个彻底”——彻底排查溢油风险点和彻底封堵溢油源。依据联合调查组做出的结论，国家海洋局决定采取进一步监管措施，加强对溢油事故处置监督管理，责令该油田停止回注、停止钻井、停止油气生产作业。

对于国家海洋局的处罚决定，C公司9月2日深夜表示，已经收到国家海洋局的决定，将按相应步骤停止某海湾该油田的生产作业。C公司正在与合作方中国海洋石油总公司共同制订执行方案，并将上报给国家海洋局。

9月3日，央视记者随同海监船前往事故海域，通过公共船用无线对讲频道对C公司中国石油公司员工采访。记者问道“目前为何海面还有油膜和大量拖油船”时，C公司员工表示：“由于天气原因造成油污回收延时，并且我们还在持续做探膜，如果发现油污没有回收完，我们还会持续做回收。”随后记者提问：“既然你们声称延时，为什么你们在8月31日向公众宣布完成了国家海洋局的‘两个彻底’的要求，这是不是自相矛盾呢?”此时对讲机那头传来：“我们就是骗你的，骗你的。”

3日晚间C公司刊发声明称，央视的报道与事实不符，接受中央电视台记者采访的C公司中国员工没有发表该言论。C公司还要求中央电视台更正采访中的错误报道。C公司解释称，在附近海域的各种船只上的上千人中的任何人，都可以随时使用这个海上公共船用无线对讲频道发表言论或打断各种对话。C公司还认为，中央电视台的录音显示，发表该言论的声音与该公司接受采访的员工的声音并不相同。C公司中国员工在该采访中，根据该油田的相关活动进行了如实陈述，C公司要求中央电视台更正采访中的错误报道。

9月7日，时任国务院总理温家宝主持召开国务院常务会议，听取该油田溢油事故处理情况和某海湾环境保护汇报，研究部署加强环境保护的重点工作。汇报认为，6月4日以来，位于某海湾的某油田连续发生溢油事故。截至9月6日，溢油累计造成5 500多平方公里海水污染，给该海湾海洋生态和渔业生产造成严重影响。目前，溢油风险点仍未彻底查清，溢油隐患仍未彻底排除，溢油造成的损失仍在调查评估中。有关部门要切实负起责任，抓紧做好事故调查处理工作。一要督促责任单位彻底排查溢油风险点，封堵溢油源，认真清理油污，切实减轻污染损害，并重新编报海洋环境影响报告书。二要彻底查明事故原因，查清事故造成的危害及损失，依法追究责任，维护受损各方的合法权益。三要吸取事故教训，立即部署开展海洋石油勘探开发安全生产检查，全面加强海洋环境监视监测和监督管理，落实安全措施，及时消除各种隐患。四要全面、准确、及时发布事故处置相关信息，真诚回应社会关切。五要着眼长远，抓紧研究完善海洋环境保护的法律法规。

C公司中国有限公司正式宣布，将就在中国某海湾某油田发生的溢油事件设立基金，旨在根据中国相关法律承担公司应尽的责任并有益于某海湾的整体环境。有关该基金的设立与运作，C公司中国有限公司表示，将与中国相关政府部门及该油田合作方中国海洋石油总公司配合。但是，关于基金设立的具体细节，例如基金金额以及具体用途等，C公司并未披露。

在某油田溢油事故后，总部位于休斯敦的C公司于9月19日宣布，该公司董事会批准设立第二项基金。然而，自9月6日公布第一项某海湾基金开始即争议不断，上述两项基金的资金规模、法律依据，以及出资方、受益方等不详。在港交所上市的中国海洋石油有限公司投资者关系部相关人士对此回应称："母公司中国海油正在积极推动建立海洋环境生态基金，并在与相关方就具体细节进行商讨，如有进一步进展将及时向公众公布。"一位国家海洋局北海分局向社会公开选聘的律师团成员称，这一基金的设立，不会对C公司应履行的生态赔偿法律义务产生实质性的影响，更无法规避这一义务。

C公司称，将与其合作方中国海洋石油总公司或其他有关方面进行合作，以专门响应中国某海湾环境问题。公司还重申了先前于9月6日的公告，内容涉及设立单独的基金为某海湾某油田事件造成的任何损害提供公平合理的赔偿。C公司称，本着与政府有关部门合作的态度，C公司将运作这两项基金。

（三）背景分析

C公司是一家全球著名的国际一体化能源公司，主要从事石油、天然气勘探、生产、加工和营销，以及化工和塑料产品的生产和销售。C公司是全美第三大能源公司，总部设在美国得克萨斯州休斯敦，在30多个国家开展业务。截至2009年6月30日，其员工总数达到3万余人。C公司以拥有勘探与生产技术、油藏管理和开发、三维地震技术、高等级石油焦炭改进技术和脱硫技术闻名于世。公司正在进行的新兴业务包括发电，碳—液转化，技术解决方案以及开发可再生和替代能源技术等。C公司中国有限公司是C公司下属的全资子公司，目前员工约800名，与中外方合作从事石油和天然气的勘探与开采业务。目前在北京、塘沽和蛇口设有办公室。

在中国的某海湾，C公司中国有限公司与中国海洋石油总公司（中海油）共同开发中国海上最大油田之一，面积覆盖约3 200多平方公里。

在与中海油的合作中，C公司于1999年5月在位于中国某海湾的11/05区块发现了某海上油田。目前，C公司中国公司是该油田的作业者。

2002年12月该项目一期投产。某油田二期项目正在开发建设之中，其中要涉及的设施有五座井口平台、中央处理设施和一艘新的世界最大的FPSO之一——“海洋石油 117”FPSO。与此同时，与某油田毗邻的其他油田也在进行开发。四座井口平台已经投入使用，“海洋石油 117”FPSO 则于 2009 年 5 月正式投产。该油田预期在 2011 年达到产量高峰，日产原油预计达 69 000 桶。2009 年，11/05 区块的日均原油产量为 33 000 桶。

2006 年 3 月 31 日，C 公司成功完成对柏林顿资源公司的并购。C 公司中国有限公司进一步扩大了在中国的资产。C 公司中国有限公司在中国发展业务的同时，更注重回馈公司作业所在的社区，包括支持教育，保护环境，重视员工及家属的安全，积极促进技术转让，并一直倾力通过多种大学项目支持教育、通过探索未来之路教育计划支持中国的环境保护事业等。C 公司的表现得到了社会各界的肯定。C 公司中国有限公司于 2003 年获得美国国务院“优秀企业奖”提名，并于 2004 年获得首届光明跨国企业十佳公益奖，以表彰其在企业社会责任方面的贡献。2008 年获得中国扶贫基金会“中国民生行动先锋”奖。

但在 2011 年漏油事件中，C 公司被指责处理某油田漏油事故不力。国家海洋局北海分局组成检查组对该油田进行现场督查，检查组认为，C 公司采取的只是一些临时性的措施，在完成国家海洋局提出的“确保海上溢油不登陆、确保不影响环境敏感区”要求上没有兑现承诺，在清除海面溢油和海底油基泥浆工作上没有达到要求，对以上问题检查组当场予以指出并责成立即纠正。

（四）经验与启示

C 公司在此次危机应对中可谓连连失分，其经验教训极大。

一是没有进行及时的危机沟通和调整处置姿态。6 月发生漏油事件，7 月初才公开承认有此事，对外宣称已启动应急程序，并有效控制渗漏点。几天后国家海洋局海洋环境保护司司长表示，事发油田的单日溢油最大面积达 158 平方公里。7 月 6 日，C 公司总裁称清洁工作接近尾声，8 月底又表示渗油源得到永久性封堵，并声称完成“两个彻底”，即彻底排查溢油风险点、彻底封堵溢油源，结果是再次食言。更具戏剧性的一幕是，央视一位记者在 9 月出海，看到海面上的油污没有回收完，向 C 公司工作人员提出了疑问，得到的回答是："我们就是骗你。"这句话再次把 C 公司推上了风口浪尖。除瞒报、撒谎、耍无赖外，"傲慢"这两个字是外界描述 C 公司时使用最频繁的词语。这种态度也是让公众愤怒的原因之一。事故发生两个月后，C 公司都未做出道歉声明，在 8 月 10 日国家海洋局要求 C 公司向公众道歉后，该公司才对两起溢油事故表示歉意，但道歉内容中并未提及公司清污不力，也未对环境影响做任何表态。

C 公司在休斯敦总部的英文通告中，溢油量为"1 500 桶至 2 000 桶"，而这一数字在中文版中变成了"1 500 桶"。在媒体的质疑中，C 公司公共关系顾问解释得很轻松："休斯敦那边的工作人员犯了个小错误。"

在事故发生三个月后，《人民日报》发表文章指出："作为一家知名跨国企业，C 公司这一番应对表现，可谓深得'危机公关'的个中三昧——事发之初能拖就拖，尽量封堵消息；无可抵赖则及时回应，在抢占舆论落点方面不缺席；貌似真诚、虚与敷衍，对真相无可奉告。"

危机公关专家林景新认为："回顾整个事件，及时、客观、透明和真诚乃是危机管理的法宝。无论哪点欠缺，都将成为舆论的把柄。对 C 公司来说，在进行危机管理时，首先应该将自己积极负责处理危机的态度展现给公众。C 公司的傲慢态度是因为把自己定义为非民用产品，对公众的信任缺乏足够重视。"

二是没有进行诚信的信息公开和勇于承担责任。六年前，C 公司旗下子公司的一艘运油船，就曾将 1 000 加仑原油泄漏在美国普吉特海湾，为此该公司支付了 54 万美元的罚款。"每个公司都有义务防止溢油发生，如果还是发生了，每个公司都有义务查明原因、迅速报告并将油污清理干净。"这是当时负责处理事故的华盛顿环境部门负责人的严厉表态。

三是中国自身海洋危机的系统化应对政策有待加强。自溢油事故一开始，国家海洋局的态度就很鲜明，漏油事故应该由作业者 C 公司承担所有责任，最高可对其罚款 20 万元，至于中海油的责任，要根据其与 C 公司签订的合同来界定。至于即将提出的生态损害索赔，也主要针对C公司。但事实上，中海油在该油田占有51%的股份。按照国际通用惯例，产权方比作业方要承担更大的责任。如果是合作开发，确实不应只对作业方要求赔偿，但C公司可能会认同只对它索赔是更好的解决方案，或者私下里可能也有别的战术。而这个时候，或许也只有它站出来，才有利于事情尽快解决。

但是，以国家海洋局为主体将向C公司提出的生态损害索赔其目的不应该仅为了惩罚C公司，更重要的应是促进溢油应急体系的建立。中国海洋石油勘探开发溢油应急力量是国家海洋局中国海监总队及各海区（北海、东海、南海）的海上应急指挥中心；海上船舶溢油应急力量则是交通部和国家环保部；其他政府部门，诸如气象局、农业部等关键部门没有纳入整体的海上溢油应急体系。现有的中国海上船舶溢油应急计划由交通部和环保部联合实施，层次比较低，强制力不够。另外，中国各个部门、行业、企业在海上应急事务上联系松散，作业程序自成体系，各海洋行政部门关系尚未理顺，无法实施有效监管，依赖作业者自我约束现象严重，这些都是下一步亟待深化和系统化配套解决的问题。

（五）他山之石与案例启示：墨西哥湾漏油事件[85]

2010年4月20日夜间，位于墨西哥湾的“深水地平线”钻井平台发生爆炸并引发大火，大约36小时后沉入墨西哥湾，11名工作人员死亡。据悉，这一平台属于瑞士越洋钻探公司，由英国石油公司（BP）租赁。钻井平台底部油井自2010年4月24日起漏油不止。事发半个月后，各种补救措施仍未有明显突破，沉没的钻井平台每天漏油达到5 000桶，并且海上浮油面积在2010年4月30日统计的9 900平方公里基础上进一步扩张。此次漏油事件造成了巨大的环境和经济损失，同时，也给美国及北极近海油田开发带来巨大变数。受漏油事件影响，美国路易斯安那州、阿拉巴马州、佛罗里达州的部分地区以及密西西比州先后宣布进入紧急状态。事发当天，时任美国总统奥巴马在白宫表示，命令内政部长肯·萨拉查对路易斯安那州附近的“深水地平线”钻井平台爆炸沉没一事展开详尽调查，在30天内提交报告。美国国土安全部长纳波利塔诺宣布，漏油事件的影响已经不是英国石油公司还有它的承包商越洋钻探公司能解决得了的，美国政府或将大规模介入，现在救灾还在进行当中。有专家预计，救灾的花费会在10亿美元左右。

这个油井刚要完工，尚未投产，由英国石油公司所有。英国石油公司内部调查显示，墨西哥湾“深水地平线”钻井平台爆炸由一个甲烷气泡引发。另外，漏油最后一道防线“防喷阀”先前发生过失效的状况。工人在钻井底部设置并测试一处水泥封口，随后降低钻杆内部压力，试图再设一处水泥封口。这时，设置封口时引起的化学反应产生热量，促成一个甲烷气泡生成，导致这处封口遭破坏。

5月27日专家调查显示，海底部油井漏油量从每天5 000桶，上升到2.5万桶，水面油污3万桶，演变成美国历来最严重的油污大灾难。原油漂浮带长200公里，宽100公里，而且还在进一步扩散，排污行动可能会持续数月。为了帮助美国排除原油泄漏造成的污染，10多个国家和国际组织向美国伸出援手，墨西哥表示，将与美国紧密合作，避免这一地区生态环境遭到进一步破坏。挪威的一个石油公司许诺提供除油剂和设备，并派遣人员。伊朗将向美国提供打减压井，防止原油继续泄漏的技术。美国国务院发言人菲利普·克劳利对各国的援助表示感谢。

若以每日漏油量最高达400万加仑计算，再漏油三个月，就相当于漏出约3.78亿加仑，即约143万立方米。英国石油公司（BP）利用“灭顶法”堵塞墨西哥湾油井失败，在路易斯安那州新奥尔良，数百群众冒雨示威抗议政府和石油公司截油不力。

6月23日美国墨西哥湾原油泄漏事故再次恶化：原本用来控制漏油点的水下装置因发生故障而被拆下修理，滚滚原油在被部分压制了数周后，重新喷涌而出，继续污染墨西哥湾广大海域。德国柏林工业大学石油地质学家威廉·多米尼克日前指出，美国过早开放深海石油开采以及英国石油公司忙赶工期是导致墨西哥湾原油泄漏的主要原因。

“深水地平线”沉没后大量漏油，威胁周边生态环境。这座钻井平台配备的“防喷阀”也成为调查重点。一个“防喷阀”大如一辆双层公交车，重 290 吨。作为防止漏油的最后一道屏障，“防喷阀”安装在井口处，在发生漏油后关闭油管。但“深水地平线”的“防喷阀”并未正常启动。

“深水地平线”装备一套自动备用系统。这套系统应在工人未能启动“防喷阀”时激活它，但当时也没有发挥作用。事发后，英国石油公司企图借助水下机器人启动“防喷阀”，未能奏效。美联社报道，自从联邦政府监管人员放松设备检测后，数年间数座钻井平台的“防喷阀”未能发挥应有作用。

美国密苏里州媒体报道说，漏油事件已经对当地经济造成影响，海鲜和进口食品价格已经上涨，汽油也可能因此涨价。如果原油污染区蔓延到航运繁忙的密西西比河口，其影响将是灾难性的。

泄漏的原油可以通过多种方法清除，但是目前这些方法并不能完全清除泄漏的原油。尽管如此，还是需要用尽所有办法最大限度地清除泄漏的原油。尽管 BP 公司已经连续尝试多种紧急补漏方式，但均以失败告终。

5 月 7 日，BP 的工程师将一个重达 125 吨的大型钢筋水泥控油罩沉入海底，希望用它罩住漏油点，将原油疏导到海面的油轮。但由于泄漏点喷出的天然气遇到冷水形成甲烷结晶，堵住了控油罩顶部的开口，使得这一装置无法发挥作用。随后登场的“大礼帽”比钢筋水泥罩小一号，虽然可减少甲烷结晶的形成，但这个方法同样以失败收场。

5 月 14 日，工程师将一根 4 英寸的吸油管插入发生泄漏的 21 英寸油管，三天后，这根管道发挥了一定作用，共吸走了 2.2 万桶原油，将其输送到停泊在海面的一艘油轮里。不过这一数量只占漏油量的一小部分，为着手彻底的堵漏工程，这根吸油管随后被撤走。

5 月 25 日，美国海岸警卫队批准 BP 采用“灭顶法”控制漏油。次日，几艘远程操控的潜水艇将 5 000 桶钻井液注入油井。工程师希望，在强大的压力下钻井液会进入油井的防喷器，直至油井底部。这将使得井内失去压力，停止漏油。如果能实现初步的堵漏，BP 还将向井内注入水泥，彻底堵住泄漏点。虽然最开始略有成效，但 BP 在 5 月 29 日宣布，由于石油和天然气喷出油井的压力太强，“灭顶法”彻底宣告失败。

遭遇了连续失败后，BP 拿出一个新的控漏计划——“盖帽法”，工程师将遥控深海机器人，将漏油处受损的油管剪断、盖上防堵装置，防堵装置与油管相连，以把漏出的石油和天然气吸至油管内，再将原油送至海面上的油轮。安装这项防堵装置约需 4—7 天，如果成功可以抑制大部分漏油，但不是全部。此外，永久性解决漏油的最佳方法是钻减压井，工程人员分别于 5 月 2 日和 5 月 23 日开始钻两口减压井，每口井需耗资 1 亿美元，但是这种方式需要至少 2—3 个月才能见效。

石油持续从海下流出；天然石油很容易跟海水融在一起；产生的黏稠混合物很难燃烧，甚至很难清理；这个季节的这片海域是非常脆弱的新生命的诞生地；海岸线上有大量很难清理的沼泽。

大风和海浪促使石油直接流向一些最敏感的海岸地区：路易斯安那州的沼泽地和周围各州。这里有三种类型的海滩：沙质海滩、岩石海滩和沼泽海滩。例如佛罗里达州的沙质海滩上的浮油最容易清除。

最难清除的是沼泽地上的浮油，这里是深水地平线泄漏的石油最先流向的地方。沼泽非常脆弱，清理浮油的尝试会对它造成严重破坏。浮油一旦渗入，必须砍掉沼泽上的草才行。不过它还能渗透到土壤下面，在这种情况下很难清除石油。

吃石油的正常细菌必须有氧气才能产生作用，在沼泽地的土壤里，它们没有足够氧气进行这一过程。此时正值墨西哥湾一年一度的鱼类产卵和浮游生物繁盛期，也是这个脆弱的生态系统最易遭受破坏的阶段。飓风季 6 月即将到来，专家相信到时浮油面积会进一步扩大。尽管这听起来似乎与直觉不符，但是一场大风暴将有助于驱散和冲淡浮油。但是对于持续不断的石油泄漏事故来说，飓风起不到彻底清理的作用。

据英国广播公司报道，美国总统奥巴马 6 月 16 日证实，英国石油公司 BP 同意设立 200 亿美元基金，赔偿因墨西哥湾漏油事件而生计受损的民众。

此次漏油事件已发展成美国史上最严重的环境灾难，根据 15 日公布的最新估计，目前每天的漏油量在 3.5 万桶至 6 万桶之间。这场灾难令奥巴马政府陷于“舆论风暴”，颇有酿成政治灾难的趋势。15 日公布的一项民调显示，

71%的美国人认为目前奥巴马政府对英国石油公司过于“手软”，53%的美国人认为奥巴马政府在应对漏油事件中表现“不好”或“非常不好”。

7月15日，在墨西哥湾漏油事件发生近三个月后，英国石油公司15日宣布，新的控油装置已成功罩住水下漏油点，“再无原油流入墨西哥湾”。

英国石油公司高级副总裁肯特·韦尔斯在新闻发布会上说，工程人员当天下午2时半左右关闭了新控油罩三个阀门中的最后一个，再没发现原油泄漏的迹象。英国石油公司是在对漏油油井进行“油井完整性测试”后宣布这一结果的。该公司于10日卸除了旧的控制漏油装置，换上了目前的控油罩。

据美国媒体报道，接下来需要观察新控油罩封住漏油后，是否造成油井其他地方出现漏油点。英国石油公司管理人员此前曾表示，即使新装置能完全控制漏油，英国石油公司也将继续打减压井，因为这是永久性封住漏油油井的最可靠方法。

墨西哥湾原油泄漏事件内部调查报告在历时四个多月之后，终于出炉。英国石油公司将大部分责任，推给了油井的所有者——瑞士越洋钻探公司，以及负责油井加固的美国哈利伯顿公司。而对自己的责任，报告的总结只有简单一句：没有正确解读油井的安全测试结果，没能“防患于未然”。越洋钻探公司随即发表声明，指责英石油在油井的设计、施工过程中，作出一系列节省成本的决定，增大事故风险。

与墨西哥湾原油泄漏事件相对比，可以对某海湾漏油事件进一步作如下分析和启示。

一是企业与政府相关部门对于公共事件的应急反应不及时。在处理公共安全事件中，有一个原则是“没有最好的，只有最早的”，要求以最快的速度控制事态发展，同时要在第一时间向公众通报相关信息，并在事件进展中不断向公众进行说明。这是公众知情权的要求。某海湾渗漏事件发生后，作业者C公司在第一时间只是向国家海洋局北海分局作出了通报，并没有对社会公众进行通报。近一个月后，国家海洋局才就此事向社会进行了通报，这是一种很滞后的反应，是不合理的。而2010年4月，墨西哥湾海上油田漏油事件发生后，责任方英国石油公司在第四天就给出了原油泄漏的相关数字。

二是在这次危机处理中，各主体方的协调紧密性不高。C公司也好、中海油也罢，以及相关政府部门，对于事故原因、污染范围、事故的复杂性等方面的认知并不统一。这反映出在这起事件中没有形成很好的应急反应机制，缺乏统一的应急公关机制和应急处理机制。

三是这起事件反映出中国海洋石油安全应急准备还不充分。墨西哥湾事件的时候，美国政府与石油公司第一时间将此事对公众进行了通报，对海水受污染程度的评估也很及时。而在这次油田泄漏事件中，一个月过去了，国家环保部门对于此事的介入程度并不深入。之所以出现这种情况，可能与中国海洋管理的机构比较复杂，职能与分工不明确有关系。但是不管怎样，至少反映出我们针对此类事件发生前的准备工作、突发事件的预防与前期处理、对于公众的态度等各方面都有比较大的欠缺。这些都是需要及时改进的地方。

四是在急功近利的经营策略下，石油公司容易忽视安全的重要性。在对全球以往发生的事故进行研究后发现，石油石化产业几乎所有生产部位都有发生事故的可能性。如果各种安全条例等规范性制度及制度执行出现了漏洞，则事故隐患变现为事故的概率就会极大。而已成为既成事实的事故已经给人类社会、环境带来了不小的伤害。因此，需要进行深层次的思考。从统计信息看，全球2/3以上甚至90%以上因非恐怖主义或者现有技术任职能力不够发生的事故外，几乎都是可以预见和可以避免的。但是，在追求投资回报率、投资回收期或产量规模三者与低成本扩张的经营策略下，石油公司容易忽视安全的重要性。

四是在海洋石油安全监管制度安排上，中国确实与美国、欧洲等海洋石油勘探开发先进的国家有一定的差距，没能真正汲取类似墨西哥湾漏油事故后它们制度安排上的调整和监管技能提升等方面的经验，致使社会广泛地质疑和挞伐我们的监管能力。比如，关于应急预案，以前是指在事故发生后，如何做好应对与处置的方案，现在则是在事件发生前如何做好准备的方案。所以，企业的应急反应水平反映在准备水平上，包括事故发生前的准备、事故发生后的前期处理甚至包括在公众和媒体方面的准备。

五是要进一步提升石油安全生产的监管能力。海洋石油安全生产的监管能力，其实是综合国力的体现。它不仅需要海洋石油工业的发展，而且需要航空、航天、海底机器人、远程有介质信号通信等各方面的支撑。中国海洋监测装备、技术和信息共享等方面发展不均衡，与发达国家相比还存在较大差距。首先是硬件设备上的差异。海洋石油开采安全监管是一个技术密集型的作业，需要很多先进的设备，比如卫星监测系统、飞机检测系统、水下机器人等。墨西哥湾在漏油事件后，很快通过卫星监测系统将油污情况对社会进行了通报，为政府正确抉择提供了可靠的信息，使政府和 BP 公司在第一时间整合了社会、各企业，甚至是全球的资源，从而快速实施了近十多种从根本上解决危机的应急措施。尽管某海湾漏油规模不能与墨西哥湾漏油事故相比，但从处理过程中的综合技术能力看，我们的技术手段显得过于原始和粗放。

六是优化监管主体和系统化的监管制度。在目前形势下，中国海洋石油开采的安全监管可以考虑采用独立第三方来监管。这些独立第三方机构的专家可以从高等院校、研究部门和生产一线来选取。在符合一定标准之后，政府部门可以委派独立第三方就相关科研项目进行研究。墨西哥湾漏油事件后，美国内政部就成立一个石油钻井安全机构，由这个不为石油行业游说的组织来制定安全标准，监管海上钻井。不过，目前在中国成立独立第三方还有许多问题需要解决，比如第三方监督标准的制定、实现途径、如何保持其独立性等这些问题都需要深入研究。此外，政府部门还可以选取有海洋石油作业经验的人才进入政府监管部门，以保证监管的有效性。

值得指出的是，在墨西哥湾事件之后，我们就应该反思“中国的墨西哥湾是否安全”这个话题。墨西哥湾漏油事件给了 BP 一个教训，也为美国海洋石油工业的制度完善提供了机会。从墨西哥湾事件的最终调查报告看，不仅判定了 BP 公司在管理方面有疏漏，而且也客观地指出了美国政府执法部门监管疏漏的问题。就因如此，美国内政部相继发布了类似海上钻探监管等新的法规，如要求海洋施工企业必须将每一步要施工的程序及其可能的风险、应急措施等文本上报监管部门审批，以确保施工方的信息透明、施工方案的可靠。这一系列制度方面的切实调整将为美国今后的海洋石油安全提供制度上的保障。所以，应该借鉴美国、欧洲等海洋石油工业监管能力先进的做法与经验，制定符合国际惯例的监管制度。它不仅只是进行事前、事中的监管，更要进行事后监管和监管绩效的评估。某海湾事件看似是一起发生在海上钻井平台的安全事故，实际上反映出中国公共安全管理系统的脆弱性，在风险评估、风险管理、应急准备、应急处置、应急恢复各方面都存在一些问题。应该举一反三，深刻认识中国在应急体制与机制中存在的深层次问题。

注释：

① Sheffield，John，Dustin Froula，Siegfried H.Glenzer，Neville C.Luhmann Jr.，2010，*Plasma Scattering of Electromagnetic Radiation*，Academic Press，75—79.

② http://www.jdbhw.com/biandian.

③ Ollock，P.H. & Lilie，S.A.，1993，"Factors Contributing to NIMBY Attitudes"，*Waste Management*，13，125—29.

④ 世界卫生组织：《电磁辐射的风险与规避》，人民卫生出版社 2009 年版，第 69—73 页。

⑤ 中国标准出版社第二编辑室：《环境监测方法标准汇编——放射性与电磁辐射》，中国标准出版社 2009 年版，第 33—35 页。

⑥ Sheffield，John，Dustin Froula，Siegfried H.Glenzer，Neville C.Luhmann Jr.，2010，*Plasma Scattering of Electromagnetic Radiation*，Academic Press，89—92.

⑦ Ibid.，117—119.

⑧ Pollock，P.H. & Lilie，S.A.，1993，"Factors Contributing to NIMBY Attitudes"，*Waste Management*，13，55—57.

⑨ http://www.asahi.com/458786823/.

⑩ http://www.asahi.com/754326794/.

⑪ Renn，O.，W. J. Burns，J. X. Kasperson，R. E. Kasperson & P. Slovic，1992，"The Social Amplification of Risk：Theoretical Foundations and Empirical Applications，" *Journal of Social Issues*，48，137—160.

⑫ 转引自 Green，E.，Short，S.D.，Duarte-Davidson，R. & Levy，L.S.，1999，"Chapter 4：Public and Professional Perceptions of Environmental and Health Risk，" in P.Bennett & K.Calman (eds.)，*Risk Communication and Public Health*，N.Y.：Oxford University Press，259—265。

⑬ Grabill，J.T. & Simmons，W.M.，1998，"Toward a Critical Rhetoric of Risk Communication：Producing Citizens and the Role of Technical Communicators，" *Technical Communication Quarterly*，7(4)，415—441.

⑭ Cothem，C.Richard，1993，*Comparative Environmental Risk Assessment*，Ann Arbor，MI：Lewis Publishers，89—95.

⑮ Bell，D.，1973，*The Coming of Post-industrial Society：A Venture in Social Forecasting*，New York：Basic Books，23—27.

⑯ Bell，D.，1979，"The Social Framework of the Information Society"，In M.L.Dertouzos and

J.Moses (eds.), Cambridge, MA: MIT Press, 132—135.

⑰ Castells, M., 2000, *The Rise of the Network Society*, Oxford: Blackwell, 77—79.

⑱ Damm, J. & Thomas, S. (eds.), 2006, *Chinese Cyberspaces: Technological Change and Political Effects*, London: Routledge-Curzon, 51—53.

⑲ Lagerkvist, Johan, 2006, *China and The Internet: Unlocking and Containing the Public Sphere*, Lund: Lund University Press, 225—227.

⑳ Jenkins, H., 2006, *Fans, Bloggers, and Gamers: Media Consumers in a Digital Age*, NYU Press, 97—99.

㉑ Himanen, P., 2002, *The Information Society and the Welfare State: the Finnish Model*, Oxford: Oxford University Press, 172—175.

㉒ Gillmor, D., 2004, *We the Media: Grassroots Journalism, By the People, for the People*, Reilly, Cambridge, 95—99.

㉓ Garrett, R.K., 2006, *Protest in an Information Society: A Review of Literature on Social Movements and New ICTs*, Information, 135—137.

㉔ Bosah Ebo, & Tong Deborah, 2001, *Cyberimperialism: Global Relations in the New Electronic Frontier*, Praeger Publisher, 59—62.

㉕ Castells, M., 2001, *The Internet Galaxy, Reflections on the Internet, Business and Society*, Oxford: Oxford University Press, 89—92.

㉖ http://media.people.com.cn/GB/13605622.html.

㉗ 马云驰：《互联网的文化与伦理价值：网络改变中国》，中国民主法制出版社 2011 年版，第 79—83 页。

㉘ 胡泳：《众声喧哗：网络时代的个人表达与公共讨论》，广西师范大学出版社 2008 年版，第 201 页。

㉙ http://www.cnnic.net.cn/hlwfzyj/hlwxzbg/hlwtjbg.

㉚ http://www.cnnic.net.cn/hlwfzyj/.

㉛ 同上。

㉜ 胡泳：《众声喧哗：网络时代的个人表达与公共讨论》，广西师范大学出版社 2008 年版 204 页。

㉝ 何威：《网众传播：一种关于数字媒体、网络化用户和中国社会的新范式》，清华大学出版社 2011 年版，第 272 页。

㉞ Qiu, J.L., 2009, *Working-Class Network Society: Communication Technology and the Information Have-Less in Urban China*, Cambridge: MIT Presss, 122—125.

㉟ Qstergaard, B., Convergence, "Legislative Dilemmas", in D.McQuail & K.Siune (eds.), 1998, *Media Policy: Convergence, Concentration and Commerce*, London: Sage, 67—69.

㊱ Keane, John, 2000, "Structural Transformations of the Public Sphere", in Kenneth L.Hacker and Jan van Dijk (eds.), *Digital Democracy: Issue of Theory and Practice*, London: Sage, 76.

㊲ Barabasi, Albert-Laszio, 2003, *Linked: How Everything is Connected to Everything Else and What It Means for Business, Science, and Everyday Life*, New York: Penguin, 56—57.

㊳ 何威：《网众传播：一种关于数字媒体、网络化用户和中国社会的新范式》，清华大学出版社 2011 年版，第 106 页。

㊴ 向芬：《不同平台的网络意见领袖传播特征初探》，载尹韵公主编：《2011 中国新媒体发展报告》，社会科学文献出版社 2011 年版，第 224—225 页。

㊵ http://baike.baidu.com/view/282970.htm.

㊶ http://v.baidu.com/show/6195.htm?fr=ala9&ty=26Y.
㊷ 梁启超著，宋志明选注：《新民说》，辽宁人民出版社 1994 年版，第 157 页。
㊸ 转引自金耀基：《金耀基社会文选》，幼狮文化事业公司 1986 年版，第 75—89 页。
㊹ 孔繁斌：《公共性的再生产：多中心治理的合作机制建构》，江苏人民出版社 2008 年版，第 123—128 页。
㊺ Fraser，Nancy，1992，"Rethinking the Public Sphere：A Contribution to the Critique of Actually Existing Democracy，" in Calhoun，Craig (eds.) *Habermas and the Public Sphere*，Cambridge MA.：MIT Press，152.
㊻ 转引自 Habermas，Jürgen，1973，*Theory and Practice*，Cambridge：Polity Press，57。
㊼ Kant，Immanuel，translated and edited by David Walford，in collaboration with Ralf Meerbote，1992，*Theoretical Philosophy*，Cambridge：Cambridge University Press，79—92.
㊽ Habermas，Jürgen，1973，*Theory and Practice*，Cambridge：Polity Press，73—77.
㊾ Habermas，Jürgen，1989，*The Structural Transformation of the Public Sphere*，Cambridge MA.：MIT Press，62—67.
㊿ Allison，Henry E.，1990，*Kant's Theory of Freedom*，Cambridge：Cambridge University Press，273.
51 Stumpf，Samuel Enoch，1989，*Philosophy：History & Problems*，New York：McGraw-Hill，156.
52 Dews，Peter，1999，*Habermas：A Critical Reader*，UK：Malden，Mass；USA：Blackwell，119—125.
53 Habermas，Jürgen，translated by William Rehg，1996，*Between Facts and Norms：Contributions to a Discourse Theory of Law and Democracy*，Cambridge，Mass.：MIT Press，67.
54 Henry，Nicholas，1992，*Public Administration and Public Affairs*，N.J.：Prentice Hall，21—45.
55 Cleary，Robert E.，Nicholas Henry，& associates，1989，*Managing Public Programs：Balancing Politics，Administration，and Public Needs*，San Francisco：Jossey-Bass Publishers，167—169.
56 H.R.Balanoff Guilford，1996，*Public Administration*. Conn：Dushkin Publishing Group，215.
57 转引自 J.Gargan，John，1997，*Handbook of Local Government Administration*，New York：Marcel Dekker，157—176。
58 Martin，Brendan，1993，*In the Public Interest? Privatization and Public Sector Reform*，London：Zed Books，1—4.
59 Drucker，Peter F.，1994，*Adventures of a Bystander*，New York：John Wiley，117.
60 Lowndes，Vivien，Pratchett，Lawrence & Stoker，Gerry，2001，"Trends in Public Participation：Part 2-Citizens' Perspectives"，*Public Administration*，Vol.79，No.2，445—455.
61 Dunn，William N.，1994，*Public Policy Analysis：An Introduction*，2nd ed.，Englewood Cliffs，New Jersey：Prentice-Hall，4—11.
62 Henry，Nicholas，1992，*Public Administration and Public Affairs*，5th ed.，Englewood Cliffs，New Jersey：Prentice-Hall，127—129.
63 Cooper，Terry L.，1991，*An Ethic of Citizenship for Public Administration*，Englewood Cliffs，New Jersey：Prentice-Hall，90.
64 Cooper，Terry L.，1991，*An Ethic of Citizenship for Public Administration*，Englewood Cliffs，New Jersey：Prentice-Hall，91—95.
65 Schachter，Hindy Lauer，1997，*Reinventing Government or Reinventing Ourselves：The Role of Citizen Owners in Making a Better Government*，Albany，New York：State University of New York Press，65.
66 Waldo，Dwight，1997，"The Administrative State：Conclusion，" in Jay M.Shafritz and Albert C. Hyde (eds.)，*Classics of Public Administration*，4th ed.，Orlando，Florida：Harcourt Brace College

Publishers，142—146.

⑥⑦ 转引自 Moore，Mark H.，1995，*Creating Public Value*：*Strategic Management in Government*，Cambridge，Massachusetts：Harvard University Press，215—226。

⑥⑧ Shafritz，Jay M. & Hyde，Albert C.（eds.），1997，*Classics of Public Administration*，4th ed.，Orlando，Florida：Harcourt Brace College Publishers，170.

⑥⑨ Sherwood，Frank P.，1990，"The Half-Century's 'Great Books' in Public Administration"，*Public Administration Review*，Vol.50，No.2，249—264.

⑦⓪ 转引自 Waldo，Dwight，1997，"The Administrative State：Conclusion"，*Classics of Public Administration*，4th ed.，Orlando，Florida：Harcourt Brace College Publishers，142—146。

⑦① Frederickson，H.George，1997，*The Spirit of Public Administration*，San Francisco：Jossey-Bass Publishers，817—833.

⑦② Wamsley，Gary L.，1996，"A Public Philosophy and Ontological Disclosure as the Basis for Normatively Grounded Theorizing in Public Administration"，in Gary L.Wamsley and James F.Wolf（eds.），*Refounding Democratic Public Administration*：*Modern Paradoxes*，*Postmodern Challenges*，Thousands Oaks，California：Sage Publications，351—401.

⑦③ http://www.ichemistry.cn/chemistry/106-42-3.htm.

⑦④ http://ghschina.miit.gov.cn/n11293472/n11293877/n14505342/index.html.

⑦⑤ Langman，J.M.，1994，*Pathology*，26(3)：301—309.

⑦⑥ http://www.itongji.cn/.

⑦⑦ http://www.stats.gov.cn/.

⑦⑧ http://www.itongji.cn/.

⑦⑨ Kawai，T. et al.，1991，*Int Arch Occup Environ Health*，63(1)：69—76.

⑧⓪《环保总局公布全国化工石化项目环境风险排查结果》，中国政府网，2006 年 7 月 11 日。

⑧① http://www.itongji.cn/.

⑧② Sohn，C.W.（Chang W.），1991，*Design and Construction of an Ice-in-tank Diurnal Ice Storage Cooling System for the PX Building at Fort Stewart*，Washington：U.S.Government Printing Office，79—83.

⑧③ 根据新浪网、人民网、新华网、腾讯新闻相关报道整理编写。

⑧④ 根据李翊：《渤海溢油事件：谁来对话康菲》，《三联生活周刊》2011 年第 36 期；及搜狐网、每日经济新闻网站资料整理编写。

⑧⑤ 李敏主编：《公共危机管理典型案例》，人民出版社 2014 年版，第 120—141 页。

第五章

城市化进程中邻避危机的治理对策研究：多学科的视角与组合运用

全球视野下城市化进程中探讨邻避危机的对策应当具有更宽广的视野，从前文我们对于邻避危机的探讨可以得知，单纯传统的单一式对策与危机防控措施已难以奏效，反而会不断消耗政府部门和城市领导者的公信力。因此，探讨城市化进程中邻避危机的对策研究应当具有战略思维，从学科视角进行研究，使多种对策可以在合法性和合宪性的基础上因时、因地、因人优化组合使用，辅以群体心理的引导与抚慰，发挥政府、企业、社会组织、公民等公共治理中的多重主体作用，危中寻机，化危为机。本章拟从上述的研究思路出发，以经济学视角分析邻避危机对策与补偿金的运用，以政治学视角分析邻避危机对策与公民参与，以传播学视角分析邻避危机对策与形象修复，以公共管理学视角分析邻避危机对策与政策营销，最后基于公共治理的战略思维探究邻避危机社会治理对策的优化组合运用。

一、 经济学视角下的邻避危机对策与补偿金的运用

（一）经济学视角下的邻避危机补偿金

从经济学的视角来看，城市化进程中的邻避危机常以经济补偿方式，即

补偿金的运用为常见方式，它是指邻避设施的主管机关为减低当地小区居民的反对阻力，提供回馈补偿与经济诱因，这一方式常被采用，是处理邻避危机最直接的对策。

从学界的研究来看，在邻避危机对策的实践中，实行的补偿回馈政策有实施健康保险、保证土地价格、金钱补偿、实物补偿等，使用的方式包括订定最低保险额、补偿居民房地产跌价的差额、直接的金钱给付、租税减免、协助地方发展、公共设施的设置等。①

也有学者认为除了回馈经费提供当地运用外，亦对当地提供就业机会，及兴建回馈设施如网球场、游泳池、儿童游戏场、溜冰场、停车场及运动场等免费使用之优待，及垃圾处理费用之减免等。

还有学者认为金钱补偿与优惠措施是重要经济诱因，而在金钱补偿方面，随距离远近或设施规模大小而有不同程度补偿，在优惠措施方面，多以周边设施或提供地方税费优待、就业机会等。②有学者则指出补偿回馈可分为金钱与非金钱两大类，金钱的补偿回馈包括税费的减免（例如房屋税、地价税、垃圾处理费等）及直接给付金钱等；非金钱的补偿回馈则包括公共设施的提供、医疗保健服务、房地产价格的保证、就业的提供等。③

也有学者则进一步分析认为邻避设施的补偿金常被分为直接回馈和间接回馈：（1）直接回馈：由邻避设施主管机关直接回馈至当地居民身上，包括兴建公共设施提供居民使用，核拨奖学金，办理低收入户救助，为居民办理医疗保险或健康检查，提供就业机会，税或电费、垃圾处理费减免。（2）间接回馈：由邻避设施主管机关按年度依规定提列计算一定的额度经费拨给当地的行政机关，或以一定额度基金孳息提供当地执行回馈地方嘉惠民众之作法，或由行政机关不定期视需求向邻避设施主管机关提出申请，取得回馈经费执行运用于居民身上。④

还有学者在上述研究的基础上，提出可就补偿金作如下分类⑤：（1）非财政补偿：亦可称为实物补偿，即以实物回馈方式对邻避设施附近受影响或损害之当地居民进行补偿，如兴建公园、绿地、图书馆、医院、运动设施等方式供居民使用。（2）有条件补偿：只对邻避设施实质发生影响或损害者才进行补偿。(3) 采取预防保护措施：如设置警示监视系统、定期健康检查、追踪治疗或添购小区消防安全器材等来保护居民安全或增加安全感。(4) 其他补偿或回馈方式：如电费减免、免费供应热水使用、定期健康检查、提供优先就业机会。

有学者则通过案例研究指出，补偿回馈的形式可分为[⑥]：(1) 金钱回馈：直接给付或提供赋税减免（如房屋税、地价税等）。(2) 有条件补偿：对邻避设施实质发生影响或损害者才予以赔偿（如对邻避设施附近房地产价格采最低价格限制，若低于此价格，则政府保证给予添补差额或保证价格收买，唯其标准不易订定，仍易生抗争）。(3) 实物补偿：以实物回馈方式，对邻避设施附近居民进行补偿，如兴建公园、游泳池、停车场等供居民使用，提供医疗保健服务和就业机会等。

进一步而言，就补偿金的类别，笔者认为邻避设施之补偿金依现有法律法规及实务作法，大概可以下列两种方式归类：一是金钱回馈，即含税的减免（如房屋税、地价税之减免等）及直接金钱给付（如急难救助、奖助学金核发、低收入户救助、电费及煤气费的补助等）。二是非金钱回馈，即包括兴建公共设施的提供使用（如公园绿地、运动设施、图书馆、游泳池等）、医疗保健服务、就业提供（当地居民优先录用）等。

（二）补偿金在邻避危机对策中的优劣分析

从城市化进程中邻避危机的补偿金实际运用来看，曾发生过邻避危机的补偿金法律问题，有些邻避危机案例中，特别是以金钱补偿或回馈的经济诱因方式，已被视为不道德的贿赂行为，且蔑视民众所具有的公共精神，反而造成更多的反效果，或可能被视为一种救济而非补偿，或招致出卖环境权的指责。而且由于缺乏回馈补偿的法制化，在居民高额的回馈补偿金的要求下，使得回馈补偿的美意沦为喊价式的交易，模糊了原先的环保焦点，从实证案例研究来看，单靠金钱回馈仍无法赢得居民的信心，有时甚至为求取更多的回馈反而成为不断抗争的诱因。[⑦]

从经济学的视角来看，补偿金的实践性难题包括其补偿的公平性和合理性问题：(1) 邻避设施，如变电站的回馈金由电力企业直接拨付到政府部门，政府部门往往以有福大家享的方式，让邻避设施周围地区居民分享该回馈金，造成那些距离邻避设施最近、受害程度最为严重的居民的反弹。因此，如何贯彻回馈的精神的受益付费、受害补偿，并且贯彻以受害程度或距离远近分配回馈金的标准，将是促使合理化的主要课题。(2) 回馈金额与项目虽然林林总总，但民众似乎并未感受到回馈的益处，对于小金额的回馈活动，如庙会、小区或其他活动，民众抱怨连连，认为金额太少，对于大金额的回馈活动，如修桥铺路、兴建图书馆等，民众认为那本来就是公共部门所应该做的事，与回馈无关。⑧因此，如何简化回馈项目，落实回馈精神，从而发挥回馈的效果，将是未来应该认真面对的问题。

另一方面，如果从经济发展的实践来看，近年也有出现以基金孳息回馈地方的实行方式，由于银行存款利率的调降，造成回馈额度缩水，引起民众不满的情况。此外，从地方政府立场也有人认为，邻避设施除对当地小区民众有回馈补偿措施，但却疏忽了因其外部负面影响造成地方政府财政租税收入之损失，理应考虑给地方政府适当补助。

由此可见在邻避危机的研究中，从经济学的视角进行补偿金在邻避危机对策中的优劣分析可以发现，就回馈设施而言，其优点包括了建立良好的敦亲睦邻形象、美化邻避设施外观及提供居民游憩空间等，但缺点则是使用效率及管理上之问题，若厂址偏远，则附近居民不多，回馈设施不但无法发挥预期功效，反易成游民聚集滋事之场所，不但增加管理上之困难，也容易导致资源的浪费。就回馈经费而言，其优点在于其利用资金方式回馈民众，民众容易接受，缺点则为回馈经费的利用恐因各方立场不同而起争端，且易予人利益的色彩，此外，经费编定之多少，也容易使营运者与受回馈者发生歧见。

二、政治学视角下的邻避危机对策与公民参与

(一) 政治学视角下公民参与的基本问题

公民参与是现代政治学和民主理论无法回避的重要议题，也是邻避危机

中领导者必须进行战略聚焦的重要领域，从战略领导力的视角来看，邻避危机中如果没有有效的公民参与，就称不上一个真正的邻避危机的有效处理者；如果没有公共政策和政策执行的公民参与，邻避危机的有效处理者将会成为一名失败的危机处理者，没有公民参与的邻避危机对策可为自断臂膀和自毁长城。

从众多学者对于现代民主社会的研究来看，民主社会中公民参与相当重要，许多研究也多从公民参与的情形来观察、判断一个社会的民主化程度。例如，（阿尔蒙德 Almond）和（韦尔巴 Verba）就曾比较了美国、英国、联邦德国、意大利、墨西哥等五个不同文化背景、政治发展阶段的国家，从政治文化的角度探讨不同国家之间对公民意识及公民参与的差异，及造成其间差异的因素；所造成的差异因而形成村民的政治文化（parochial political culture）、臣民的政治文化（the subject political culture）与参与的政治文化（the participant political culture）三种不同的政治文化类型。在民主制度中的公民应属于参与型的政治文化，也就是会积极地参与政治，这种文化因为强调在政治的输入结构中的理性参与，也可以称之为理性—积极性（rationality-activist）的政治文化模式。⑨阿尔蒙德和韦尔巴更将具有高度参与的政治文化称为公民文化（civic culture），以凸显民主政治中公民的地位与角色，以及公民参与的重要性。从字义来看，参与意指对于某种行动的分享，简单地说，公民参与（citizen participation）就是由公民共同分享决策的行动。但是这样的定义尚不足以说明公民参与在民主政治中的深层意义，故以下将从公民参与的几个基本的问题较深入地加以探究。

1．公民参与的基本问题之一：公民参与的目的为何？

一个现代民主社会的公民应包括权利与义务二者，而公民参与正是表现权利与义务的最佳管道。从民主政治的内涵来看，民主政治的实践，基本上必须建立在人民的同意（consent of the governed）、知情的公民（informed citizenry），以及一个有效的公众参与系统（an effective system of public participation）等三个必要条件之上。⑩而在这三个条件之上，公民参与是人民或民间团体基于主权的认知及实践，对于政府的行动及政策可以获得充分的信息，同时也有健全参与的管道。人民从知的过程中可以掌握较丰富的信息，培养受尊重的认知，进而将感情、知识、意志及行动在其生活的社会中作累积性的付出。而另一方面，行政机关则可以通过人民的主动参与，与人民产生良性的互动，赢得人民的信任及同意，为行政机关本身提供合法性的基础。

在邻避危机对策的实践中，就政策形成过程而言，公民参与是指对某项公共事务或政策具有利害关系之个人或团体，直接涉入政策过程中，以影响政策结果或了解、熟悉有关该政策信息的一种咨询活动。无论是从民主政治的内涵或公共政策形成过程来看，公民参与不只是局限于投票行为，还应包括对公共事务积极而深入的介入；这样的行动不仅是消极的维护公民自身的利益，更可以创造公共利益；所参与的人员不只限于社会或政治精英，还包括一般民众，可以对于与己有关的社区事务具有决定的权力。

2. 公民参与的基本问题之二：谁参与？

这是指参与行动的主体而言，这个主体可以是个人，也可以是团体。就主体为公民个人而言，依法律上的界定，所谓公民为符合一定的积极条件，且不具消极条件者。而在政治意义上的公民则较为复杂。政治意义上的公民是指可以参与政治权利的人，具有这项权利者不仅需符合法律上的条件，还需要具备一定的能力要件，亦即要有参与政治活动的能力者才可以称为公民。[11]而所谓能力，最重要的就是必须要有自由行为的能力，而自由又包括消极的自由与积极的自由两种。消极的自由是指免除对于个人束缚的自由，例如，在自由国家有言论、迁徙、居住、免于恐惧等自由；积极的自由则是一个人为了某种目的，拥有达成该目的所具备的能力，而最终可以如愿以偿，例如，一个人如果不识字就无法适当表达言论，残障者也不能行动自如，这些都是积极自由的欠缺。

简言之，所谓的公民就是必须同时具有法律及政治意义，且可以自由（包括消极与积极的自由）行动的人而言。而在民主社会中，既然每个人都有参与的自由，但也可以选择不参与。此种不参与的公民因为没有尽到公民本职的权利与义务，故严格而言不能称为真正的公民，只是可能的于公民。他们之所以选择不参与，一方面是因为参与能力的不足，另一方面则是公民意识的薄弱，以及自觉参与行动可能的影响有限而不愿采取积极的行动。

在西方政治发展历史中，古希腊雅典的城邦政治被认为是民主政治的典范，事实上，那时候拥有公民资格的人只是少数，将女人、小孩、外国人、奴隶都排除在外；随着政治发展的演变到今天，才逐渐将公民的范围扩大。古希腊雅典民主政治中的公民之所以为有限的人数，是认为公民所从事的政治活动必须是超越个人的私利，以追求公共利益为目标，而这种超然的美德并不是每个人都能具备，只有在某些条件之下的个人才能称为公民。其条件是拥有一定资产的成年男子且登记为某一行政区域的居民，这些公民不需要从事实际的生产活动，而是由女人、奴隶等进行经济生产的工作，因此，这些公民才有充分的时间与精神去思考及监督公共事务。

以今天的想法来看雅典城邦对于公民资格的限制，也许会觉得荒谬，但是如果仔细思考，公民所担负的责任是攸关众人共同利益的大事，岂能以私心而陷众人于不利，故必须要具备超越私利的美德才能克竟其功。而这项美德并非每个人天然生成，需要通过公民教育的途径涵养而成。然而，从邻避危机实践处理中的换位思考来看，决不能以个人出身的这些消极条件来排除或限制某些人从事参与活动，毋宁应该从更积极的角度思考，以加强个人的道德操守、能力等，使得公民能真正胜任其公民资格的职责。

此外，由一个以上的公民所组成的团体，以集体的方式也可以从事公民参与的行动，因为其基本的组成仍都具备公民的身份，甚至更可以集体的力量增强其影响力。但是必须注意的是，在由公民个人集结成为公民团体的过程中，是否会使其参与的动机与目的产生质变，而失去了公民参与的本质及公共利益的目的。例如，以集体的名义与力量压制另一弱势或少数团体。

3. 公民参与的基本问题之三：公民参与什么？

雅典民主政治与现代的民主政治，除了对公民范围的界定有所不同之外，在参与公共事务的内容上也有差异。雅典民主政治中公民的人数虽然是少数，但他们几乎参与了所有的公共事务；而今天虽然公民的范围已扩大了，但是实际上所参与的事项却反而缩减了许多，只限于人事选举权及少部分的决策权。这就是直接民主与代议民主之间的差别。在代议制度下，公民委托代表来执行公共事务，在这种代理过程中可能会产生民意的扭曲与落差，就民主政治的精神而言并不能称为真正的公民参与，更非民主政治的本意；除了对于人事的选举权外，与自己切身有关的事物反而不能亲身参与决定，使得公民本身产生一种疏离感、无力感。因此，此种代议的民主只能称为弱势民主（thin democracy），只有直接经由公民参与的行动所形成的，才可以称为强势民主（strong democracy）。[12]

换言之，从邻避危机对策实践中的互动来看，公民参与的整体概念应包括两个意涵：一方面它是建立在个体认同社区公共利益基础上的一种政治活动，每个公民可以平等参与决策过程，互赖、互信进行公开沟通，从而作出公平分配资源的各种决策，此种参与是一种相互性的行动。另一方面，公民参与也具有保障公民本身权利、扩大公民利益，以及提供政治系统正当性等功能，这种参与是一种工具性的行动（participation as instrumental action）。[13]但是，政治学者的研究焦点多半只注意后者的工具性的行动，至于相互性的行动意涵的公民参与，着重于通过决策过程分配社会资源，则为公共行政、政策学者研究的重点之一。然而，我们在讨论直接民主或参与式民主概念时，对于这两种公民参与的内涵均不能偏废。

4. 公民参与的基本问题之四：公民在何处参与？

我们必须承认，公民参与的直接民主制度只有在雅典城邦的小国寡民社会里才可能存在，在现代社会的人口规模众多、事务繁杂的情况下，的确有其困难。因此，虽然公民参与是回归民主理想的最佳途径，但也不能不加考虑、毫无限制地认为可以直接适用在各种公共议题之上，必须要因实际情况作弹性与策略性的制度设计。

因此，在邻避危机对策的实践中，对于公民而言，地方层级的公共议题是他们有能力、有意愿参与的议题，而所投入的成本最少，可能产生的影响力最大；另外，从社区公共事务的参与开始做起，可以使得公民有机会学习政治参与的能力，再将这一经验与知识扩大到更高层级性的议题与政策上。

5. 公民参与的基本问题之五：公民参与的时机？

雅典公民每年要参加公民大会四十次[14]，此对于不必从事实际经济生产而专心公共事务的公民而言，可以驾轻就熟。对于现代的公民而言，既要维持家庭的生计，对于事多繁杂的公共事务更非一般的常识就能够充分了解，因而衍生出代议制度，使得公民权的行使只限于人事选举权，而行使的机会也只限于投票的那一刻。

仅限于投票的代议民主固然不能称为真正的民主，而一年召开四十次的公民大会，对于现代人而言也不切实际。如果我们将公民参与的内容，从代议民主的投票扩大到包含所有的公共事务；也把公民参与的范围落实到与每个公民息息相关的周围事务。如此一来，每个公民对于与己相关的事务必然有能力、有意愿去参与；而对于专业性较高或是范围较大的全国性公共政策，也可以经由适当的代理制度设计或是信息化技术的协助，发挥公民参与的影响力。因此，公民参与的时机可以从过去的偶然性延伸到经常性。

6. 公民参与的基本问题之六：要如何参与？

公民参与的目的在于能够充分的表达意见、影响公共政策的决定，而公民依其能力、所付出的成本、公共议题的范围，以及可能发挥影响力的因素考虑下，会选择最有效的参与方式来进行。

有学者依公共决策时公民所能够发挥影响力的程度，将公民参与的方式由最少参与到完全主导，共分为八个层次：（1）操纵（manipulation）：如公民咨询会议。（2）治疗（therapy）：当作教育过程的团体集会。（3）给予信息（information）：公开宣布、地区会议。（4）谘商（consultation）：公民调查、地区会议。（5）安抚（placation）：公民顾问协议会的合作程序。（6）合伙关系（partnership）：地区组织、利益团体政治。（7）授予权力（delegated power）：方案的功能控制、运作式的否决权。（8）公民控制（citizen control）：地区政府、控制。[15]

其中（1）和（2）为无参与的形式，即公民并非真实地参与，而是由官方来操纵团体，或因此教育的方式达成参与；（3）—（5）为象征性参与的形式，但公民有足够的集会，为避免影响到领导者的权力，通常会改变整个相关团体的权力分配；（6）—（8）为完全参与的形式，公民享有权力去要求组织结构和程序的改变，以便新团体能在政府的政策中造成影响力。

阿尔斯坦（Arstein）在1977年对原来的参与阶梯作了一次修正，将原来的八阶简化成六阶，但是对每一阶层的运用方式有比较清楚的说明，依序为⑯：（1）政府权力（government power）：政府运用权力而非与民众沟通的途径，包括使用调查、合法和强迫性的行动等。（2）告知（information）：有如政令倡导般，政府说、人民听，所使用的方式有公听会、提供新闻和其他信息策略等。（3）咨询1（consultation 1）：政府要求公民有限度地投入，但是没有听取民众的意见；所采用的方式为公听会、形式上的会议和咨询委员会，对于正式提案的要求有所反应。（4）咨询2（consultation 2）：政府要求公民提供有意义的投入，且愿意听取民众的意见；通常公民参与的方式为公民顾问委员会、非正式会议、持续的对话、公听会。（5）权力分享（power sharing）：由公民和政府共同解决公共问题，其形式包括建立公民团体基金来雇用技术顾问和执行方案、公民监督和纠察、政府和公民团体共同召开会议。（6）公民权力（citizen power）：完全由公民自主、不需要与政府沟通的公民行动，包括公民组织的义勇消防队、公民调查、公民发展和执行方案。

综合上述对于公民参与六个基本问题的讨论，我们可以在邻避危机对策的视野之下对公民参与有一个比较清楚的概念。所谓公民参与，就是在邻避危机对策的实践中，为了落实民主政治、追求公共利益及实现公民资格，由个别公民或公民团体从事包括所有公共事务与决定的行动，这些公共事务因此公民本身切身的地方性事务为基础，再逐步扩大到全国性的公共政策，因此可以由每一个公民时时刻刻关心与适时投入；而公民参与的行动必须是建立在合法性的基础上，并且依参与者考虑本身拥有的知识与能力、花费的成本、预期的影响力等，理性地选择最有效的途径与策略。

7. 公民参与的重要作用与路径探究

对邻避危机中领导者而言，公民参与是实现直接民主最直接而有效的一种方式，因为它可以为民主政治的实践提供几项基本的功能：提供公民自我发展与选择的基础；实现政策目标及确保符合某些原则及标准；参与可以使得公民觉得身为某一特殊社群的一分子而自我治理，并且直接决定有关切身的事务（但是困难在于如何界定社群）；强调地方主义（localism），地方事务由地方自己来做总比中央政府来得确实，因为其接近民众，了解民众的需要；参与及控制地方政府可以提供追求政策目标的工具。[17]

就邻避危机中领导者的领导对象而言，公民参与也有利于政治社群及社群中的个人。政治社群的整合方面，在政治社群中，经由全面的公民参与，将可以发现共同体意识，一方面使彼此视为兄弟，另一方面参与也可以成为所有法律及形成组织的动力来源，因而可以化解许多冲突的发生；对于社群中的个人而言，参与的行动将可以解放个人的潜能、构建有效能的公民，以及治疗现代公民精神及心理上的疾病。

也有学者认为，民主的参与将增进一个人的思想、情感及行动的力量，参与的民主可以有许多有益的结果，其主要的功能不是为了保护或稳定社区，而是能够发展人的思想、感情与行动的力量，其主张民主政治中的参与可以有助于个人发展，认为参与将增进一个人的政治效能感。[18]

而著名公共行政学者林德布洛姆也同时从正反面来说明公民参与在民主政府中的功能与重要性：（1）在现代政府中若缺乏公民参与，将会降低政治系统的代表性和响应性。（2）公民不参与会影响公民的道德责任感，侵害民主国家公民资格的质量。（3）公民不参与会导致民众对政府运作功能的无知，而参与则能够增进了解。（4）政府中若缺乏有意义的参与管道，会造成公众与政府的距离，政府可通过参与来减少民众的疏离感。（5）参与可促进政治团结与社区整合，可使每个人了解和尊重彼此的政治观点，进而提升公众的合作，而非冲突与竞争。（6）参与可促进政府决策的合法性，并使人民顺服。如果在政策规划和执行阶段，民众能被允许参与，他们会比较倾向于顺从政府的决定、程序和导引。[19]

8. 提高治理能力现代化视野下的实践探索：社区共治

以上述公民参与的理论结合实践来看，从城市化进程中邻避危机的治理对策来看，在提高治理能力现代化的视野下进行社区共治具有积极的探索价值。在城市化的进程中，社区共治是国家治理体系和治理能力现代化建设在基层的最新探索，社区委员会是实现社区共治的平台和载体。从公民参与的视角来看，基于下述L街道的案例研究，可以认为其针对社会资源分散化、社会需求多样化、管理主体多元化的现状，从巩固党的执政基础、满足群众多样化需求出发，积极建立多元主体参与的共商共议、共建共享的社区共治机制，创新治理机制，搭建协商议事平台，营造“开放、尊重、包容”治理文化，着力突破“六难”共治项目，逐渐使社委会成为社区整合资源、汇聚民意、服务群众的新平台，从而形成以“街道党工委为领导核心、街道办事处为责任主体、社区委员会为协同载体，基层群众自治组织、属地单位、社会组织、企业法人、社区各界人士等社区主体参与”的共治格局。

（1）构建“民主协商、科学决策与多维合作”的新型自治机制，建设基层治理民主的社区文化。

在邻避危机处理的实践中，邻避危机往往对其所在或邻近的社区影响最大，因此从这个意义上讲，邻避危机处理的主要地域载体是在社区。治理能力现代化的提升实践过程中，现代城市社区已成为各种社会群体的集聚区、利益关系的交织点、社会组织的服务地和社会资源的承载体。但目前，公众日益增强的主体意识、参与愿望与其现有的参与社会管理和服务的资源、空间、渠道不相匹配。如何为社会各方参与社区共治创造条件？L街道更新理念，通过民主协商、科学决策与多维合作的方法，凝聚共治力量，拓宽共治渠道。

民主协商——社区公共资源的协商民主机制。街道通过“民主协商”的形式，将一部分社会服务管理职能，以及相关的人财物等资源，赋予社会和公众，为其参与公共事务释放空间、提供资源。公共决策民主协商：在社区代表大会代表构成上，不仅有驻区单位、人大代表、政协委员、居民代表等传统成员，还有校园长联谊会、社区商会、个体协会、社会名人等社区新成员，来源更加广泛、构成更加全面，代表性更强。在社代会闭会期间，由社区委员会履行协商议事职能，其成员构成来自社区方方面面，代表社区群众参政议政。公共资金民主协商：在公共资金使用上，积极探索资金来源社会化、管理民主化。如，将市民综合帮扶基金、慈善联合捐基金、公益项目基金三部分资金组成“民生基金”，主要用于社会救助、社区公益和居民自治。比如，近三年来，该街道坚持以民生需求为导向，实施各类救助 830 万元，受益 2.1 万人；街道又发起成立了“党员爱心基金”，募集资金 8.4 万元，所得款项将用于社区扶贫帮困。公共设施民主协商：社区公共文化、养老、体育、娱乐等设施使用都实行免费开放、低门槛使用，社区文化中心为居民提供百分百免费文化体育娱乐项目，养老日托所为社区老人提供低廉的公益服务，社会组织服务中心为社区公益组织提供公益化的服务，免费提供场地等，街道辖区内的公园全年免费向社区居民开放等。

科学决策——社区公共议题的民主决策机制。在社区共治中，L街道坚持决策开放、共商共议，为公众参与公共事务提供民意征询、协商议事和监督评估平台。决策前，听群众说。按照“能事前则事前”的原则，坚持重大决策、民生项目事前征询机制，通过社区代表会议、代表议事会、公共事务听证会等制度，保障群众参与决策的权益，激发群众的参与热情。近三年来，平均每年召开社区代表会议，并召开各类议事会、听证会、协调会等百余次。如，L街道在社区实事工程项目建设上，拿出相当比例的资金让社区居民来提问题、定项目。街道将社区居民和单位反映最集中的停车难、买菜难等六大难题，作为民生重点项目加以突破和解决。决策后，让群众评。由政府主导向公开评议转变，深化“三务”（党务、政务、居务）公开，充分发挥服务对象在监督评议中的主体作用。如，建立由市民寻访团、政风行风评议组和社区代表评议组组成的社区公共事务督导团，就社区在项目推进、行风评议、党风廉政等方面工作，开展随机寻访、监督、检查，广泛听取群众意见，发挥监督推动作用。

多维合作——社区公共事务的参与合作机制。政社合作机制。街道依托公益街平台，进一步完善政府购买公益服务机制，提高购买服务的质量；L街道党工委着眼于社会组织服务社区公共事务的能力建设，提升社会组织的市场竞争力和自我发展能力。社社（社会组织—社会）合作机制。在党工委领导下，L街道积极探索以社会组织服务中心为主体，整合社区其他社会组织资源，构建社会组织综合体，拓展社会组织管理中心功能，探索由社会组织服务中心为其他社会组织提供财务、竞标等服务，增强辖区社会组织承接项目、提供服务的能力。社企合作机制。L街道党工委积极倡导社区企业和单位积极履行社会责任，打通街道政社合作平台与政企合作平台之间的联系，协调推进社会组织和企业对接，创新社企合作机制，将企业的资源优势和社会组织的专业优势有效结合，共同推进社区公益事业不断发展。通过上述“民主协商、科学决策与多组合作”，一旦出现邻避危机，易于将矛盾与危机及时化解在基层。

（2）搭建协商议事工作平台，营造充满活力的社区氛围。

在传统的社区管理模式中，社区管理服务主要依靠行政手段、行政权威和行政资源来实现，但这种“大而统之”、单向化、标准化的管理方式与当前社会主体多元、思想多元、利益多元、诉求多元的现状已不相适应。如何使社区管理的事由“政府说了算”变成“大伙协商着办”？关键是要为社会参与共治提供平台。街道从三个层面入手，着力在机制和制度层面，为社区各类主体参与共治提供保障和支持。

第一层面：党建联建平台。做实“1+3”组织体系（街道党工委和行政党组、居民区党委、综合党委等“一组两委”），建立完善工作规则，每月一次召开工作例会，街道党工委负责研究决策重大事项，发挥统揽全局、协调各方的领导核心作用；“一组两委”由党工委充分授权，负责日常运作。同时，通过建立社区单位党建联席会议制度，整合本区相关职能部门和61家驻区单位力量，对社区服务管理中遇到的难题和群众反映强烈的需求，进行面对面沟通协商，提出“一揽子”解决方案。

第二层面：政社合作平台。在具体操作层面，街道感到，要协同社会各方参与社区服务管理，还缺少有效的平台和载体。为此，L街道在实践中选举产生“社区委员会”，作为统筹体制内外各类资源的重要载体和联系纽带。社区委员会主要由街道党政部门、属地单位、社会组织、企业法人、社会名人等社区主体组成，并下设三个专业委员会：民意征询委员会定期（两月一次）或根据需要联系居委会、社会组织、驻区单位等征询社情民意；而后由协商议事委员会召集人大代表、相关单位代表等开展民主协商，确定共治项目；最后由监督评议委员会对项目办理进行跟踪监督、评价审议和定期反馈。通过社区委员会的运作，围绕涉及群众切身利益的“六难”项目为突破重点，特别是潮汐式停车等共治手段，有效缓解城市管理顽疾，并逐步建立完善了社区公共事务协商、危机处置联勤、社区资源整合、社区利益协调、社区实事项目共商、社会组织培育、社区治理评价和社区主体监督等长效机制，通过平等协商方式谋求利益的均衡化和最优化，实现社区多元治理和合作共赢。

第三层面：居民自治平台。在居民区层面，L街道以居委会自治家园示范点建设为抓手，切实落实听证会、协调会、评议会等“三会”制度，积极引导广大居民开展自我组织、自我管理和自我服务。以贵龙居民区为例，小区建立了由居民区党总支牵头，居委会、业委会、物业经理沙龙、戴老师议事厅和群团组织之间有效沟通的渠道，及时为居民解决了水管老化、停车难、为老服务等问题。

上述三个层面、三个平台的建设，可以将邻避危机等问题细化在一个可操作、可协商、可处理的机制之中，使邻避危机的处理在基层有了有效的抓手。

(3) 以“三化”工作机制推进基层有活力，管理出实效，群众得实惠。

从城市社区治理能力现代化的提升实践来看，以往社区服务管理通常以政府为主导，由于既要“掌舵”又要“划船”，精力不足、力量有限，很难实现精细化服务和精准化管理。如何创新社会管理机制，提高社区服务的有效性？街道转变思路、转变角色，引入现代社会管理元素，运用信息化、项目化、社会化手段，不断提高社区服务和管理水平。

一是“信息化”支撑的指挥体系。街道依托“两个实有”和网格管理信息平台，探索建立了具有问题处置、需求分析、舆情研判和项目生成等功能的综合管理数据库。在数据库中，建立多层化民情档案，在块区、片区、社区分别建立包含多种信息资源的户情、片情、社情档案。拓展多元化信息渠道，通过“走千听万”、组团服务等，广泛听取居民意见建议；通过“两个实有”、网格管理等，及时发现问题，实时更新信息；通过热线、门户网站、政务微博等，第一时间响应群众诉求，比如，近三年来，“热线”共受理电话、事务及立案派单28 000余起，解决和回访率100%，被群众亲切地称为“社区大管家”。完善多级化问题处置机制，建立“块区、片区、社区、本区”四级问题处置回应平台。通过“诉求收集—平台接收—后台处置—回复反馈”的闭环式信息处理大平台，形成社区服务全覆盖、平台运作全天候、响应处置零时间、社区管理大联动的政府回应百姓诉求的工作机制。目前，数据库共收集各类意见建议 1 923 项，解决了包括社区穿梭巴士、大树扰民等 1 560 个问题。

二是“项目化”推进的管理体系。针对因条线分割、部门壁垒、资源分散等导致的工作推进中协调成本高、时间长、效率低等问题，L 街道借鉴现代企业管理模式，提出社区工作“项目化”管理的理念，以项目为抓手，打破部门壁垒，重新整合社区人、财、物等各类资源，大大提高整体工作实效。项目化管理的特点是：变工作布置为项目立项，将社区所有工作纳入项目化管理，按照事关社区发展全局的重大项目、年度重要工作、特色工作、常规工作分为四级，社区所有工作人员都可申报项目成为“项目经理”，所有项目经街道党政联席会议讨论确定后，明确牵头负责人、责任人、工作目标、时间节点等要求，并配备相应的预算和人员。变条线负责为团队重组，打破原有部门、条块分割，由“项目经理”按需“点兵”。如“街面秩序管理”项目，由街道分管领导任“项目经理”，公安、城管、社保、特保、安监、房产、市场协管、保洁等多家单位共同组成工作团队，化单兵作战为“联勤”管理。变单方评价为多方评价，采取“五个一”责任机制（一个项目、一套计划、一名牵头领导、一名责任人、一个项目团队）和“四个一”落实机制（每月一汇报、每季一通报、半年一巡查、年终一评估），加强项目督查，对未严格按计划执行的项目“亮黄灯”警示；引入社会第三方评估，采用项目测评、团队自评、社会评议、专家合议、加权分析等方法，按照项目完成程度、制度规范、流程控制、质量控制、社会满意度等指标进行综合考评，考评结果与集体和个人年终绩效奖励、评优等直接挂钩。通过项目化推进，不仅提高了整体工作绩效，强化了“群众满意”的工作导向，而且较好地解决了工作任务不够明晰、财政资金使用不够公开、考核奖惩不够严明等问题，增强了各部门抓党风廉政建设和权力公开透明运行的内在动力。

三是“社会化”运作的服务体系。近年来，街道积极探索让社会组织参与社会管理，大力引进、孵化和培育社会组织。首先，让社会组织“进得来”。街道成立了社会组织服务中心，并提供 1 200 平方米场地，作为社会组织公共服务基地，面向社会组织开放，解决社会组织发展的场地困难。截至目前，已有62家社会组织入驻基地，设计和引进公益项目11个。目前，街道正在推进“公益街”项目，进一步集聚公益资源、公益机构和公益项目。其次，让社会组织“留得下”。通过出台公益性社会组织扶持意见等，逐步完善政府引导、孵化、培育、扶持等机制。通过政府购买服务等方式加大对社会组织的资助力度，鼓励社会组织参加公益项目招投标，该街道社会组织获市级公益招投标项目9个、公益金180万元，名列本区第一；街道用于政社合作购买服务的资金累计达1 200多万元。最后，让社会组织“干得好”。根据社会组织情况和社区管理任务，街道每年列出政社合作清单，如养老、助残、托管、物业管理、健康、就业等公共服务，委托社会组织完成，并由社会组织服务中心牵头，组织专业机构，研究建立符合社区实际的评估系统，根据社会组织年度服务数量、质量和社会影响等，开展资质评估，完善公示、听证等程序，形成了一套公平、公正、公开的社会管理监督评价系统，使社会组织有事做、有人管、有作为。

四是重构基层群众自治的工作流程，从党工委、办事处封闭垂直的管理服务模式转变为开放、扁平、网格化的党工委、办事处和社委会的协商认同模式。围绕公共议题的产生、酝酿、协商、决策、执行、反馈、监督等环节，建立社委会运行的工作流程，体现基层自治的民主权利。规范社委会三个专委会的工作职能，把民意征询、协商议事、评议监督体现在社区公共事务的全过程，特别是要建立让社区群众有序参与的机制和制度，体现人民当家作主。鼓励公益类社会组织参与社区公共事务的机制，特别是发挥公益组织专业化的特点，为社区公共事务提供专业化支持和把握工作方向。以项目化管理推进“六难”共治项目的突破；以信息化支撑社委会的公开、科学的运行，便于群众及时广泛地参与。

从实践来看，“三化”工作机制使得社区共治将群众的自律、互律和他律结合起来，在邻避危机的处理过程中，信息化、项目化和社会化环环相扣，以利益疏导、情绪疏导的方式方法化解矛盾，有力地推进了基层有活力，管理出实效，群众得实惠。

（二）积极推进公民有序参与，加强基层民主协商

从邻避危机对策的实践来看，积极推进公民有序参与，加强基层民主协商具有重要的实践价值。就其路径而言，虽然公民参与与民主协商的方式相当多元而有弹性，但总的来看，大体上主要集中于如下三个路径。

（1）参与主体路径：必须使得公民具备参与的意愿与能力，每个人有平等接近决策的机会以及能够预期参与行动产生的影响力；社会必须具备普遍参与的政治文化，使每个人可以学习与习惯经常地参与公共事务；当参与的议题具有高度专业性时，需注意专业人员与公民之间的平衡与互动；行政机关与民众需能保持理性的态度及目标的一致性，需有制定政策的权力等；同时，还必须考虑是谁参与，有多少人参与等细化的规则问题。

（2）参与制度路径：必须具备有效的决策过程、公平的执行程序、完整的民众参与制度，以及具有高法律位阶的法定依据。制度的建立必须从组织设计及法制两方面同时进行，亦即必须设计一个开放、弹性的组织结构，以利公民参与的运作；同时要全面地检讨相关法规，确实将公民参与的精神及机制纳入，保障公民参与的合法性。

（3）参与实务路径：公民参与必须具备有效的消息传递管道、有意义的政策冲击、经过成本效益的考虑、弹性化的参与方式、政府响应民意的接受程度等。此外，在实际的参与过程中所采用的参与技术、参与时机也相当重要，例如，最常被采用的听证会等如果出席率不高，或者听证会等的目的以说服重于沟通，则听证会等的效果将大打折扣；再者，一项政策如果在完成规划后、开始执行之前才与民众进行沟通，企图以势在必行的姿态要求民众顺服，最后将不可避免地遭遇最大的抗争阻力。

由此可见，就城市化进程中邻避危机的对策而言，公民参与的作用与路径固然有助于公共政策与决策的实现与落实，但它也并不是可以毫无限制地使用，必须与民主协商的真正效果相衔接，真正做到科学有效地反映民意与民情。除了要考虑各种因素、慎选有效的参与方式之外，更需考虑它的一些

限制与缺点，包括参与主体的能力、态度，制度的完备与否，及其他的配套措施等，并且在面对实际的运用时作弹性及策略的思考。

从邻避危机的实际来看，长期以来土地使用规划事务都由政府部门决定，民众少有机会与权力参与决策，使得民众对于不喜欢的邻避设施或土地使用种类常以抗争表达不满，因为民众自觉到自己应有权利表达对任何可能影响生活环境质量或不利于生存之政策与行为的机会。然而，抗争虽然引发关注，但究竟能改变多少现状，令人质疑与惋惜。参与民众信息不足、一些相关部门将民众参与视为施政成本、民众代表性受到质疑、立法官员怠惰而相关法规无法提供良善之参与机制等因素，使得民众无法实质参与公共事务决策，则民众参与仍形同空谈，又徒增体制外抗争事件。例如，虽然划设变电所用地依法有据，通过电力负载预测选址也有其理论基础，但这项与民众生活息息相关的事务，却缺乏民众参与之程序。[20]民众并无法接受被排除于决策过程之外，再加上邻避设施与电磁场伤害疑虑的心理压力，许多草根性的环保抗争或是小区运动容易风起云涌，矛盾激化，易使民众用直接的抗争行动来表达他们内心强烈的不满。

以变电站等邻避设施为例，虽然科学研究仍然无法明确证实电磁场会造成人体健康的危害，但这并不表示相关部门毋需作为，虽然有关部门尚未真正立法管制电磁场的来源，但风险评估与释疑的工作却是相关部门应有的作为。在风险评估的作为方面，由于立法及行政部门有确保民众健康的责任与义务，因此必须针对环境中电磁场可能产生展开相关工作。民众若能在城市计划拟定前即积极参与规划，将可获得较大的实质权益保障效果，故本研究主张变电所兴建规划阶段应结合城市计划规划阶段，并嵌入民众参与机制：变电所供电规划阶段结合城市计划主要计划规划阶段举办区域性供电说明会，提供区域发展及未来供电计划让民众参阅、了解，就可以依据城市发展趋势与内容拟订供电计划，规范变电所总数及变压器容量。

进一步而言，变电所用地需要根据该区域规划细化并详细说明范围建议，并公告需地范围（负载中心），同时举办变电所用地取得说明会，公开征求可供兴建变电所之土地。经评估使用效益及兴建可行性后，将所有替选方案送交地方政府，由地方政府、非营利组织或民众自组团体拟订民众参与方式与程序，并依据土地使用管制相关规定进行附条件容许使用审查，首要排除容易让民众产生疑虑的地点及环境条件比如邻近学校、医院等，其次考虑施工规划等技术的难易度，最后才考虑城市计划相关法令的适用与变更问题，以决定变电所的设置地点。

值得指出的是，在这一领域的实践中需要与党的十九大报告中关于增强群众工作本领的要求结合起来。十九大报告鲜明地指出，要全面增强执政本领，并特别指出要增强群众工作本领，创新群众工作体制机制和方式方法。邻避危机的处理实质上也考验着群众工作的本领与能力。这一群众工作本领的增强，建设可以在如下方面进一步改进和完善。

（1）统筹资源、集聚基层。如上述所言，城市社区是社会的基本单元，是党联系群众的根本纽带，是构建和谐社会的重要基础。目前，社区已成为各种社会群体集聚区、利益关系交织点、社会组织落脚点和社会资源承载体，街镇则是发现社会问题、解决群众需求的第一阵地和防线。创新群众工作体制机制和方式方法，仅仅依靠基层政府单一的人力、物力、财力等资源开展社会管理和服务，已无法有效应对当前社会主体多元、思想多元、利益多元可能引发的矛盾问题。只有充分挖掘社区驻区单位、社会组织、企业法人等各方资源，积极调动公众参与社区事务的积极性和主动性，并与条线部门协同实现条块资源有效对接和落实，利用一切可以利用的元素去解决诉求、服务民生，才能进一步满足不同群体需求，增强社区生机活力，促进社会和谐发展。

因此，从邻避危机处理的实际效果来看，应进一步理清条块分工关系，加大条块联动力度，突破部门利益而产生的瓶颈制约，按照“权随责走、费随事转”的原则，推动职能部门重心下沉、事权下放、资源下移，加快街镇统筹社区资源、实现优化配置、提供公共服务的推进步伐，为基层有效解决社会问题、消除矛盾隐患提供资源保障和有力支撑。第一，立足党建联建。在行业上，做深物业党建联建、社会组织党建联建；在区域上，做实社区和园区之间的联建、社区与校区之间的联建、社区与部队之间的联建；在组织上，做强在职党员联谊会、驻区单位党建联席会。通过盘活各类平台和资源，消除党建联建空白点，在楼宇党建、群团党建、社会组织党建、离退休干部党建等区域化大党建格局中带动民主。第二，立足居民自治。发挥党在引领、指导居民自治组织中的主体作用。重点推进居委会的规范化建设，加强居民自我服务和管理水平，培育居民自治热情。落实听证会、协调会、评议会等“三会”制度，继续办好社区“居民自治论坛”等根据各社区的实际情况，因地制宜地灵活开展民众参与、民主协商的平台，为相互交流、增进了解搭建平台，营造居民自治的民主氛围，激发更大的社会活力。第三，立足社会组织。发挥社会组织服务中心指导作用，逐步建立更为科学的社会组织准入制度，建立精细化社会组织资质与信用认证制度。健全社会组织评估机制，完善公示、听证等程序，形成一套公平、公正、公开的监督系统，确保社会组织的运作公开透明。进一步转变政府职能，探索政社合作与发展的路径和方法，集聚一批具有公益使命意识的社会领军人才。第四，以有些社区积极筹备并运行的社区公共事务督导团为抓手，将“三务公开”与项目化管理督查评估工作、社区行风政风测评、党风廉政建设相结合，加强社会第三方对党和政府的工作监督，重点加强对实事工程项目、预算管理系统等工作的监督。通过“三务公开”，切实发挥党员群众在社区建设中的主体作用，营造民主的讨论氛围和监督环境，以党内民主带动人民民主。

(2) 转变职能、释放空间。正如前文所述，处理邻避危机需要努力提高社会治理能力现代化水平，积极转变政府职能。这就要求在基层的实践中实现条线资源与社区管理的有效对接，实现区域内各类社会资源的有效整合。因此，应理顺和界定政府、社会、市场三者之间的职能边界，加快转变工作理念和办事方法，逐渐将管理和服务职能向市场和社会组织转移，加快建立合法规范、公开透明的群众参与公共事务平台，通过“赋权”实现善治、增强活力，真正实现政府职能由“划船”向“掌舵”转变，逐步形成“小政府、大社会”的治理模式。通过构建“行政协调 + 公众参与”平台推进解决，力求从点突破、以点带面，准确抓住共治关键和规律，使共治模式顺利延伸到社区每一个角落。立足组团服务汇聚民意。对社区居民继续深入开展组团式联系服务群众工作等新形势下的群众工作，密切联系群众，比如，有些地方开展普遍走访。突出亮牌承诺，优化社区干部联系居民区走访制度，发挥党政班子和机关干部的带头示范作用，向全社区公开身份、工作理念、服务内容和工作平台，促进社区居民“有事找组团、办事找组团”，在民意汇聚上进一步做到畅通、及时、准确。一是建设民情档案工作平台，开发“户情、片情、社情”数据库，建立以民意需求为来源、回应处置为重点、需求分析为补充、反馈评价为支撑的问题处置流程，完善“社区服务全覆盖、响应处置零时间、社区管理大联动”这一高效的政府回应社情民意工作机制，为居民提供更加有效服务，为党和政府提供更为科学、扎实的决策依据。二是不断深化“社区热线”综合服务管理平台的建设，进一步拓展热线电话功能、完善政府门户网站建设、加强“社区热线”政务微博管理，对社情民意开展信息收集、舆情监督和实时联络，有利于在邻避危机的处理过程中加强沟通。开展智慧社区建设，完善问题处置、需求分析和项目生成等平台的功能开发，用信息化的手段为老百姓解决实际问题。三是抓好干部队伍建设，促进社区干部深入群众、深入基层，充分收集、了解、处置社情民意。要在汇聚民意基础上，推选思想好、作风正、有能力、能办事、有志服务社区的人进入居委会班子。抓好居委会专职工作人员等社工队伍建设，重视培养社工的群众情感和社区情感，造就一支社会化、专业化、职业化社工队伍。抓好志愿者队伍建设，集聚一批身心健康、热心服务的志愿者，形成一批工作室、服务站、咨询室等社区志愿者服务组织，为汇聚民意贡献力量。这些措施可以为邻避危机的处理打好较好的基层基础。

（3）关注民生、服务群众。社会治理的根本目的是维护社会秩序，促进社会和谐，只有民生得到保障和改善，才能有效化解社会矛盾，促进共享共建社会的发展。因此，应以优化资源、完善服务为导向，将社会治理日常的重心落在就业、医疗、养老等公众普遍关心的热点难点问题上，切实维护好、实现好、发展好群众利益。同时，博采众长、集思广益，找准不同社会群体利益的共赢点和均衡点，使各项制度决策最大程度地符合客观实际和群众需求，进一步增强公众对于社区大家庭的认同感和归属感，从而为社会长治久安、和谐发展奠定坚实的群众基础。其一，立足和谐稳定推进民生。比如，根据各地的实践情况，以创建平安社区为目标，着力抓好“特色平安楼组”“示范平安家庭”创建工作，推进社区综合平安保险工作，在居民区全面铺开。充分发挥行业自我管理、自我服务作用。进一步加强矛盾纠纷排查、预防和化解工作，加强司法所规范化建设，提升人民调解专业水平，做好纠纷调解工作室建设，保障社区和谐稳定。其二，立足市容环境推进民生。比如，针对老小区基础设施薄弱、历史遗留问题多的现状，继续加大投入力度，在充分征询居民意愿的基础上，有序推进综合整治实事工程。充分改善居民的居住环境，同时进一步探索城市综合管理联勤机制，加强街面秩序管理，完善住宅小区综合管理机制，整体提升社区市容环境水平。其三，立足社区服务推进民生。不断提升社区事务受理中心管理和服务水平，实现“一口受理”和“一头管理”。完善社区养老服务体系建设，拓展为老服务项目。加强民生基金的规范管理，深入做好贫困家庭大病医疗救助工作，重点关注就业困难人员、零就业家庭、高校毕业生的就业状况，提高群众就业率。其四，立足文化繁荣推进民生。以确保公益、提升层次、普及大众为主线，探索建立社区文化发展模式。引进、挖掘、宣传更多的社区文化名人参与社区文化建设。在打造大众文化上，依托文化中心阵地建设，继续发展群众文化团队，开展群众喜闻乐见的文化项目，使社区成为群众的文化家园。由此可见，只有将邻避危机的处理与日常的社区治理能力现代化水平的提升结合起来，把工作做到前面去，将邻避危机的处理与风险评估、日常的科学管理相结合，才能把危机与矛盾化解于萌芽之中，使城市与社区生活更有温度。

三、传播学视角下的邻避危机对策与形象修复

（一）传播学视角下的媒体沟通

媒体在城市化进程中邻避危机中的作用至关重要。就媒体沟通而言，有学者认为媒体沟通即以道德的方式控制邻避危机的高度不确定性，努力赢得外界民众的信心。也有学者进一步指出，邻避危机的应对是要解决危机，使

组织回归正常运作；而媒体沟通则寻求修复组织的形象，及增进公众对组织的正面认知。[21]

从邻避危机对策的角度来看，这种危机领导不同于一般性的领导，因为危机领导是一种对非常状态的管理，是以传播与沟通为基础的领导行为，是一种不确定很强的领导，是一种战略性的领导。有学者针对媒体沟通与危机领导的差异性，进行比较说明，并且指出良好的危机领导应包含媒体沟通的过程。[22]基本上，良好的危机领导需要有良好的危机处理技巧来面对危机情境，良好的危机领导与危机处理需要以与媒体沟通的能力为其后盾。

从词义的辨析上来看，虽然危机沟通与媒体沟通都是使用“crisis communication”一词，但在现今危机领导过程中，传播的角色可以说是日渐重要，而不是单纯的沟通可以代表的。媒体沟通的相关研究也相对重要，已经日益发展成一门独立的学科域，也代表了危机领导研究从宏观把握走向更微观的媒体沟通角色的趋势，研究者也逐渐以媒体沟通来取代旧有的危机沟通名词。因此，有学者将媒体沟通定义为是一种针对特定议题、有目的的信息交换，是个人、私人、团体与公共间的信息和意见的交换过程，包含危机本身和其他信息的多重模式，并不会直接单谈危机，还会表达彼此间的关切、意见或对危机信息的反应，及政府或体制对危机的安排，并以道德方式来控制危机的极度不确定性，以努力争取博得公众的信心。[23]

在邻避危机中，危机一旦爆发，作为意图处理好邻避危机的领导者在面对媒体沟通时，能否维护好自己的形象至关重要，一旦形象受损，或形象受损后没有能够有效地及时修复，这样的领导者就会丧失领导权威，或者其在邻避危机中的领导成效会大打折扣，因此，能否在媒体沟通中做好形象修复是危机对策中重要的战略聚焦点。

（二）公共危机中领导者的形象与形象修复

形象是他人根据我们的言语和行动以及其他相关行动者的行为与论述所构建而成的一种认知，是一种带有价值性的判断或观感。就邻避危机中领导者来说，拥有一个好的形象，能使其自身产生自信心、增加说服力，对意图处理好邻避危机的组织而言，领导者的形象就是一种无形资产，也直接考验着领导者的领导魅力。然而，受限于资源稀少、环境变化、人为疏失、目标冲突等原因，特别是在公共危机的过程中，领导者不仅很难维持好的形象，而且一不小心就会犯错，甚至酿成危机，致使形象无可避免地受到威胁与伤害。基于人们都有维持正面形象的需求，一旦不利形象的指控出现，不管个人还是组织，通常都会进行言词上的纠正与补救，而这些用来恢复形象或挽救名声的说服性论述，或是学者常说的辩解（apologia）或面子功夫（face-work），指的都是一种从语言艺术角度所进行的形象修复论述。㉔

从对公共危机中领导者的研究来看，上述提到的语言艺术研究，关注的是个人或组织如何通过语言符号来塑造形象，如果将此观点放进危机研究的脉络中，分析重点则在于危机发生时组织所采用的语言反应策略。有别于大部分媒体沟通研究多将焦点放在危机发生前后组织应该做些什么，而对于危机发生当下组织应该说些什么却鲜少着墨；持语言艺术观点的形象修复论述则特别重视危机的信息选项，认为那些对个人或组织名誉所造成的伤害，都可用设计好的信息来帮助修复形象。㉕因此，对公共危机中领导者而言，应将在危机时刻对外发表的危机言说，视为替公共组织及其领导行为辩解以及处理危机的重要符号资源，强调只要运用得当，便能达到说服与意义分享的目的，减少社会公众对组织的责难，进而成功保护组织的形象。近年来，以语言艺术视角研究危机传播的学者，多采用辩解策略与形象修复策略作为研究的理论基础，在普遍针对领导者的危机个案进行评析后，形象修复策略这种特殊的语言艺术类型，已逐渐发展成熟为系统性的领导者形象修复理论。

实际上，有关公共危机中领导者形象修复的研究，最早可追溯至20世纪中叶，当时的传播文献已零星出现一些分析政治人物辩护语艺的研究，但因多属个案研究，尚缺系统性的理论构建，直到有学者发表了一篇比较尼克松及杜鲁门演说的文章，首度提出类型（analog）的概念，才稍微显现出研究者拟对形象修复进行理论构建的意图。这篇文章分析的是前美国共和党副总统候选人尼克松针对竞选经费问题而发表的恰克演说（Checker's Speech），以及前美国总统杜鲁门因提拔共产党员哈利·怀特（Harry White）出任国际货币基金主席一职，而被质疑有放任共产党渗透行动之嫌所做出的响应。在比较这两个防御性论述之后，该文得出一个辩解方程式（apologetic equation），里面包含四个代表性常数（costants）：（1）精要的激辩（intense controversy）；（2）选择在演说的中段铺陈相关的辩解事实；（3）重复之前使用过的论述；（4）攻击对手（attacks on the opponent）。尽管其中只有攻击对手这个常数算得上是形象修复策略，与系统的形象修复理论仍有很大的距离，但这项发现，却能代表辩解类型在当时已初具雏形。[26]也有学者在研究中认为，辩解（apologia）是一种独特的语艺类型，并根据心理学者罗伯特·阿贝尔森（Robert Abelson）在1950年所做的研究发现，当一个人在面临信仰困境时，通常会采取否认（denial）、支持强化（bolstering）、区隔划分（differentiation）以及超越层次（transcendence）策略，以达到认知协调的目的；而当被控者希望解决外界某个恶意指控时，也会从这四种策略去选择如何自我辩解。[27]

自从提出辩解类型的概念后，许多研究者便试图对辩解类型进行讨论与修正。如有学者就以上述的分类来研究组织的辩解策略，成功将该类型从个人扩大使用至非个人的层面。也有学者有感于辩白（accounts）类型表过于纷杂，存在概念化与实践上的困难，实有重新整理策略类别、缩减策略数量之必要，故进一步延伸辩解概念，并参考辩白策略的选项，先发展出一个整合的类型学（anintegrated typology），内含否认、卸责（evade responsibility）、淡化伤害（minimization）、认错道歉（mortification）四种辩解策略；后又与布林森（Brinson）合作，将上述架构小幅修正成否认、卸责、止痛（reduce offensiveness of events）、修正行动（corrective action）与认错道歉五种类型。[28]相较于先前的架构，新的策略类型明显多了止痛与修正行动，前者除了将淡化伤害纳入其中，另外也加入攻击对手（attacking one's accuser）及予以补偿（compensation）两个策略；至于后者则是从认错道歉的类型中划分出来的。只是这套涵盖五种类型的形象修复策略，仍持续在更多辩解演说及危机个案研究中被伯努瓦（Benoit）修正，目前则已发展成包含五种一般类型，并细分成14种形象修复的具体策略。

在随后的研究中，以伯努瓦为代表的学者们不仅以形象修复理论（image restoration theory）来命名这套涵盖层面更广、系统性更高的策略类型，并于其著作《辩白、解释和辩解：形象修复策略理论》（*Accounts*，*Excuses*，*and Apologies*：*A Theory of Images Restoration Strategies*）中详尽地探讨此一理论。

（三）公共危机与邻避危机对策中形象修复的运用

如前文所言，公共危机中领导者的形象修复理论的核心是一套形象修复策略，关切的是责难（blame）、责任（responsibility）以及冒犯（offensiveness）等威胁形象的因素，一旦有人责难个人或组织应为某一冒犯恶行负起责任时，便需要形象修复策略来帮忙否认恶行、回避责任或是减少责备。不过，在选择使用何种策略之前，最好能先了解对手攻击或抱怨的本质，识别对个人或组织不利的事件，针对利益关系人构建有利形象，确认重要利益关系人以决定处理的先后顺序，方能正确选择，有效使用策略来修复形象。因此，作为邻避危机中领导者的一项战略领导力，危机应对力在邻避危机中领导者形象修复中的运用必须把握两个基本前提：一是形象修复是一种目标导向的活动，所有的沟通目标都是为了使听者信服；二是维持正面的形象是邻避危机中领导者形象修复的首要目标。基于上述前提，有学者定义出五种较为详尽且被广泛使用的分类，即否认、卸责、止痛、修正行动和认错道歉，其中，前三种类型还可再分出次类型，共计 14 种形象修复策略[29]，这也是邻避危机中领导者的危机应对力在邻避危机中领导者形象修复中所必须把握的策略。

一是否认。否认可分成两个次类型，一为简单否认（simple denial），即否认犯行或根本不承认犯行存在；二为转移责难（shifting blame，or scapegoating），意指被控者想把责任推给第三者。一个人被指控做错事，可能会简单否认犯行，或将责任推给他人，只要听者接受的话，否认策略就有助于修复被控者的形象。

二是卸责。当错误或犯行确实出现，组织已难让自己完全从危机责任中脱身，便会使用卸责类型，以逃避或减轻对犯行的责任。伯努瓦定义的卸责类型还包含下述四种次类型：（1）合理防卫（provocative）：被控者可以宣称犯行只是对另一人行为的合理反应，是一个被激怒后的行为，如果该理由为听者所接受，这策略将能帮助被控者转移部分或全部的责难；（2）无力为之（defeasibility）：被控者以缺乏相关信息或控制情境的能力作为逃避责任的理由，如台风带来暴雨酿成水灾，相关单位以气象局未实时提供降雨量预报、天灾难以控制预防等理由，强调自己是心有余而力不足；（3）事属意外：被控者说明犯行的发生原因实属意外，如果听者愿意采信这种说法，被控者所需负担的责任就小，其形象伤害也会随之减少，好比西尔斯（Sears）百货公司汽车修理部，因索价过高而招致批评，其总裁布伦南（Brennan）即声称该行为是不小心（inadvertent）或意外的（accidental）错误；（4）动机良善：被控者强调该行为乃出于善意，并非故意犯错。[30]

三是止痛。即使身处被指责的窘境，被控者仍旧能以止痛类型的策略，试图减缓外界批评、抵销负面感受，而在这个类型下，还可细分出六种具体策略：（1）支持强化（bolstering）：被控者可利用过往优良的表现、曾做过的正面行为或本身具有的正面特质，强化听者对其原有的正面观感；（2）淡化伤害（minimization）：被控者试图淡化危机冲击，表示情况不如外界想象的严重；（3）区隔划分（differentiation）：受控者会将其行为与受到更多责难的相似行为作比较区隔；（4）超越层次（transcendence）：受控者将事件放在对自己较有利的脉络中，通常不是一个较大的脉络，就是一个不同的参考标准，或甚至不去提及事件本身，直接把议题带往更高的层次，如英国女王在戴安娜王妃死后呼吁国人，即使戴妃之死令人悲伤，但英国人民应化悲愤为力量，向世界各国展现团结的决心，以此转移外界认为王室对戴妃之死反应冷漠的指控[31]；（5）攻击对手（attack accuser）：受控者反击指控或提出另一项指控，以降低控诉的可信度，或转移社会公众对事件的注意力；（6）补偿（compensation）：受控者为避免事件扩大宣传、表现解决问题的诚意，可提出商品、服务或金钱上的补偿，以缓和受害者的负面感受。

四是修正行动。所谓的修正行动，意指受控者承诺实行修正措施，使事情复原成未犯行前的状态，或是避免犯行再度发生。有学者曾提及修正行动策略算是道歉的一部分，其目的在避免问题、修正问题，与为了解决问题而付出代价的补偿策略不同。[32]

五是认错道歉。即受控者不仅承认错误并乞求原谅，假如听者相信道歉是诚恳的，也多半会愿意去宽恕他，如同有两位学者提出的辩解类型中的归罪于己（mortification）策略或让步（concessions）策略。[33]

除了分析归纳出可用的策略选项，伯努瓦还作出八点建议：（1）如果有错，最好尽快认错；（2）如果确实遭到污蔑，否认策略将有所帮助；（3）如果能推给与自己无关（disassociated）的人，而且能合理证明对方确应负责，卸责策略将可奏效；（4）修正行为包含两个层次，确保不再重蹈覆辙与立即矫正过失，对修复形象都相当重要；（5）淡化策略未必每次都管用，当伤害对利益关系人而言十分明显时，会产生反效果；（6）同时共享多项策略可能相辅相成，但也可能互斥冲突；（7）形象修复策略仍有其局限，并不能解决所有问题，当受控者的行为与其抵触时，就会丧失效力；（8）决策者应该注意不同恶行对听众而言的显著性未必相同。[34]

在上述研究的基础之上，邻避危机作为在城市化进程中较易发生的公共危机之一，意图处理好该危机的领导者的形象修复还可以增加如下策略：一是同情性沟通。在邻避危机发生时，领导者必须在第一时间对受害者表示同情，以“遗憾”“痛心”等字眼，表达其对于事件发生的感觉，表达同情既不代表承认责任，还会为组织赢得可信赖的形象，并在社会公众心目中建立正面观感与印象。二是提供有效的危机处理信息。这又可再细分成提供指示性的信息、提供心理调节性的信息与提供事实信息共三种次类型，所谓指示性的信息，意指组织提供公众行动上可遵循的信息，即组织提供行动方针，如气象台发布台风警报，提醒作业船只严防海啸；而心理调节性的信息则为组织提供公众心理调节或适应该事件的信息，如政府官员表示危机未如媒体报道般严重，请民众放心；至于事实信息乃组织提供有关事件的相关信息，如说明事态发展情况、灾情等信息。由于危机发生后，所有利益关系人都想知道相关信息，以保障自身权益或使自己安心，组织也需要提供信息，以阻止谣言的散布、建立组织威信，故及时透露相关信息，对组织及利益关系人都有好处。不过组织在透露信息时，必须避免前后不一致的言词，以免降低组织可信度，同时也要尽可能在不伤及组织权益下诚实以告，因为利益关系人一旦发现邻避危机中相关领导者隐瞒或说谎，反而会更生气，无形中也破坏了两者的关系。

值得指出的是，邻避危机所处的公共危机情境的不同也是影响形象修复的重要因素，现代传播学理论的前沿发展无不把公共危机情境作为考量领导成效的重要要素，因此，要有效地发挥好邻避危机中领导者形象修复的作用，研究在何种领导情境下对应何种邻避危机中领导者的形象修复策略在理论和实践上均有重要价值。

也有研究认为，公共危机情境包含客观与主观两个层面，前者重视危机种类与危害程度，如斯特奇（Sturges）界定的危机之重要性、立即性及不确定性三种情境面向；后者则强调公众对危机责任归属的认知与评价，以库姆斯（Coombs）的危机情境四面向为代表。[35]库姆斯在1995年主张从危机种类、证据的真实性、危机伤害程度与组织过往表现去界定危机情境。首先，在危机种类方面，库姆斯采用归因理论，发展出一个2×2（内在—外在×蓄意—非蓄意）的矩阵，并交叉汇编成过失（由外在环境引起、非人为蓄意造成的危机）、意外（肇始于组织内部，非蓄意造成的危机）、恐怖主义（外部攻击者发起的一种蓄意破坏行动）以及违法（肇始于组织内部，蓄意的恶劣行为）共四种危机种类之情境。[36]当危机偏向外在、非蓄意的归因，组织所需担负的危机责任就少，形象所受到的伤害也小；反之，若危机偏向内部、蓄意的归因，不仅危机责任会升高，形象损害也较为严重。其次为证据的真实性与否，这部分主要是影响社会公众对危机的认知，倘若证据为真，表示该指控是危机事件的具体说明；如果证据为假，代表指控可能来自谣言或臆测；除了真、假证据外，当然也会出现模棱两可的情况，尤其常见于过失情境的危机。再者，危机对组织的伤害程度，也是影响危机情境的因素，一般说来，危机伤害程度愈大，社会公众对组织责任的归因就愈高，反之愈小。最后是组织过往表现，即组织过去的形象若是积极正面，多半会比消极负面的组织容易获得公众的谅解。

在此研究的基础之上，从归因理论观点出发的库姆斯认为，组织修复形象的方法有两种：一是改变公众对危机事件的归因方式，包括危机本质（内在—外在）、可控制性（蓄意—非蓄意）以及稳定性（危机发生几率高—低）；二是去影响归因之后公众所产生的情绪反应，故使用形象修复策略等符号资源时，必须考虑危机归因，也就是危机情境，方能对症下药，达到成功修复形象的目的。[37]基于上述危机情境与领导策略具有关联性的假设，库姆斯以形象修复策略为基础，整理归纳出不存在、拉远距离、迎合、认错道歉以及哀兵五种策略类型，以涵盖危机当下之反应策略，甚至试图与危机种类所界定出的危机情境做联结，库姆斯的五种策略类型依序被转换成：（1）否认（包括否认、澄清、攻击与胁迫）；（2）卸责（如借口与合理化，其中合理化包含合理防卫、淡化伤害、区隔划分）；（3）止痛（如支持强化、超越层次、称赞他人）；（4）认错道歉（包含修正行动、补偿）；（5）受苦策略。[38]而在危机情境会影响策略选择的主张下，库姆斯除了建议应依照危机情境，选择适当或剔除不适用的策略之外，更进一步根据危机情境，将形象修复策略放置在一连续带（continuum）上，以观察情境与策略的配套组合关系。库姆斯的危机反应策略连续带之两端分别代表反抗（defensive）与顺应（accommodative），中间则依序置放相对应的情境与策略。库姆斯依照组织责任归属的弱强，将谣言、天然灾害、过失、意外事故及犯罪行为等危机情境，由左至右依序排列，与这些情境相对应的则分别是攻击对手、否认、借口（卸责）、合理化（合理防卫、淡化伤害、区隔划分）、讨好（支持强化、超越层次）、修正行动以及完全道歉共七个策略。[39]

库姆斯主张，应根据不同的危机情境，选择不同的策略，可得出下述几种策略建议：如果是谣言引发的危机，组织宜采用否认或攻击对手的激烈方式；如果是天然灾害，则建议采用借口（卸责）策略，以拉远事件与组织的联结关系；如果是属组织过失引发的危机，合理化（合理防卫、淡化伤害、区隔划分）是较妥当的选择，即以某些具有正当性的理由，赋予过失行为正当性，进而降低过失行为可能导致的法律与道德责任；而当危机起因来自意外事故，特别是与人为因素有关时，组织被认定的危机责任归属将会逐渐增强，这时候就必须仰赖讨好（支持强化、超越层次）与修正行动策略了。库姆斯强调，此连续带的价值就在于其提供了危机沟通策略与危机情境之间的联结，当识别了策略间某些重要的联结，危机管理者在某种程度上亦能更有效地运用策略。

除了库姆斯之外，也有学者为文指出情境与策略之间的关系。这种观点在整理表达管理的相关理论后发现，某特定响应方式在某些情境中，确实能发挥某种影响力，因而根据有无证明犯错的证据、情况是否可控制、评估标准是否恰当三个标准，将组织面对指控的响应与情境相关联，并提出以下建议：（1）在无法证明受控者犯错的情境下，得使用否认策略；（2）在有证据显示受控者确实犯错，但无法证明情况能否受到控制的情境下，建议采用卸责策略，以减轻危机责任；（3）在有证据显示受控者确实犯错且可证明情况可受到控制，但评估标准并不恰当的情境下，可选择止痛策略；倘若在有证据显示受控者确实犯错且证明情况可受到控制，并且评估标准也合理的情境下，则必须使用修正行动与认错道歉策略。[40]

由此可见，在城市化进程中的邻避危机中，公共危机责任归属与邻避危机中相关领导者的形象评价，会影响公众对危机情境的认知，倘若邻避危机中相关领导者对危机的内在控制程度愈高，其被认知应负担的责任也就愈多；一旦邻避危机中相关领导者被认定应负担的责任愈多，对邻避危机中相关领导者的形象认知也就愈不利；换言之，如果对邻避危机中领导者的形象认知愈正面，愈有可能出现潜在的支持行为；至于邻避危机中领导者过往表现也会影响公众对邻避危机中领导者责任以及形象的评价，其中，邻避危机中领导者与公众关系良好与否，对邻避危机中领导者形象也具有重要的影响和作用。

四、 公共管理学视角下的邻避危机对策与政策营销

（一）公共管理学视角下之城市化进程的前沿问题： 政策营销

政策营销（Policy Marketing）是近年来在学界兴起的重要议题，其主要是

指政府或非营利组织推行公共政策和社会产品的有效手法。其主要目的系通过营销之观念与技术，来制定社会目标及服务，并有效地向社会传达观念及服务。为了使政府决策能够符合时代的潮流及具有高度的敏感性，政府机构必须迅速认知环境变迁，正确响应民众的需要，亦即在政策规划时应找出目标顾客（民众），针对顾客的需求来设计产品（政策）、推广和倡导，使最好的产品能符合民众的意向。执行推动政策领导者，往往个人领导风格不同，而对政策运用于营销方式方法也会不一样。在政策营销的实践中，领导乃普遍存在的社会现象，其主要功能在于组织内部的维持与外部的适应，以确保组织能在安定中不断进步与成长；领导也是一种引领组织成员、导向组织目标的基本历程，而领导的目标不外乎组织任务的达成及个人需求的满足。在邻避危机对策的实践中，公共政策能否真正的得到有效执行与政策营销密切相关。

1. 从非商业营销到社会营销

在 1969 年，营销学大师科特勒（Kotler）及利维（Levy）首次提出营销概念的扩大化的主张，他们提出属商业管理范畴的营销概念将可应用于非营利组织的，其中包括了国际组织、教会、医院、学校、政府机构等。文中应用了许多营利部门所常用到的营销技术于非营利组织之上，如创造产品优势、认定标的团体、差别营销、消费者权利分析等，让非营利组织能通过营销的审核及回馈技术，维持与组织的顾客接触、继续了解他们需求，进而发展出合适产品的功能。[41]

在政策营销之形成中，社会营销发展占了极为重要的地位；在社会营销下，不但将产品的概念加以扩充，并且还改变了营销以商业利润为最终目标的取向，所发展出来的产品概念及营销任务也都成为政策营销领域得以成立的要素。1971 年，科特勒与萨尔特曼（Zaltman）合作提出社会营销的概念，主张将有关推广社会理念与解决社会问题的社会推广运动纳入营销领域中。至此社会营销的观念与理论正式出现：社会营销是一预定计划的设计、执行与控制，目的在使标的顾客群能接受新的社会观念或某些理想、措施。[42]他们提出了社会营销计划系统的理论以及社会营销的管道与工具，同时也澄清了行为科学家对于社会营销是否有坚实理论及内容足以成为营销次领域的质疑。经过十年营销概念扩大化的经营，营销技术在运用于非营利部门已卓有成效了。1980 年，福克斯（Fox）以《社会议题的营销：最初的十年》（*The Marketing of Social Causes*：*The First 10 Years*）为题，指出过去十年来社会营销技术被运用至不同的领域，例如许多改革团体与政府机构皆应用社会营销来解决问题，如禁烟、家庭计划、禁止酒精或药物滥用等议题；以及它所承受的来自营销学界的批评与压力，例如它不被承认为营销学的一支。[43] 关于这方面的研究，还有保罗·N. 布卢姆和威廉·D. 诺韦利（Paul N.Bloom & William D.Novelli）发表于营销学期刊（*Journal of Marketing*）上的社会营销的问题与挑战。

2. 从公共组织营销到政策营销

所谓的公共组织营销，指的是公共组织相关组织引用营销技术与概念来推展其服务或产品的活动，[44] 其中包括：以选举活动为起始的政治营销，营销政治人物、营销政党、营销政治理念；以推广地区及城市的经济文化特色为增加竞争力基础的地区营销活动；把公共政策作为营销产品的政策营销活动；一些以推广政府组织或者是政府方案的活动。这些概念通称为公共组织营销。

在社会营销发展后，营销概念逐渐扩大至公共组织与公共政策的领域。迈克尔·P. 莫夸（Michael P.Mokwa）与史蒂文·E. 佩穆特（Steven E.Permut）所共同编著的《政府营销：理论与实务》（*Government Marketing*：*Theory and Practice*）便标示着营销概念领域的再扩大；扩及了公共组织的范围。莫夸首先陈述了一般商业营销的理论，作为发展政府营销的基础；他认为政府不可以直接采用商业营销的原理原则，必须要为公共组织特性作一定调整后才能援引适用。[45] 也有学者出企业营销与政府营销在某些面向的不同，主张对政府的货品与服务加以分类，依可营销性之不同，再来运用营销技术，并以营销观点研究政府方案，来分析国家政策的营销。[46] 许多研究营销与公共行政的关系的论文，探讨了营销对于政府所推动的方案或计划是否真的有帮助，也评价了政府机构作为一个营销者应扮演的角色。

另外还有拉里·L. 科夫曼（Larry L.Coffman）在 1986 年所出版的《公共部门的营销：给实务者的一个指引》（*Public-Sector Marketing*：*A Guide for Practi-*

tioner），以及1995年莱昂内尔·蒂特曼（Lionel Titman）所出版的《新公共组织的营销》（*Marketing in the New Public Sector*. *London*：*Pitman Publishing*）就为公共组织所提供的服务，依6Ps的营销组合——计划（plan）、产品（product）、价格（pricing）、倡导（promotion）、管道（place）、人员（people），细述公共组织运用营销技术时该注意与掌握的重点与取向。

在公共组织营销的影响下，美国联邦贸易委员会开始延揽聘用营销专家参与政策的制定、执行和评估，公共政策和营销的结合的领域也渐成形，在20世纪80年代初期所创刊的《公共政策与营销期刊》，就刚好可以反映出这股趋势。[47]主要包括两方面：（1）利用营销技巧于改变社会；（2）政府如何管制营销，即对营销活动之政策。至此，从公共组织营销到政策营销的大幕已经拉开，对于一名邻避危机处理者而言，能否有效地运用好政策营销具有重要的理论和实践价值。

（二）邻避危机对策中政策营销的运用

由前文研究可知，从政策营销的定义研究来看，有学者认为政策营销是政府机关及人员采取有效的营销策略与方法，促使内部执行人员及外部服务对象，对研究中或已形成之公共政策产生共识或共鸣的动态性过程；其目的在增加政策执行成功的几率、提高国家竞争力、达成为公众谋福利的目标。[48]从这个角度来看，政策营销就是公共部门利用营销的观念与活动，促使公共政策获得民众的支持。

基思·斯内夫利（Keith Snavely）在1991年于《美国公共行政评论》期刊中发表《政府部门营销：公共政策之模式》（Marketing in the Government Sector：A Public Policy Model）一文，首次提出以公共政策为过程模式。文中斯内夫利认为，在公共政策的焦点上，政府的角色是提供服务给民众，让组织所执行的政策能有效完成；而组织运用营销是为了要完成任务，就公共部门来说，它的任务便是公共政策的执行。构建公共部门的政策营销模式是极其重要的，然而，因公共部门与公民间的交换形态不同于私部门是以利益交换为主，因此企业营销工具或模式并不适宜全盘应用在公共部门中，为此，斯内夫利以美国国税局为对象，讨论国税局所会面临到的各种环境与压力，以发展一个足以反映公共部门及政策之价值与条件的营销模式。[49]斯内夫利的论文，是首篇以公共政策为焦点的营销文献，其将传统企业营销之工具与模式予以转化及修正，构建一适于政策研究之广博性营销模式；而对营销概念扩大化之研究，至此也正式出现公共政策之研究途径。汉斯·布尔马（Hans Buurma）则认为公共政策营销是政府用来诱使社会行动者与政府进行营销交换的一连串计划与执行过程的总和，通过发展及提供令社会行动者满意的政策工具，以及要求社会行动者从事特定的社会行为和其他的交互活动，让政府与社会行动者双方都达成其目标。[50]

在上述研究的基础上，本书认为，可以进一步将政策营销定义为：以营销的战略方法促进公共政策与社会需求的互配，即辨识、预测及满足社会及公共需求，并以最少的强制性手段及最多的受众支持度推广及执行政策。

就危机处理的对策而言，从政策营销的有效路径来看，可以政策营销理论发展中的社会营销理论为基础展开探讨。营销学者阿兰·安德森（Alan Anderson）认为社会营销有其自己独特的，能与其他营销类别区隔的理论。[51]首先，他提出社会营销应以计划为中心，并非以组织为中心。因为进行社会营销的组织不一定只有社会营销活动。相对而言，传统的营销都以组织对顾客作为架构。第二，社会营销者主要是寻求利他，非自利。虽然现代营销也强调以顾客满足为基本目的，但这目的也建基于组织是在获利之情况下。第三，社会营销重点是真的能促使利为改变，这是社会营销的基本要旨，光是提供信息及改变观念是没有意义的。

由此可见，上述社会营销理论对危机处理中政策营销的有效路径给予了非常重要的启示。首先安德森提出以计划为中心的营销理论。同样，政策营销理论也应以政策为中心。但公共服务往往是公共政策落实后的一些具体措施，是公共政策的一部分而已。此外，基于公共政策的邻避设施往往包含管制性项目，并非能以服务观念完全理解之。就算部分公共政策是带有服务性，但一个公共组织可能要处理各种各样的政策议题。所以公共机构营销会牵涉多议题的策略规划，这是组织策略管理之范畴，不是单独政策议题之营销。另一方面，公共政策也可能牵涉跨部门之协作，所以以组织为中心的公共机构营销是不能完全处理政策营销的议题。

若以政策为中心之角度分析政策营销，并借鉴社会营销理论的观点，政策营销之环境也非独占性的，因为社会存在着不同的政策提倡者，除了主管政策之机关外，还有相关政党、不同的利益团体及压力团体，它们都可以是政策营销之竞争者。此外，如同社会营销所面对的情境，政策营销者也会面对无组织性的逆政策观念。所以政策营销是有竞争性的，符合营销环境的基本条件。还有，公共政策营销也是以整体社会利益为依归，并非仅以政策受众利益为主，这点也与社会营销观念吻合。

此外，从邻避危机的实践来看，就邻避类的公共政策而言，该公共政策意义虽然可以包括不作为，但大部分公共政策就是要改变或调整现状，使社会进步及发展。与社会营销类似，政策营销的基本要旨就是引导行为之转变，但其范围广及社会、政治及经济之行为，例如利用经济政策引导产业转移。公共政策也会如社会营销般推动一些会受到社会或目标群反弹的措施。

实际上，在邻避危机的实践中，人的行为并非全然经济理性的，也有道德之面向。因此，邻避危机的处理者应加强与政策受众的沟通，加深他们对政策之认知。所以安德森认为政策营销的意义就是要强化政策的非强制性质。降低因强制性政策执行所带来的社会及政治成本，包括社会冲突及政府机关的监督成本。而政府也要利用营销工具，使民众能充分理解、容易接受及遵守政策。诚然，在传统学术上理解政府政策有强制力使民众没有选择余地，但我们不能对社会众多犯法行为视而不见。纵使政府能向犯法者施予惩戒，但这还不能阻吓所有犯法行径，因为还是有民众选择犯法。因此就算在垄断及可运用强制力之情况下，公共部门运用营销工具仍然有其正当性及意义。但作为政策营销者的邻避危机对策者必须要减少利用权威优势来制定政策，多以柔性方式推动政策，否则政策营销便失去意义及正当性。

值得指出的是，从公共管理学的视角来看邻避危机的对策，特别要在政策营销的实践中注重程序正义和环境正义的平衡：

一是在邻避设施的环境影响评估民意调查的样本，应是以邻避危机所在地的居民为主，而非整个城镇。邻避设施的周边人群及相关人员均要作为抽样人群考量，距离邻避设施越远的居民样本数应相对偏低，以避免多数人迫害情形——污染低的区域民众来决定污染高的区域是否设置邻避设施的后结果。

二是环境议题公共化倚赖地方群体意识行动。在邻避设施设置的过程中，由地方领导者向外来者学习观摩，并接受管理训练，能力皆备后传授给地方民众，通过教学相长渐渐提升居民专业范畴，提升地方环境保护基本素养。[52]

三是建立地方居民与邻避设施或工业区之间沟通桥梁，通过非政府组织协助，让原本断裂、无关系的双方成为合作伙伴的关系，减少政府的强力介入，在邻避危机的处理中实现换拉思考，居民秉持当地经验与感受，理性地传达地方需求，由有公信力的机构引导并参与协调，达成双方之间直接沟通的目的，回馈机制实质地照顾每位居民。

五、 邻避危机对策之组合运用：基于公共治理的战略思维

在多学科视角的基础上，研究城市化进程中的邻避危机对策必须进行组合运用，特别是基于公共治理的战略思维实现对策的优化组合。党的十八届三中全会首次提出，“全面深化改革的总目标是完善和发展中国特色社会主义制度，推进国家治理体系和治理能力现代化”。习近平总书记指出，国家治理体系和治理能力是一个国家的制度和制度执行能力的集中体现，两者相辅相成。推进国家治理体系和治理能力现代化，必须完整理解和把握全面深化改革的总目标，这是两句话组成的一个整体，即完善和发展中国特色社会主义制度、推进国家治理体系和治理能力现代化。因此，就中国城市进程中的邻避危机而言，必须基于公共治理的战略思维，邻避危机对策要进行优化组合。

（一）公共治理的战略思维

治理理论是近年来由西方学界舶来的热点理论，“治理”一词，近年来在

探讨有关于政治学或公共行政、政策领域中被普遍使用，相较于过去所使用的“政府”“统治”“领导”等名词，依据《韦氏新世界辞典》的界定，治理为政府的行为、态度、功能与权力。此一说法显示，治理的初步意义乃是包含政府的所有活动与结构，它是一个比较中性的名词，没有预设为何种的政府结构或体制。[53]

有学者认为，所谓治理是指那些我们在个人、组织，以及政治等方面都认为可以信赖的规范与作为，如法律、规范、仪式、共同的信仰，以及角色界定等。这些规范与作为，通常融合于制度之中，如教育、宗教、市场以及政府等。[54]治理的这个定义，是指包含足以影响个人、社会及国家，所有政府与非政府的制度与作为，也可以说是维持社会模式的所有运作规则。

从行政制度的角度而言，所谓治理就是指在政治系络中的行政领导，以及能够引导趋向最大可能公共利益的能力。[55]与此类似，世界银行所界定的治理是指运用政治权力来领导国家事务，而一个好的治理就是：效率的公共服务、独立的司法、负责的行政、独立监察，尊重法律、人权，多元制度结构、新闻自由。[56]

从政治与社会互动的观点来看，治理是社会政治互动的方式或结构之总称。从这个角度出发，所有的政策不是单纯由中央政府所制定，都必然是与其他部门互动之后产生，亦即，治理乃是由社会、政治、行政互动的结果，没有任何人可以独自作决策。同时，由于治理受到政治与社会互动方式的主导，中央政府不再拥有最高的权力，政治系统也更加分化，因此政府的主要责任在于促进社会与政治的互动，制定更多的制度以解决问题，以及提供公共服务。[57]事实上，这个政治与社会互动观点的治理并不局限于国家的范围，它也适用于跨国性的国际社会。

由此可见，依据上述理论，当我们在探讨战略思维的各项活动或是公共政策的决策和执行时，注意的焦点不再是政府的组织结构如何设计，而是在某一目标之下行政过程如何运作，公共政策如何产生，以及什么样的组织结构有助于目标的达成。所以，在战略思维的视野之下，政府因此正式权威为后盾的活动，治理则因此共同目标为基础的活动；治理是一种比政府范围更广泛的现象，包括政府组织与非政府机构都可以在治理过程中扮演重要的角色。此外，在邻避危机之中，治理可以增强公民的能力。

综合上面的说法，本书尝试从战略思维的角度为公共治理做出定义和界定：治理是一套运行于国家与社会各层面的共识价值、制度与关系网络，战略思维的公共治理的基础是经由彼此的互动、合作与信任来达成公共参与的机制，以创造公共利益并实现公民资格的本质；在治理的结构中，权力不是掌握在少数人手中，而是平均地分散于各个参与治理的成员，因此，所有成员的地位是平等的，资源是共享的；而公共治理的主要目的，就是创造一个开放、不受宰制的公共空间，以便进行公民与公民之间、公民与政府或企业之间彼此的对话，进而在彼此同意的目标下，各自扮演应有的角色与功能。

（二）在公共治理中实现邻避危机对策的优化组合

基于战略思维的公共治理是用来处理民众所关心议题的制度结构、政策、决策程序与规则，以便决定如何使用权力、如何做决定、如何使公民表达意见。因此，从战略思维来看，公共治理可以有不同的使命或功能，第一种使命认为公共治理就是最精简的政府（The Minimalist），强调公共治理的使命在于产生一套有效的规则，来领导公民之间的志愿性政治交换。第二种使命认为公共治理是在重新分配社会资源（The Re-distributive），强调公共治理的使命在于通过重分配资源的能力，影响实质的结果，因此政府有义务公平地分配社会经济资源，而政治就是处理有关利益冲突的过程。第三种使命认为治理具有发展性的（developmental）目的，公共治理的使命在于构建一个信仰与共同目的的政治文化，积极创造一个正义的社会，因此其焦点在于产生与维持民主价值及习惯的共同文化，亦即，公共治理是寻求通过影响公民的价值、信念与认同来影响国家的运作。第四种使命，以最简单而中性的说法，公共治理就是提供一套构建政治程序与规则的结构（the structuralist agenda）。[58]因此，就基于战略思维的公共治理使命而言，其在邻避危机对策的优化组合中应当把握如下原则。

1. 创造公共对话空间

从基于战略思维的公共治理目的来看，其目的在于创造一个公共领域，使得在这些规则之下的公民、战略思维可以充分地表达意见、彼此互动。在这个公共治理结构中的所有成员均有义务共同创造良好的对话空间与环境。这个有利的对话空间，包括一个与人民距离上接近、关系密切的服务机构，保障人民参与机会与合法性的法律架构，以及一个具有参与文化与认同的社会。此外，现代信息与通信科技的进步，也提供了一个充分无碍的沟通管道，使得人们的沟通方式更多元、沟通速度更快。

2. 制度设计与程序的公民化

从基于战略思维公共治理的领导对象来看，因此公民作为治理的中心，凡事都以公民的关怀与需要为考虑的出发点，因此，在公共治理的结构中必须强调领导对象的公民化。所谓公民化，是指唤起普遍的公民意识，包括对公民本身、职业政治家、行政官员、制度与政治程序的公民化。首先，必须使得公共治理结构中的所有成员均充分了解公民资格所蕴含的地位、权利与义务，使其在主观上有意愿采取适当的行动；其次，在设计各项制度与规范，以及具体的行动中都能够以实现公民资格的内涵为主要目的。

3. 国家与社会的持续稳定发展

从基于战略思维的公共治理的终极指向来看，其公共治理的重心不在于一时的权力分配，而在于能否创造公共利益，所以它强调的是国家与社会的的持续稳定发展，因此，参与式的价值、制度、规范等也都不是在短期内就能发挥效果的，而是需要经过治理结构的成员之间持续的互动、合作，而逐渐内化成为共同的行为习惯。一旦成为一种内化的习惯与价值，就可以进一步传递给下一代。

在上述原则的基础之上，邻避危机对策的优化组合应用要注重如下的战略聚焦点。

其一，公共利益与民众意见。

在邻避危机的实践中，任何公共政策均应以公共利益为最后的目标，但是民众的行动却多半是基于私利出发，因此，在任何一项公共参与的行动中，如何判定其为有意义且符合公共利益常常是不容易的。虽然，有些用来界定公共利益的标准经常被提出来，但是却不易取得共识。此时，公民教育对于提升公民的素质就显得非常重要，而通过公民之间彼此有效的对话与互动也可以促使公共利益越辩越明。

其二，专家决策与公共参与。

从基于战略思维的个人角度出发，任何人都有能力及知识的极限，不可能毫无限制地去处理所有的事情，尤其在面对专业性极高的议题上，一般民众对其认知有限，这时候就不得不借助于专家的专业判断来作决策。但是，这又产生了所谓专业独裁的问题。这样的吊诡性或许可以采取一种弹性的策略加以调和：民众与精英合流的两阶段参与模式，即对于专业性较高的公共议题，作两阶段的决策过程设计，第一阶段由学者专家就专业知识进行讨论与辩证，第二阶段再由民众及民意代表就民众的利益及关切的议题进行协商以获取共识。此外，公民本身作为公共议题的利害关系人或行政结果的消费者而言，他对于该议题的问题所在及需求有最密切而深刻的认识，也可以称为另一种广义的专家，自然不应被排除在决策过程之外。就民主行政的观点而言，为了让社会各团体或公民顺利参与行政革新工作，革新内容势必不能仅是官僚单方面推动与决定的技术问题，必须包含协商、沟通等解决方式。因此，有学者认为，未来政府决策必然是介于纯粹的专家行政（官僚政治）与完全的民众决定之间作一调和，二者之间也并非完全互斥，而是逐步调和的连续体。[59]但是，如何在这两个极端当中找到一个最恰当的点，却是很难用一些标准来界定，而是要通过民主的互动过程作弹性的因应，以及用全民的智慧加以判断。

其三，民主与效率。

公共参与的最终目的在于实现民主的理想，但是，我们也不能忽略了现实的问题，即由民众参与的公共事务经常花费较多的成本与时间，甚至影响问题处理的时效，可能违背了行政所要求的效率目标；尤其是在遭遇危机时所要求的是迅速有效地解决问题、化解危机，势必需要由战略思维全权处置与统一指挥，经由公共参与的途径是不可行的。因此，如何兼顾民主参与及行政效率，求其平衡与弹性，就常常考验了邻避危机处置者的领导智慧。

其四，信息公开与信息保密。

公共参与公共事务必须要有充分的信息，才能作出正确而有效的决策，然而，许多的公共政策涉及信息机密问题，不方便毫无限制地公开，如此又将影响政策的决定。因此，在公开与保密之间求其适当，将影响着公共参与的范围及其合法性，就基于战略思维的公共治理而言，应当以信息公开为常态，以信息保密为例外，而其例外的标准应是涉及国家机密、商业秘密、个人隐私及应当给予必要的保密措施和严格的程序限定。

从基于战略思维的公共治理的实践来看，就公共事务的参与而言，越基层的事务对公民应该是越亲近，也应该越清楚，但是由于现代工商社会造成人与人之间的冷漠、疏离，我们对于生活周围的事情并不清楚，反而是受到了传播媒体对我们信息接收的控制，我们对国家大事知道得比较多，对传播媒体聚焦的城市知道得比较多，却对于所居住的邻里事务毫无所悉，也不想主动去了解。如此，造成了我们对于有能力参与、可以发挥影响力的社区与地方事务并不了解，而对于遥远、复杂、不易发挥个人影响力的全国性事务与政策，反而因为所接收的信息较多而有较深刻的认识。

究其原因，这多少是因为国家的政策及资源错置所造成的现象，以及人们被动的态度、缺乏公民意识所形成。公共事务的参与无法避免有“搭便车”的问题，许多人抱持着反正有人会去解决的心态，而不愿亲自参与或尽一点绵薄之力，但是，大部分的公共财产却又无法排除被这些不尽义务只享权益的人加以利用。[60]造成如此心态的原因相当复杂，包括社会、心理、经济甚至政治等因素，因此，与其谴责这些搭便车者，倒不如去了解这些不愿参与公共事务（即使是生活周围的邻里事务）的背后因素为何，再针对其原因提供各种诱因与协助来增进其意愿。

结合邻避危机处理的实践来看，邻避情结的出现往往成为现代许多所谓社区意识形成的外在来源，但是，其形成经常只是某种利益（抗拒外来的不利因素）的短暂结合，只要此一压力消失之后，即回复以往的冷漠。例如，有研究就曾以垃圾掩埋场的个案来探讨政策过程中公共参与的问题时发现，由于该垃圾掩埋场的设置将直接影响到当地的居民与学校，因此居民与学校联手对抗此一将危及他们生活环境质量的政策。[61]但是，在心态上民众将学校看成可供利用的资源，而学校也把民众当作抗争的实力，而事实上他们只是一种为了共同利益的暂时性组合，双方并未因为共同参与这项对外的抗争行动，而促进彼此的社区意识或凝聚力。

在邻避危机的实践中，虽然邻避情结在近年来的确凝聚了许多社区的力量，它不仅是一种短暂与虚幻的结合，如果每一社区均抱持着邻避情结而彼此对抗，那么许多公共问题（如环保问题）都将无法解决，更形成社区与社区之间的相互角力，因此，邻避可说是一个让人既爱又恨的东西。我们在面对邻避的情境，必须进一步地营造一个长久维系的价值共同体。

在邻避危机的挑战中，在一线真正担负对策重任的领导者扮演着系统维持的最关键性角色，他必须负起促进公民参与、执行法律与政策，以及确保公共服务质量的责任。在基于战略思维的公共治理中，纯粹的管理部门或行政部门不再是治理的中心，也不是主导政策的要角，反而是属于辅助地位的促进公民参与、捍卫公共利益、提供公共资源、教育公民等角色，更重要的是去维持治理程序的运作，并协助治理结构的每一环节都能顺利发挥功能。要再造具备上述特质的领导者，可以从以下的途径逐步培训和提升。

一是强调行政伦理教育。要使得领导者放弃权力的傲慢心态，并不是将权威硬生生地从官僚手中夺过来，而是通过价值观、服务伦理的改变，使其充分了解公共治理的真谛，充分领会和体验在公共治理中公民、领导者各自的角色与定位。而这样的转变必须依赖行政伦理教育的重视，让行政伦理成为担任领导者的第一准则，进而内化成为行政行为的习惯。

二是加强领导者的沟通与倾听技巧。要使得领导者成为真正善于倾听的领导者，要经历两个阶段。第一阶段是让领导者体认倾听人民心声的重要性，愿意放下身段与人民坐下来面对面对话沟通，但是这样的态度并不保证即能成为良好的倾听者、沟通者，还需要第二阶段学习倾听的技巧。要建立有效的倾听关系及达到沟通的目的，领导者在与人民的互动过程中应表现出关心与学习的态度，以建立互动关系及对话的机制；适时提出质疑、询问；评估与探索对话内容的意义，以厘清对话的深层意含；[62]确实将倾听当作民主治理的必要行动，而非只是应付的工具。

三是建立学习型组织。在邻避危机的处理实践中，有些管理部门容易形成一些行政的惯性、官僚文化，有些惯性或文化有助于公共治理，有些则是阻碍公共治理的进行，尤其是封闭、僵化的官僚文化，容易导致墨守成规、抗拒改革。未来以知识为导向的社会里，每一个人都要保持学习、开放的态度，使得以公共治理推动行政改革的力量在组织中成为持续的工作之一，即使有少数僵化、封闭的官僚也无法抗拒改革的必然趋势。

由此可见，在中国城市化进程中邻避危机的对策中，必须充分开拓经济学、政治学、传播学、公共管理学等多学科的视角，将经济补偿、公民参与、危机公关、政策营销等多重手段在公共治理的战略思维下组合运用，在邻避项目的设置前、建设中、建成后形成全过程的危机对策链条，将邻避危机的风险评估、源头治理与危机防控、危机善后结合起来，有效运用社会组织与相关群众的有序参与，将新型群众工作的方式方法探索与新形势下协商民主的具体实践相结合，在公共治理的过程中，在危机中抓住机遇，把危机转化为机遇，化解矛盾，化危为机。

注释：

① Lake，R.W.，1993，"Planners Alchemy Transforming NIMBY To YIMBY"，*Journal of the American Planning Association*，59，87—93.

② MacDounald，H.I.，1984，"Welcome Address"，in A.Armour（eds.），*The Not-In-My-Backyard*，*Symdrome*，Downsview，Otario：New York University Press，99—101.

③ Mazmanian，D. & D.Morell，1992，*Beyond Superfailure*：*American's Toxic Policy for the 1990s*，Weatview Press，65—69.

④ Lake，R.W.，1993，"Rethinking NIMBY"，*American Planning Association Journal*，159，87—93.

⑤ MacDounald，H.I.，1984，"Welcome Address"，in A.Armour（eds.），*The Not-In-My-Backyard*，*Symdrome*，Downsview，Otario：New York University Press，177—179.

⑥ Mazmanian，D. & D.Morell，1992，*Beyond Superfailure*：*American's Toxic Policy for the 1990s*，Westview Press，221—225.

⑦ Mazmanian，D. & D.Morell，1990，"The 'NIMBY' Synodrome：Facility Siting and the Failure of Democratic Discourse"，In Vig. N. and M.Kraft（eds.），*Environmental Policy in the 1990s*：*To-*

ward a New Agenda, Washington, DC: CQ Press, 83—85.

⑧ Wolsink, M., 1994, "Entanglement of Interests and Motives: Assumptions behind the NIMBY-theory on Facility Siting", *Urban Studies*, 31 (6), 851—866.

⑨ Almond, Gabriel A., Sidney Verba, 1989, *The Civic Culture: Political Attitudes and Democracy in Five Nations*, Newbury Park, Calif.: Sage Publications, 101—110.

⑩ Congleton, Roger D. & Birgitta Swedenbor, 2006, *Democratic Constitutional Design and Public Policy: Analysis and Evidence*, Cambridge, Mass.: MIT Press, 119.

⑪ Green, E., Short, S.D., Duarte-Davidson, R. & Levy, L.S., 1999, "Chapter 4: Public and Professional Perceptions of Environmental and Health Risk", in P.Bennett & K.Calman (eds.), *Risk Communication and Public Health*, N.Y.: Oxford University Press, 57—59.

⑫ Congleton, Roger D. & Birgitta Swedenbor, 2006, *Democratic Constitutional Design and Public Policy: Analysis and Evidence*, Cambridge, Mass.: MIT Press, 88.

⑬ Beckett, Julia & Heidi O.Koenig, 2005, *Public Administration and Law*, N.Y.: M.E.Sharpe, 82—97.

⑭ Goldstone, Lawrence, 2005, *Dark Bargain: Slavery, Profits, and the Struggle for the Constitution*, NY: Walker & Company, 77.

⑮ 转引自（美）约翰·克莱顿·托马斯（John Clayton Thomas）：《公共决策中的公民参与》，孙柏瑛等译，中国人民大学出版社 2010 年版，第 62 页。

⑯ 同上书，第 77 页。

⑰ Green, Ron., 2005, "Local Government Executive Leadership Competency Framwork", *Local Government Managers Australia*, 211.

⑱ Leach, Steve & Wilson, David, 2005, *Local Political Leadership*, University of Bristol: The Policy Press, 132.

⑲ 转引自 Benedict, Michael Les, 2006, *Preserving the Constitution: Essays on Politics and the Constitution in the Reconstruction Era*, Bronx: Fordham University Press, 155。

⑳ Jardine, C.G., & Hrudey, S.E., 1999, "Chapter 7: What is Risk", in D.J.Briggs, R.Sten and T.L. Tinker (eds.), *Environmental Health for All*, Boston: Kluwer Academic Publishers, 95—96.

㉑ Ressler, J.A., 1982, "Crisis Communications", *Public Relations Quarterly*, 3, 8—10.

㉒ Scanlon, J., et al., 1986, "Coping with the Media in Disasters: Some Predictable Problems", *Public Administration Review*, 45, 123—134.

㉓ Ibid.

㉔ Seeger, M. W., Sellnow, T. L., & Ulmer, R. R., 1998, "Communication Organization and Crisis", In M. E. Roloff (eds.), *Communication Yearbook*, Thousand Oaks, CA: Sage, 21, 231—276.

㉕ Ressler, J.A., 1982, "Crisis Communications", *Public Relations Quarterly*, 3, 8—10.

㉖ Benoit, W.L., 1997, "Image Repair Clisvourse and Crisis Communication", *Public Relations Review*, 23(2), 177—186.

㉗ Coombs, W.T., 1999, *Ongoing Crisis Communication*, London: Sage, 52.

㉘ Coombs, W.T., 1995, "The Development of Guidelines for the Selection of the 'Appropriate' Crisis Response Strategies", *Management Communication Quarterly*, 4, 447—476.

㉙ Benoit, W.L., 1995, *Accounts, Excuses, and Apologies*, Albany: State University of New York Press, 105—108.

㉚ Benoit, W.L., 1995, *Accounts, Excuses, and Apologies*, Albany: State University of New York Press, 109.

㉛ Coombs，W.T.，1999，*Ongoing Crisis Communication*，London：Sage，123.

㉜ Eagly，A.& Chaiken，S.，1975，"An Attribution Analysis of the Effect of Communicator Characteristics on Opinion Change：The Case of Communicator Attractiveness"，*Journal of Personality and Social Psychology*，32，137—144.

㉝ Fearn-Banks，K.，1996，*Crisis Communication：A Casebook Approach*，NJ：Lawrence Erlbaum，75.

㉞ Benoit，W.L.，1995，*Accounts，Excuses，and Apologies*，Albany：State University of New York Press，262—267.

㉟ Sturges，D.L.，1994，"Communicating through Crisis：A Strategy for Organizational Survival"，*Management Communication Quarterly*，7，297—316.

㊱ Coombs，W.T.，1995，"The Development of Guidelines for the Selection of the 'Appropriate' Crisis Response Strategies"，*Management Communication Quarterly*，4，447—476.

㊲ Ibid.

㊳ Ibid.

㊴ Coombs，W.T.，1999，*Ongoing Crisis Communication*，London：Sage，252—255.

㊵ 胡百精：《危机传播管理：流派、范式与路径》，中国人民大学出版社 2009 年版，第 172—175 页。

㊶ Kotler，Philip & Sidney J.Levy，1969，"Broadening the Concept of Marketing"，*Journal of Marketing*，33（1），10—15.

㊷ Kotler，Philip & Gerald Zaltman，1971，"Social Marketing：An Approach to Planned Social Change"，*Journal of Marketing*，35（3），3—12.

㊸ Fox，Karen F.A. & Kotler Philip，1980，"The Marketing of Social Causes：The First 10 Years"，*Journal of Marketing*，44（3），24—33.

㊹ Mokwa，M.P. & S.E.Permut eds.，1981，*Government Marketing：Theory and Practice*，New York：Praeger Publishers，5.

㊺ Ibid.，56.

㊻ Fox，Karen F.A. & Kotler Philip，1980，"The Marketing of Social Causes：The First 10 Years"，*Journal of Marketing*，44（3），24—33.

㊼ Buurma，Hans，2001，"Public Policy Marketing：Marketing Exchange in the Public Sector"，*European Journal of Marketing*，35（11/12），1281.

㊽ Andreasen，Alan R.，1994，Social Marketing：Its Definition and Domain"，*Journal of Public Policy & Marketing*，13（1），108—114.

㊾ Snavely，Keith，1991，Marketing in the Government Sector：A Public Policy Model"，*American Review of Public Administration*，21（4），311—326.

㊿ Buurma，Hans，2001，Public Policy Marketing：Marketing Exchange in the Public Sector"，*European Journal of Marketing*，35（11/12），1287—1300.

51 Andreasen，Alan R.，1994，"Social Marketing：Its Definition and Domain"，*Journal of Public Policy & Marketing*，13（1），108—114.

52 Slovic，P.，2000，"Perception of Risk"，in P.Slovic（eds.），*The Perception of Risk*，London：Earthscan，220—231.

53 *Webster' Third New International Dictionary of the English Language*，1993，Springfield，Mass.：Merriam，3v357.

54 Bellamy Richard and David Castiglione，1996，*Constitutionalism in Transformation：European and Theoretical Perspectives*，Oxford Blackwell Publishers，95.

⑤⑤ Breyer, Stephen G., 2005, *Interpreting Our Democratic Constitution*, New York: Knopf, 67—83.
⑤⑥ 转引自关玲永：《我国城市治理中公民参与研究》，吉林大学出版社 2010 年版，第 88—91 页。
⑤⑦ Stephen, Griffin, 1996, *American Constitutionalism: From Theory to Politics*, Princeton University Press, 205.
⑤⑧ Salamon, Lester M., & Odus V.Elliot, 2002, *Tools of Government: A Guide to the New Governance*, Oxford University Press, 112—116.
⑤⑨ 江明修主编：《公民社会理论与实践》，智胜文化事业有限公司 2009 年版，第 162 页。
⑥⓪ Nino, 1996, *The Constitution of Deliberative Democracy*, Yale University Press, 273.
⑥① Nalbandian, John & Nalbandian, Carol, 2003, "Contemporary Challenges in Local Government", *National Civic Review*, 92, 83—91.
⑥② Rhodes, R.A.W., 1997, *Understanding Governance: Policy Networks, Governance, Reflexibility and Accountability*, Buckingham: Open University Press, 139.

参考文献

陈振光、胡燕：《管治：理论角度的探讨和启发》，《城市规划》2003年第9期。

丹尼斯·N.T.：《危机领导力》，中信出版社2014年版。

顾朝林：《中国城市地理》，商务印书馆1999年版。

关玲永：《我国城市治理中公民参与研究》，吉林大学出版社2010年版。

何艳玲：《“邻避冲突”及其解决：基于一次城市集体抗争的分析》，《公共管理研究》2006年第4期。

胡百精：《危机传播管理：流派、范式与路径》，中国人民大学出版社2009年版。

纪晓岚：《论城市本质》，中国社会科学出版社2002年版。

江明修主编：《公民社会理论与实践》，智胜文化事业有限公司2009年版。

金通：《垃圾处理产业中的邻避现象探析》，《当代财经》2007年第5期。

金耀基：《金耀基社会文选》，幼狮文化事业公司1986年版。

孔繁斌：《公共性的再生产：多中心治理的合作机制建构》，江苏人民出版社2008年版。

李晓晖：《城市邻避性公共设施建设的困境与对策探讨》，《规划师》2009年第12期。

梁启超著，宋志明选注：《新民说》，辽宁人民出版社1994年版。

林水波：《公共政策论衡》，智胜文化事业公司1999年版。

刘刚：《危机管理》，中国人民大学出版社2013年版。

刘长敏主编：《危机应对的全球视角：各国危机应对机制与实践比较研究》，中国政法大学出版社2004年版。

陆炳文：《公关与危机处理》，南海图书文具公司1992年版。

浦善新：《中国行政区划概论》，知识出版社1995年版。

乔艳洁等：《从公共政策角度探析邻避效应》，《郑州航空工业管理学院学报》2007年第1期。

任生德等编著：《危机处理手册》，新世界出版社2003年版。

石平主编：《地方公共危机应对管理研究》，西南师范大学出版社2010年版。

世界卫生组织：《电磁辐射的风险与规避》，人民卫生出版社2009年版。

唐晋主编：《公民社会》，人民日报出版社2009年版。

陶鹏、童星：《邻避型群体性事件及其治理》，《南京社会科学》2010年第8期。

王国平：《城市论》，人民出版社2009年版。

王国平：《城市怎么办》，人民出版社2008年版。

王乐夫、陈干全：《公共性：公共管理研究的基础与核心》，《社会科学》2003年第4期。

王乐夫：《论公共领导——兼议公共领导与公共管理的关系及其研究意义》，《管理世界》2003年第12期。

王维国：《公共性理念的现代转型及其困境》，兰州大学出版社2005年版。

奚洁人：《面向21世纪的领导创新》，华东师范大学出版社2009年版。

徐学林：《中国历代行政区划》，安徽教育出版社1991年版。

余晖主编：《公共政策论丛》，浙江大学出版社2008年版。

俞可平：《治理与善治》，社会科学文献出版社1998年版。

袁志刚：《西方经济学》，高等教育出版社2010年版。

张成福：《论公共行政的“公共精神”》，《中国行政管理》1995年第5期。

张康之：《行政改革中的制度安排》，《公共行政》2000年第4期。

张梦中等：《寻求社会公平与民主价值》，《公共行政》2001 年第 3 期。

张向和、彭绪亚：《垃圾处理设施的邻避特征及其社会冲突的解决机制》，《求实》2010 年第 2 期。

中国标准出版社第二编辑室：《环境监测方法标准汇编——放射性与电磁辐射》，中国标准出版社 2009 年版。

周平：《当代中国地方政府》，人民出版社 2007 年版。

周阳敏、张甲霖：《危机应对战略》，郑州大学出版社 2009 年版。

［美］约翰·克莱顿·托马斯（John Clayton Thomas）：《公共决策中的公民参与》，孙柏瑛等译，中国人民大学出版社 2010 年版。

Andreasen, Alan R., 1994, "Social Marketing: Its Definition and Domain", *Journal of Public Policy & Marketing*, 13 (1), 108—114.

Ayer, M., 1995, "Urban Governances in the Post-fordist City", in Healey, P. et al., (eds.), *Managing Cities, the New Urban Context*, Chichester, West Sussex: John Wiley & Sons, 102—105.

Bank. Peters, B.Guy, 2004, "Politics is About Governing", in Leftwich, Adrian (eds.), *What is Politics?* Cambridge: Polity Press.

Beck, U., 1995, *Ecological Enlightenment: Essays on the Politics of the Risk Society*, Atlantic Highland, N.J.: Humanities Press.

Bellamy Richard and David Castiglione, 1996, *Constitutionalism in Transformation: European and Theoretical Perspectives*, Oxford Blackwell Publishers.

Benedict, Michael Les, 2006, *Preserving the Constitution: Essays on Politics and the Constitution in the Reconstruction Era*, Bronx: Fordham University Press.

Bennett, P., Coles, D. and McDonald, A., 1999, *Risk Communication and Public Health*, N.Y.: Oxford University Press.

Benoit, W.L., 1995, *Accounts, Excuses, and Apologies*, Albany: State University of New York Press.

Benoit, W.L., 1997, "Image Repair Discourse and Crisis Communication", *Public Relations Review*, 23 (2), 177—186.

Blackman, T., 1995, *Urban Policy in Practice*, London & New York: Routledge.

Bovaird, T. & Loffler, E., 2002, "Moving from Excellence Models of Local Service Delivery to Bebchmarking Good Local Governance", *International Review of Administrative Sciences*, 68, 9—24.

Breyer, Stephen G, 2005, *Interpreting Our Democratic Constitution*, New York: Knopf.

Brion, D., 1991, *Essential Industry and the NIMBY Phenomenon*, New York: Quorum Books.

Buurma, Hans, 2001, "Public Policy Marketing: Marketing Exchange in the Public Sector", *European Journal of Marketing*, 35 (11/12), 1281.

Cartier & Carolyn, 2005, "City-Space: Scale Relations and China's Spatial Administrative Hierarchy", in Ma and Wu (eds.), *Restructuring the Chinese City*.

Cathorrpe, P., 1993, *The Next American Metropolis: Ecology, Community, and the American Dream*, New York: Princeton Architectural Press.

"Characteristics on Opinion Change: The Case of Communicator Attractiveness", *Journal of Personality and Social Psychology*, 32, 137—144.

Chien Shiuh-Shen, 2010, "Prefectures and Prefecture-level Cities: The Political Economy of Administrative Restructuring", in Chung and Lam (eds.), *China's Local Administration*.

Chung, Him, 2007, "The Change in China's State Governance and Its Effects upon Urban

Scale", *Environment and Planning A*, 39 (4), 789—809.

Coase, R.H., 1960, "The Problem of Social Cost", *Journal of Law and Economics*.

Conde, F. & Paulo, L., 1999, *Rio de Janeiro-Towards Competitiveness in World Urban Economic Development*, London: World Markets Research Center.

Coombs, W.T., 1995, "The Development of Guidelines for the Selection of the 'Appropriate' Crisis Response Strategies", *Management Communication Quarterly*, 4, 447—476.

Coombs, W.T., 1999, *Ongoing Crisis Communication*, London: Sage.

Cooper, Terry L., 1991, *An Ethic of Citizenship for Public Administration*, Englewood Cliffs, New Jersey: Prentice-Hall.

Coote, A. and Franklin, J., 1999, "Chapter 14: Negotiating Risks to Public Health-models for Participation," in P.Bennett and K.Calman (eds.), *Risk Communication and Public Health*, N.Y.: Oxford University Press.

Cothem, C.Richard, 1993, *Comparative Environmental Risk Assessment*, Ann Arbor, MI: Lewis Publishers.

Dear, M., 1990, *Gaining Community Acceptance*. Princeton, NT: The Robert Wooe Johnson Foundation.

Dear, M., 1992, "Understanding and Overcoming the NIMBY Syndome", *Journal of the American Planning Association*, 58, 288—300.

Denhardt, Robert B. & Janet V.Denhardt, 2003, *The New Public Service: Serving, not Steering*, New York: M.E.Sharpe.

Denhardt, Robert B. & Janet V.Denhardt, 2007, *The New Public Service*, *Armonk*, New York: M.E.Sharpe.

Dijk, V. & Pieter, M., 2006, *Managing Cities in Developing Countries: The Theory and Practice of Urban Management*, UK: Edward Elgar.

Dunn, William N., 1994, *Public Policy Analysis: An Introduction*, 2nd ed., Englewood Cliffs, New Jersey: Prentice-Hall.

Eagly, A. & Chaiken, S., 1975, *An Attribution Analysis of the Effect of Communicator*.

Elfstrom, G., 1997, *New Challenges for Political Philosophy*, London: Macmillan Press LTD.

Eliyu Guldin, G., 1992, *Urbanizing China: Some Startling Conclusions*, *Urbanizing China*, Green Wood Press.

Fearn-Banks, K., 1996, *Crisis Communication: A Casebook Approach*. NJ: Lawrence Erlbaum.

Fox, Karen F.A. and Kotler Philip, 1980, "The Marketing of Social Causes: The First 10 Years", *Journal of Marketing*, 44 (3), 24—33.

Fraser, Nancy, 1992, "Rethinking the Public Sphere: A Contribution to the Critique of Actually Existing Democracy", in Calhoun, Craig (eds.), *Habermas and the Public Sphere*, Cambridge MA.: MIT Press.

Frederickson, H.George, 1997, *The Spirit of Public Administration*, San Francisco: Jossey-Bass Publishers.

Gabriel A.Almond, Sidney Verba, 1989, *The Civic Culture: Political Attitudes and Democracy in Five Nations*, Newbury Park, Calif.: Sage Publications.

Geographers. Oakerson, R.J., 2004, "The Study of Metropolitan Governance", in R.C.Feiock (eds.), *Metropolitan Governance: Conflict, Competition, and Cooperation* (17—45), Washington D.C.: Georgetown University Press.

Gleeson, B. J. and P. A. Memon, 1994, "The NIMBY Symdrome and Community Care Facilities: a Research Agenda for Planning", *Planning Practice and Research*, 9, 105—118.

Goldstone, Lawrence, 2005, *Dark Bargain: Slavery, Profits, and the Struggle for the Constitution*, N.Y.: Walker & Company.

Grabill, J.T. and Simmons, W.M., 1998, "Toward a Critical Rhetoric of Risk Communication: Producing Citizens and the Role of Technical Communicators", *Technical Communication Quarterly*, 7 (4), 415—441.

Green, E., Short, S.D., Duarte-Davidson, R. and Levy, L.S., 1999, "Chapter 4: Public and Professional Perceptions of Environmental and Health Risk", in P.Bennett and K.Calman (eds.), *Risk Communication and Public Health*, N.Y.: Oxford University Press.

Green, Ron, 2005, *Local Government Executive Leadership Competency Framework*, Local Government Managers Australia (SA) lnc.

Griffin Stephen, 1996, *American Constitutionalism: From Theory to Politics*, Princeton University Press.

Groothuis, P.A. and G.Miller, 1994, "Locating Hazardous Waste Facilities: The Influence of NIMBY Beliefs", *American Journal of Economics and Sociology*, 53 (3), 335—346.

H.R.Balanoff Guilford, 1996, *Public Administration*, Conn.: Dushkin Publishing Group.

Habermas Jürgen, 1989, *The Structural Transformation of the Public Sphere*, Cambridge MA.: MIT Press.

Habermas Jürgen, 1973, *Theory and Practice*, Cambridge: Polity Press.

Henry E.Allison, 1990, *Kant's Theory of Freedom*, Cambridge: Cambridge University Press.

Henry, Nicholas, 1992, *Public Administration and Public Affairs*, 5th ed, Englewood Cliffs, New Jersey: Prentice-Hall.

Immanuel Kant, translated and edited by David Walford, in collaboration with Ralf Meerbote, 1992, *Theoretical Philosophy*, Cambridge: Cambridge University Press.

James, M. & Reuschemeyer, D., 2003, *Comparative Historical Analysis in the Social Sciences*, New York: Cambridge University Press.

Jardine, C.G., & Hrudey, S.E., 1999, "Chapter 7: What is risk," in D.J.Briggs, R.Sten & T.L. Tinker (eds.), *Environmental Health for All*, Boston: Kluwer Academic Publishers.

Jürgen Habermas, translated by William Rehg, 1996, *Between Facts and Norms: Contributions to a Discourse Theory of Law and Democracy*, Cambridge, Mass.: MIT Press.

John F.Sitton, 2003, *Habermas and Contemporary Society*, New York: Palgrave Macmillan.

John J.Gargan, 1997, *Handbook of Local Government Administration*, New York: Marcel Dekker.

John Sheffield, Dustin Froula, Siegfried H.Glenzer, Neville C.Luhmann Jr., 2010, *Plasma Scattering of Electromagnetic Radiation*, Academic Press.

Julia Beckett & Heidi O.Koenig, 2005, *Public Administration and Law*, N.Y.: M.E.Sharpe.

Kearns, A., 1995, "Active Citizenship and Local Governance: Political and Geographical Dimensions", *Political Geography*, 14 (2), 155—175.

King, C.S. & C.Stivers, 1998, "Strategies for an Anti-government Era", King & Stivers (eds.), *Government Is Us*, Thousand Oaks, London: Sage.

Kjaer, A.M., 2004, *Governance*, Cambridge: Polity Press.

Kotler, Philip & GeraldZaltman, 1971, "Social Marketing: An Approach to Planned Social Change", *Journal of Marketing*, 35 (3), 3—12.

Kotler, Philip & Sidney J.Levy, 1969, "Broadening the Concept of Marketing", *Journal of Marketing*, 33 (1), 10—15.

Lake, R.W., 1993, "Planner's Alchemy Transforming NIMBY To YIMBY", *Journal of the American Planning Association*, 59, 87—93.

Leach, Steve & Wilson, David, 2005, *Local Political Leadership*, University of Bristol: The Policy Press.

Lester M.Salamon, & Odus V.Elliot, 2002, *Tools of Government: A Guide to the New Governance*, Oxford University Press.

Lowndes, Vivien, Pratchett, Lawrence & Stoker, Gerry, 2001, "Trends in Public Participation: Part 2—Citizens' Perspectives", *Public Administration*, 79 (2), 445—455.

MacDonald, H.I., 1984, "Welcome Address", in A.Armour (eds.), *The Not-In-My-Backyard Syndrome*, Downsview, Otario: New York Univerity Press.

Mark, T., Barret, T., 1998, *Urbanization and Governance: Some Basic Issues*, Canberra: University of Canberra.

Martijn, V.V., 1993, "Environmental Regulation of Business: Options and Constraints for Communicative Governance", in Kooi man, J. (ed.), *Modern Governance: New Government-Society Interactions*, 105—118.

Martin, Brendan, 1993, *In the Public Interest? Privatization and Public Sector Reform*, London: Zed Books.

Mazmanian, D. & D.Morell, 1990, "The 'NIMBY' Syndrome: Facility Siting and the Failure Of Democratic Discourse", in Vig.N. & M.Kraft (eds.), *Environmental Policy in the 1990s: Toward a New Agenda*, Washington, DC: CQ Press.

Mazmanian. D. & D. Morell, 1992, *Beyond Superfailure: American's Toxic Policy for the 1990*, Westview Press.

McAdam, D., Tarrow, S., & Tilly, C., 1997, *Toward an Integrated Perspective on Social Movements and Revolution, in Comparative Politics: Rationality, Culture, and Structure*, Cambridge University Press.

Miller, W.L., Dichson, M. & Stoker, G., 2000, *Models of Local Governance-Public Opinion and Political Theory in Britain*, London: Palgrave.

Mokwa, M.P. & S.E.Permut (eds.), 1981, *Government Marketing: Theory and Practice*, New York: Praeger Publishers.

Moore, Mark H., 1995, *Creating Public Value: Strategic Management in Government*, Cambridge, Massachusetts: Harvard University Press.

Morell, D. & C.Magorian, 1982, *Siting Hazardous Waste Facilities: Local Opposition and the Myth of Preemption*, Cambridge, MA: Ballinger.

Nalbandian, John & Nalbandian, Carol, 2003, "Contemporary Challenges in Local Government", *National Civic Review*, 92, 83—91.

National Research Council, 1989, *Improving Risk Communication*, Washington D.C.: National Academy Press.

Nicholas Henry, 1992, *Public Administration and Public Affairs*, N.J.: Prentice Hall.

Nino, 1996, *The Constitution of Deliberative Democracy*, Yale University Press.

North, D.Waner, 1990, "Risk Analysis: Where Have We Been? Where Are We Going?" *Risk Analysis*, 10 (2), 197—198.

Ollock, P.H. & Lilie, S.A., 1993, "Factors Contributing to NIMBY Attitudes", *Waste Management*, 13, 125—129.

Ovaird, T. & Loffler, E., 2002, "Moving From Excellence Models Of Local Service Delivery To Bebchmarking Good Local Governance", *International Review of Administrative Sciences*, 68, 35—37.

Peter Dews, 1999, *Habermas: A Critical Reader*, UK; Malden, Mass., USA: Blackwell.

Peter, F., 1994, *Drucker. Adventures of a Bystander*, New York: John Wiley.

Pollock, P.H. & Lilie, S.A., 1993, "Factors Contributing to NIMBY Attitudes", *Waste Management*, 13, 55—57.

Raco, M., 2000, "Assessing Community Participation in Local Economic Development Lessons for the New Urban Policy", *Political Geography*, 19, 573—599.

Renn, O., W.J.Burns, J.X.Kasperson, R.E.Kasperson & P.Slovic, 1992, "The Social Amplification of Risk: Theoretical Foundations and Empirical Applications", *Journal of Social Issues*, 48, 137—160.

Ressler, J.A., 1982, "Crisis communications", *Public Relations Quarterly*, 3, 8—10.

Rhodes, R.A.W., 1997, *Understanding Governance: Policy Networks, Governance, Reflexibility and Accountability*, Buckingham: Open University Press.

Robert E.Cleary, Nicholas Henry, & associates, 1989, *Managing Public Programs: Balancing Politics, Administration, and Public Needs*, San Francisco: Jossey-Bass Publishers.

Roger D. Congleton & Birgitta Swedenbor, 2006, *Democratic Constitutional Design and Public Policy: Analysis and Evidence*, Cambridge, Mass.: MIT Press.

Samuel EnochStumpf, 1989, *Philosophy: History & Problems*, New York: McGraw-Hill.

Sancton, A., 2000, *Merger Mania-the Assault on Local Government*, Montreal & Kingston: McGill-Queen's University Press.

Scanlon, J., et al., 1986, "Coping with the Media in Disasters: Some Predictable Problems", *Public Administration Review*, 45, 123—134.

Schachter, Hindy Lauer, 1997, *Reinventing Government or Reinventing Ourselves: The Role of Citizen Owners in Making a Better Government*, Albany, New York: State University of New York Press.

Seeger, M.W., Sellnow, T.L., & Ulmer, R.R., 1998, "Communication organization and crisis", in M.E.Roloff (eds.), *Communication Yearbook*, Thousand Oaks, CA: Sage.

Shafritz, Jay M. & Hyde, Albert C. (eds.), 1997, *Classics of Public Administration*, 4th ed., Orlando, Florida: Harcourt Brace College Publishers.

Sherwood, Frank P., 1990, "The Half-Century's 'Great Books' in Public Administration", *Public Administration Review*, 50 (2), 249—264.

Slovic, P., 2000, "Perception of Risk", in P.Slovic (eds.), *The Perception of Risk*, London: Earthscan.

Snavely, Keith, 1991, "Marketing in the Government Sector: A Public Policy Model", *American Review of Public Administration*, 21 (4), 311—326.

Stoker, G., 1998, "Governance as Theory: Five Propositions", *International Social Science Journal* 50 (1), 17—29.

Stoker, G., 2000, *The New Politics of British Local Governance*, London: Macmillan Press Ltd.

Sturges, D.L., 1994, "Communicating through crisis: A strategy for organizational survival", *Management Communication Quarterly*, 7, 297—316.

Waldo, Dwight, 1997, "The Administrative State: Conclusion", in Jay M.Shafritz & Albert C. Hyde (eds.), *Classics of Public Administration*, 4th ed., Orlando, Florida: Harcourt Brace College Publishers.

Wamsley, Gary L., 1996, "A Public Philosophy and Ontological Disclosure as the Basis for Normatively Grounded Theorizing in Public Administration," in Gary L.Wamsley & James F.Wolf (eds.), *Refounding Democratic Public Administration: Modern Paradoxes, Postmodern Challenges*, Thousands Oaks, California: Sage Publications.

Wolsink, M., 1994, "Entanglement of Interests and Motives: Assumptions behind the NIMBY-theory on Facility Siting", *Urban Studies*, 31 (6), 851—866.

Wong, S.T. & Han, S.S., 1999, "Chinese urbanization policies: 1949—1989", in G.P.Chapman, A.K.Dutt & R.W.Bradnock (eds.), *Urban Growth and Development in Asia (VolI) Making the Cities*.

后　记

随着中国城市化的进程与社会转型的深化，邻避危机这一近年来时有发生的公共危机与治理难题已经逐渐开始引起学界和实践领域各级执政者的高度关注。实际上，这一问题的挑战随着中国社会主要矛盾的变化，即党的十九大报告所提出的“中国特色社会主义进入新时代，我国社会主要矛盾已经转化为人民日益增长的美好生活需要和不平衡不充分的发展之间的矛盾”，会在今后相当长的一段时间里影响着老百姓的实际生活，考验着决策者的执政智慧。从事干部教育培训工作十多年以来，在多年的教学与研究工作中，我深感问题的解决必须立足实际与实践，在研究中既要关注实践中的突出难题，也要在国际视野与本土实践的基础上力求做到来源于问题又致用于实践，因此在这一新兴研究领域做深入研究还需下苦工夫。该书的写作确实是艰辛的过程，几年来的冬寒夏暑与深夜写作，虽然辛苦，但也常常为能收获新的思考而喜悦。

研究过程中，受到王国平教授、奚洁人教授、袁志刚教授的悉心指导，他们宽广的研究视野、敏锐的学术观点、严谨的治学态度无不深深地影响着我和启发着我，特别是在关键环节上的指点使我茅塞顿开，思路得以顺畅，这令我终生难忘。衷心感谢我院领导曹文泽、王金定、郑金洲、熊云、刘靖北、张生新、宋今以及萧炳南、何立胜、陈忠、燕乃玲、谈永磊、王友明、刘根法、施祖留、郭彦英、任真、王丽红、李怡、周思文、邹积超、张静、金信烨、石瑞刚等同志一直以来对我研究工作的关心和帮助。部门领导赵世明主任、柏学翥副主任以及于洪生教授、王石泉教授、赵泉民教授、张素玲教授、刘哲昕教授、蒋俊杰教授、黄琨教授、李敏教授、朱瑞博教授、魏淑君教授、余信教授、楚天骄教授、毛新雅教授等也在研究过程中提出了许多宝贵意见，在此向他们表示最衷心的感谢。

特别感谢顾悦、贺俊逸编辑的支持关心，他们为本书出版付出了大量心血，正是他们的细致、出色的工作，才使本书得以面世。研究过程中，还有多位领导、老师、同事和朋友给予了很宝贵的帮助，不能一一列举，在此一并致谢。本书的写作是在工作十分繁重的情况下完成的，故书中缺点和错误在所难免，只能请读者原谅了。当然，对我而言，对于这一领域的研究也只能说是刚刚开始，还有待于在理论与实践的研究中进一步探索和完善。

图书在版编目(CIP)数据

城市化进程中的邻避危机与治理研究/吴涛著.—
上海:格致出版社:上海人民出版社,2018.12
ISBN 978-7-5432-2926-6

Ⅰ.①城…　Ⅱ.①吴…　Ⅲ.①城市管理-研究-中国
Ⅳ.①F299.23

中国版本图书馆CIP数据核字(2018)第208783号

责任编辑　贺俊逸
装帧设计　人马艺术设计·储平

城市化进程中的邻避危机与治理研究
吴　涛　著

出　　版　格致出版社
上海人民出版社
(200001　上海福建中路193号)
发　　行　上海人民出版社发行中心
印　　刷　常熟市新骅印刷有限公司
开　　本　720×1000　1/16
印　　张　14.5
插　　页　2
字　　数　227,000
版　　次　2018年12月第1版
印　　次　2018年12月第1次印刷
ISBN 978-7-5432-2926-6/D·115
定　　价　55.00元